Zeitgeschichte

ÜBER DAS BUCH:

»In weniger als drei Jahrzehnten brachen in Deutschland – ein wohl einmaliger Vorgang in der Geschichte der Völker – drei grundverschiedene politische Systeme zusammen: 1918 die Monarchie, 1933 die Weimarer Republik und 1945 das ›Tausendjährige nationalsozialistische Reich‹. – Wie schwer muß es sein, vor allem der Jugend den Verlauf dieser unglückseligen deutschen Geschichtsepoche näherzubringen, deren innere und äußere Zusammenhänge darzulegen. Am ehesten vermag dies ein Zeitzeuge, der, politisch interessiert und von Politikern informiert, den Gang der Ereignisse aus eigenem Erleben zu schildern vermag.« (Wolfgang Stresemann)
Dies trifft auf Wolfgang Stresemann zu, der dank der Nähe zu seinem Vater Gustav Stresemann, Reichskanzler (1923) und Außenminister der Weimarer Republik (1923 bis zu seinem Tode 1929) wie später auf Grund enger Verbindungen zu Mitgliedern des ›Berliner Diplomatischen Corps‹ eine Antwort auf die Frage »Wie konnte es geschehen?« geben kann.

DER AUTOR:

Wolfgang Stresemann, 1904 geboren, studierte Jurisprudenz, promovierte 1928 und schloß sein Studium mit dem Assessor-Examen ab. Bis 1938 war er als Syndikus zweier Berliner Bankhilfsinstitute tätig. 1939 wanderte er in die USA aus, wo er sich fast ausschließlich der Musik widmete. 1955 kehrte er nach Deutschland zurück. Von 1959–1978 war er Intendant des Berliner Philharmonischen Orchesters. Er lebt in Berlin.
Weitere Veröffentlichungen:
Die Zwölf (1982); *Eine Lanze für Felix Mendelssohn* (1984); *Mein Vater Gustav Stresemann* (1985); *... und abends in die Philharmonie* (1985).

Wolfgang Stresemann

Wie konnte es geschehen?

Hitlers Aufstieg in der
Erinnerung eines Zeitzeugen

Mit 17 Abbildungen

Zeitgeschichte

Zeitgeschichte
Ullstein Buch Nr. 33127
im Verlag Ullstein GmbH,
Frankfurt/M – Berlin

Ungekürzte Ausgabe

Umschlagentwurf:
Hansbernd Lindemann
Unter Verwendung eines Fotos
vom Ullstein Bilderdienst
(Fackelzug der SA und Stahlhelme
am Brandenburger Tor 31. 1. 1933;
nachgestellt für die Dreharbeiten
eines Propagandafilms 1933)

Printed in Germany 1990
Druck und Verarbeitung:
Ebner Ulm
ISBN 3 548 33127 0

Mai 1990

Vom selben Autor
in der Reihe der
Ullstein Taschenbücher:

… und abends in die Philharmonie
(27533)

CIP-Titelaufnahme
der Deutschen Bibliothek

Stresemann, Wolfgang:
Wie konnte es geschehen?: Hitlers
Aufstieg in der Erinnerung eines
Zeitzeugen / Wolfgang Stresemann. –
Ungekürzte Ausg. – Frankfurt/M;
Berlin: Ullstein, 1990
(Ullstein-Buch; Nr. 33127:
Zeitgeschichte)
ISBN 3-548-33127-0
NE: GT

Inhalt

Vorwort

Immer wieder stellt sich die Frage: Wie konnte es geschehen, daß jenes mit dem Namen Adolf Hitler verknüpfte Unheil über Deutschland hereinbrach, ein »böhmischer Gefreiter«, wie der alte Hindenburg den Mann aus Braunau nannte, an die Macht kam, zum omnipotenten »Führer« aufstieg, um schließlich die Welt in den furchtbarsten Krieg aller Kriege zu stürzen. Auch ich habe mich mit dieser stets aufwühlenden Frage bis zum heutigen Tage beschäftigt, zuerst in der Reichshauptstadt, dann in den Vereinigten Staaten von Amerika, in die ich im Frühherbst 1939 auswanderte, und später wiederum im heutigen Berlin. Groß ist die Zahl der Antworten. Auf der Suche nach einer eigenen bin ich nach langem Zögern darangegangen, wichtige Ereignisse und Entwicklungen zwischen 1933 und 1939 niederzuschreiben, so wie ich sie erlebt und nun im vorliegenden Band festgehalten habe.

Um diese verhängnisvollen, mit schwerer Schuld belasteten Jahre nur einigermaßen zu begreifen, bedarf es eines Rückblicks auf die Geschichte der Weimarer Republik, im besonderen auf ihr tragisches Ende, aber auch auf ihren verfehlten Beginn. Das erste Kapitel mit dem Titel »Die ungeliebte Republik« soll hiervon Zeugnis ablegen. Bei dieser im Gegensatz zu den anderen Kapiteln nicht ins Persönliche gehenden Betrachtung sind die mittleren Jahre – oftmals als die hoffnungsvollen »Stresemann-Jahre« bezeichnet – unberücksichtigt geblieben; ich habe über sie in dem Buch *Mein Vater Gustav Stresemann* berichtet.

Für drei der vier vom »Dritten Reich« handelnden Kapitel wurden als Überschrift Daten gewählt, die den Geschichtsablauf entscheidend beeinflußt haben – der 30. Januar 1933: Machtübergabe an Hitler – die bürgerlichen Parteien kapitulieren; der 30. Juni 1934: Ermordung

Röhms, Schleichers und anderer – die Führung der Reichswehr versagt; der 7. März 1936: Remilitarisierung des Rheinlands, Hitlers folgenschwerster Vertragsbruch – die Westmächte schauen tatenlos zu. Maßgebliche, diesen Daten vorangehende wie nachfolgende Ereignisse sind in diese Kapitel einbezogen. Das Schlußkapitel »Stationen der Hybris« handelt von den sich zuspitzenden innen- und außenpolitischen Vorgängen der Jahre 1938 und 1939, beleuchtet die immer angespannter werdende internationale Lage und endet mit dem Ausbruch des Zweiten Weltkrieges.

Berlin, im Juni 1987

Die ungeliebte Republik

Wer wollte sie wirklich, hatte auf ihre Entstehung bewußt hingearbeitet, hätte überhaupt den Wagemut besessen, die seit Jahrhunderten in deutschen Landen angestammten Monarchien und Fürstenhäuser zu stürzen, die in den Herzen ihrer Untertanen einen festen Platz einnahmen? Noch Anfang 1918 meldete der allerdings nicht besonders intelligente, in diesem Fall unfreiwillig witzige König von Sachsen erneut seinen Anspruch auf die Königskrone von Litauen an, um kurz darauf die seines eigenen Landes zu verlieren. Wer nur Wochen zuvor das bevorstehende Debakel der deutschen Fürsten vorausgesagt hätte, wäre als Phantast, wenn nicht als reif für das Irrenhaus angesehen worden. Fast wie über Nacht brach das Verhängnis über Deutschlands gekrönte Häupter herein. Sang- und klanglos verschwanden sämtliche Landesherren von den Wittelsbachern bis zu den Hohenzollern, deren überlange Herrschaftsgeschichte sich in der berühmt-scheußlichen Berliner Siegesallee manifestierte. So konnte man äußerlich nicht zu Unrecht von einer Revolution sprechen, als sich die Majestäten widerstandslos absetzen ließen, auf ihren Thron verzichteten.

Aber hatte jene Novemberrevolution von 1918, die die Staatsform änderte und die monarchistische Tradition ablöste, tatsächlich die Kraft, auch den Großteil ihrer Staatsbürger neu zu formen, etwa bereits Neugeformtes aufkeimen zu lassen, also wie mit einem Zauberstab Millionen von Republikanern am laufenden Band zu produzieren? Gab es überhaupt Aspekte echten revolutionären Geschehens, wie etwa der gewaltsame Umsturz eines alten Regimes durch sich aufbäumende Volksmassen, der Übergang der Regierungsmacht auf eine bisher unterdrückte Bevölkerungsschicht, die Verkündung neuer Ideale und eine von ihnen begeisterte Jugend, Begebenheiten, die sich in die Geschichte, in das Nationalbewußtsein eines Staates eingraben wie der Sturm auf die Bastille?

Ein Rückblick auf die Ereignisse der letzten sechs Kriegsmonate erscheint geboten. Frühjahr 1918. Rußland mit Hilfe der vom deutschen Generalstab eingeschleusten Lenin und Trotzki geschlagen, im Gewaltfrieden von Brest-Litowsk, der weit schlimmer war als der von Versailles, großer Landesteile beraubt; die Kornkammer Ukraine, die es längst nicht mehr war, nunmehr Deutschland zugänglich, wo das Brot rationiert war; Ende des Zweifrontenkrieges. Sollte es nicht gelingen, in einer letzten großen Gewaltanstrengung die Westfront zu durchbrechen, den Siegfrieden auch gegen die Westmächte durchzusetzen? Dreimal wurden die Linien der Gegner durchbrochen, dreimal gelang es ihnen, sich neu zu formieren, den deutschen Angriff zum Stillstand zu bringen. Das Ergebnis: drei riesige Ausbuchtungen der Front, strategisch mehr als bedenklich, da sie dem Gegner nun seinerseits Durchbruchschancen boten. Und die westlichen Alliierten schickten sich in der Tat an, die deutsche Front aufzurollen. In Deutschland, vom Kriege unberührt, fernab vom militärischen Geschehen in Nordfrankreich, blieb die dramatische Wende fast unbemerkt. »Wechselndes Kriegsglück«, so ließ sich der deutsche Kanzler, Graf Hertling, vernehmen, kein Mann eigenen Urteils, physisch mit seinen 74 Jahren schon eher greisenhaft wirkend, wie denn auch in den Zeitungen stets vom »greisen Graf Hertling« gesprochen wurde. »Gewaltiges Ringen an der gesamten Westfront, die Offensive des Feindes im großen ganzen zurückgeschlagen«, so tönte es bombastisch vom Obersten Hauptquartier.

Nun, die optimistische Frühjahrsstimmung hatte sicherlich einer gewissen Ernüchterung Platz gemacht; ganz offenbar waren die Durchbruchsziele Amiens, Calais, war der Versuch, Paris von England abzuschneiden, nicht erreicht worden und auch nicht mehr erreichbar. Vielleicht ergab sich die Notwendigkeit, von einem nicht mehr zu gewinnenden Angriffskrieg zu einem nicht zu verlierenden Verteidigungskrieg überzugehen, durch radikale Frontverkürzungen den doch sicherlich auch erschöpften Gegner zu einem akzeptablen Frieden zu zwingen. Nur die Nerven nicht verlieren. Hatte nicht der französische Ministerpräsident Clémenceau, genannt der »Tiger«, erklärt, letzten Endes werde der den Sieg erringen, der die besseren Nerven behalte?

Niederlage? Dieses Wort kannte das preußisch-deutsche Militär sei 1815 nicht mehr. Voller Zuversicht blickte man auf die Männer im »Großen Hauptquartier«, den Kaiser, der keine Parteien, nur noch Deutsche kannte, und seine Feldherrn, an der Spitze Feldmarschall von Hindenburg, dessen übergroße, aus Holz gezimmerte Statue 1914 symbolisch am Ende der Siegesallee errichtet, im Laufe der Jahre von patriotischen Bürgern mit Nägeln (der eiserne für eine Mark, der silberne für fünf Mark, der goldene für ein goldenes Zwanzigmarkstück erhältlich) nahezu überdeckt worden war; kein Zweifel: Hindenburg genoß das uneingeschränkte Vertrauen aller. Neben dem Marschall, stets in einem Atemzug genannt, General Ludendorff, Garant des Sieges dank seines überall anerkannten militärischen Genies. Die Männer von Tannenberg würden es schon schaffen, so die allgemeine Meinung auch noch im Hochsommer 1918. Rückzugsmeldungen vom französischen Kriegsschauplatz, wie sie schon im Vorjahr zu lesen gewesen waren, gaben auch im September noch keinen Grund zu besonderer Beunruhigung.

Doch im Oktober lauteten die Nachrichten ganz anders. Als in jenen dunklen, von der ersten Grippewelle durchschüttelten Herbsttagen die schlechternährten Menschen und ausgemergelten Soldaten völlig unvorbereitet von einem offenbar ganz plötzlich verlorenen Weltkrieg erfuhren und die deutsche Regierung unter dem neuen Kanzler, Prinz Max von Baden, auf ein ultimatives Ersuchen Ludendorffs, der wohl einen Nervenzusammenbruch erlitten hatte, um einen Waffenstillstand – und dies bedeutete Kapitulation – bat, kam es natürlich überall zu einem Aufschrei des Entsetzens, der Enttäuschung, des Unwillens, ja der Empörung – ein schlimmes Erwachen aus einem vierjährigen Traum von einem deutschen Sieg, verheißen von Kaiser und Militär.

Das deutsche Volk, monarchisch und in seiner übergroßen Mehrheit kaiserlich gesonnen, hatte Wilhelm II. trotz aller seiner gravierenden Fehler nicht nur willig ertragen, sondern zum erheblichen Teil voller Begeisterung seine Parvenü-Gebärden sich zu eigen gemacht. Nun war es mit noch größerem Enthusiasmus Seiner Majestät in den, wie es hieß, Deutschland aufgezwungenen Krieg gefolgt, hatte unendliche Opfer gebracht, hatte politische Demütigungen wie das preußische Dreiklassenwahlrecht oder die nach wie vor völlige Beziehungslosigkeit zwischen Kaiser und Volksvertretung geschluckt und an der Tatsache keinen Anstoß genommen, daß Millionen fielen, während die an der Front befindlichen sechs Kaisersöhne unverletzt blieben. Treulich war man gefolgt, aber das urplötzliche Eingeständnis der Niederlage konnte unter solchen Umständen nicht ohne schwere Folgen bleiben. Wenn die Führung versagt, entsteht bei den Geführten notwendigerweise Unruhe, in Kriegszeiten möglicherweise sogar Rebellion.

Jetzt sahen sich des Kaisers Ratgeber doch veranlaßt, der offensichtlich tiefsitzenden Unruhe Rechnung zu tragen und die Volksvertretung an der Verantwortung – zumindestens der Mitverantwortung – für die drohende Niederlage zu beteiligen. Durch kaiserlichen Erlaß vom 30. September 1918 wurde bestimmt, daß Männer, die sich des Vertrauens des Volkes erfreuen, in größerem Umfang an den Rechten und Pflichten der Regierung teilhaben sollten – in der Tat eine neue Basis für eine neue Regierung. An die Stelle des zu konservativen Graf Hertling trat der als liberal-demokratisch geltende Prinz Max von Baden. Er berief nunmehr in sein Kabinett Parlamentarier mit und ohne Geschäftsbereich, und zwar nur Mitglieder der Sozialdemokraten (darunter Scheidemann und Bauer), des Zentrums (darunter Erzberger und Trimborn) sowie der Fortschrittspartei, die von Vizekanzler von Payer und Haußmann vertreten wurde. Eine Wende sondergleichen! Zugleich der beste Beweis für die patriotische Haltung der Sozialdemokraten, die sich trotz der mehr als mißlichen Lage nicht weigerten, in eine kaiserliche Regierung einzutreten.

Es folgte am 28.10.1918 eine geradezu sensationelle Verfassungsänderung. Künftig bedurfte der Reichskanzler, dem alle Minister, damals Staatssekretäre genannt, unterstanden, des Vertrauens des Reichstages. Für Kriegserklärungen und Friedensschlüsse war neben der Zustimmung des Bundesrates, der Vertretung der Länder, die des Reichstages erforderlich. Und die Verfassungsänderung ging noch weiter: Alle kaiserlichen Erlasse mußten nunmehr vom Reichskanzler gegengezeichnet werden, der somit für sie die Verantwortung vor dem Reichstag trug. Es wird immer übersehen: Mit dieser Verfassungsänderung war das parlamentarische System noch vor dem Umsturz eingeführt, dem Reichstag standen nunmehr demokratische Rechte in vollem Umfang zu, de facto amtierte eine Mitte-Links-Regierung, die sich auf die drei Parteien der späteren »Weimarer Koalition« stützen konnte. Damit waren wesentlichste Forderungen der »Novemberrevolutionäre« erfüllt, allerdings sehr spät, ja, wie sich bald herausstellte, zu spät.

Für einen wahrhaft großen Geist wäre es dennoch nicht zu spät gewesen. Hätte der Kaiser sich dem Volke gestellt, hätte er zusammen mit Ebert und Scheidemann wie den anderen der Mitte angehörigen Ministern zum nationalen Zusammenschluß, zur Verteidigung des Vaterlandes gegen den anrückenden Feind aufgerufen und von Berlin aus, auch unter eigener Lebensgefahr, den Widerstand organisiert, die Geschichte der Monarchie wie die des Ersten Weltkrieges wäre möglicherweise anders verlaufen. Nicht zu vergessen, daß die Westmächte selbst mit einem Kriegsende nicht vor dem Frühjahr 1919 rechneten. Aber der einzige, der sich mit einem Aufruf »Zu den Waffen« an seine Landsleute wandte, ein *levée en masse* forderte, den Krieg nicht als völlig verloren ansah, war Walther Rathenau, der mit seinem im Oktober 1918 im *Berliner Tageblatt* veröffentlichten Artikel sicherlich nicht nur seinen fast durchweg deutsch und national gesonnenen jüdischen Mitbürgern aus dem Herzen sprach. Doch der Kaiser hörte nicht auf den Ruf des ihm seinerzeit befreundeten, um die deutsche Kriegswirtschaft hochverdienten Mannes, noch entfaltete er irgendeine Initiative. Er hätte dem Beispiel seines Coburger Vetters, des Zaren Ferdinand von Bulgarien, folgen können, der rechtzeitig auf seinen Thron verzichtete und dadurch seinem Sohn Boris die Krone rettete. Noch im Oktober hatte niemand – auch nicht die Sozialdemokraten – die Abdankung des Kaisers verlangt, die damals überhaupt kein Thema war, so daß ein vorzeitiger Rücktritt Wilhelms II. die Erhaltung der Monarchie geradezu gewährleistet hätte.

Erst mit der Kieler Meuterei, als sinnloserweise die kaiserliche Flotte den Engländern Anfang November eine »Entscheidungsschlacht« liefern sollte und daraufhin erst die Heizer, dann die Matrosen meuterten, die Meuterei zur Hissung der roten Fahne führte, begann sich das Menetekel für den letzten deutschen Kaiser abzuzeichnen. Nun galt es entweder zu kämpfen oder schleunigst auf den Thron zu verzichten. Aber der Kaiser tat weder das eine noch das andere. Er und sein »Großes Hauptquartier«, in das er sich wohl aus Sicherheitsgründen begeben hatte, boten ein Bild schmählichen Versagens, mangelnder Zivilcourage. Ludendorff trat zurück, wurde von Hindenburg fallengelassen und setzte sich, als es in der Heimat wie an der Front brenzlig wurde, mit blauer Brille getarnt, nach Schweden ab. Sein Nachfolger, allerdings nur noch mit der Aufgabe eines »Konkursverwalters« betraut, wurde der überaus fähige General Groener (auch ihm wird einmal von seiten des Marschalls ein ähnliches Los wie Ludendorff beschieden sein!). Der Feldmarschall selbst aber fand für seinen Kaiser, dem er den Treueid geschworen hatte, keinen anderen Rat (den er mit Hilfe von Groener übermittelte), als die Flucht in das benachbarte Holland, da die Sicherheit Seiner Majestät von seinem ersten militärischen Diener nicht mehr garantiert werden könne. Ein peinlicher Rat, insbesondere auch im nachhinein, da der Ratgeber Jahre später sich selbst zum obersten Repräsentanten des neuen Staates wählen ließ! Der Kaiser, mehr als ein Vierteljahrhundert auf sein Gottesgnadentum pochend, großsprecherisch, jedoch ohne Tatkraft, bestieg einen bereitstehenden Salonwagen und verließ Reich und Thron, der nun leerstand; denn auch der Kronprinz suchte und fand Asyl bei den Holländern.

Wer sollte das entstandene Vakuum ausfüllen? Als sich die Dinge zuspitzten, die nunmehr unvermeidliche Abdankung des Kaisers am 9. November immer noch nicht vorlag, ein Generalstreik drohte und die extreme Linke nach vorn drängte, entschloß sich der schwer bedrängte prinzliche Kanzler eigenmächtig, die (noch nicht erfolgte) Abdankung des Kaisers bekanntzugeben, selbst zurückzutreten und dem Führer der Sozialdemokraten Friedrich Ebert das Schicksal des Reiches anzuvertrauen. »Herr Ebert, ich lege Ihnen das Deutsche Reich ans Herz«, so seine überlieferten Worte. »Ich habe zwei Söhne für das Reich verloren«, war die Antwort des neuen Mannes, kaum die eines Revolutionärs.

Friedrich Ebert, der sich in seiner Partei hochgedient hatte, dem Vaterland treu ergeben, brachte das von ihm verlangte Opfer und trat an die Spitze einer kaum noch aktionsfähigen Regierung. Als überzeugter Demokrat, dem jeglicher Umsturz fernlag, wollte er legal verfahren und nach der Abdankung von »zwei Kaisern«eine Regentschaft für den noch unmündigen Sohn des Kronprinzen einrichten, der er selbst, Prinz Max von Baden und der Präsident des Reichsgerichts angehören sollten. Eine sobald wie möglich zu wählende Nationalversammlung würde dann endgültig über die Staatsform entscheiden. Interessant die Schlagzeile der Morgenausgabe des *Berliner Tageblatt* vom 9. November 1918: »Abdankung des Kaisers«; darunter vier kleinere Mitteilungen: »Ebert voraussichtlich Kanzler«, »Vor Einführung einer Regentschaft«, »Ausschreibung der Wahlen für eine Nationalversammlung« und »Arbeiter- und Soldatenräte in Berlin«. Die letztere dieser kleiner gedruckten Überschriften entsprach den Tatsachen, die anderen enthielten

Eberts Programm, für das im Reichstag, wäre er noch zusammengetreten, eine ausreichende Mehrheit vorhanden war.

Ebert, im Gegensatz zu Wilhelm II. keineswegs gesonnen, die Dinge schleifen zu lassen, wurde weniger von den Ereignissen als vielmehr von seinem eigenen Mitstreiter, Philipp Scheidemann, überrollt. Scheidemann rief von einem Fenster des Reichstags die Republik aus, möglicherweise unter dem Druck grölender Massen, die keineswegs eine Mehrheit darstellten, möglicherweise auch, um anderen Linksradikalen wie den Spartakusführern Karl Liebknecht und Rosa Luxemburg zuvorzukommen, möglicherweise hingerissen von der eigenen Rhetorik – niemand wird die Motive dieses folgenschweren Schrittes jemals mit Sicherheit ergründen können. Sicher ist, daß Ebert die eigenwillige Handlungsweise seines Parteigenossen, für die es keinen offiziellen Auftrag der Sozialdemokratischen Partei gab, mißbilligte, Scheidemann wohl auch niemals ganz verziehen hat, aber nun vor vollendeten Tatsachen stand. Beachtenswert: Als Ebert am Vormittag des 9. November die ihm von Prinz Max angetragene Kanzlerschaft öffentlich bekanntgab, mahnte er in seinem Aufruf zur Besonnenheit und versprach eine Volksregierung. Von der Republik oder einer Ausrufung der Republik kein Wort. »Verlaßt die Straßen! Sorgt für Ruhe und Ordnung!« heißt es dort. Aber die Straßen blieben voll.

So wurde das staatspolitische Vakuum nicht legal, sondern durch die Proklamation der Republik ausgefüllt – kampflos, ohne revolutionäres Aufbegehren, ohne Sturm auf irgendeine »kaiserliche Bastille«. Gab es eine solche, so hatte man auf ihr längst die weiße Fahne gehißt. Kaiser und Kronprinz hatten sich aus dem Staub gemacht, ganz offensichtlich war niemand gewillt, für die Monarchie und ihre Vertreter zu kämpfen oder etwa kampfbereiten Anhängern Befehle zu erteilen, soweit diese, eingedenk ihres Eides, auf solche warteten. Offizieren wurden vom Pöbel die Kokarden abgerissen, oder sie taten es selbst; noch eine Woche zuvor wäre so etwas undenkbar gewesen. An jenem 9. November gab es weder Tote noch Verletzte. Was stattfand, war kein gewaltsamer Umsturz, sondern ein perfekter, kaum glaubhafter Zusammenbruch des monarchischen Systems, für das sich niemand einzusetzen bereitfand, also Ergebung, Unterwerfung.

Denkt man allein an die Lebensdauer der Hohenzollerndynastie (1417–1918), so ist die Frage erlaubt: Wo hat es jemals ein so plötzliches, widerstandsloses Ende einer berühmten Herrscherfamilie gegeben, die so viele berühmte Mitglieder, Kurfürsten und Könige hervorbrachte? Sicherlich gehörten die Prominentesten früheren Jahrhunderten an, als sich ihr Staat, Brandenburg-Preußen, allmählich zur Großmacht entwikkelte. Aber auch im neunzehnten Jahrhundert ging es mit Preußen noch aufwärts. Der Niedergang begann - merkwürdigerweise - im Augenblick höchsten Triumphes, nämlich mit der Reichsgründung am 18. Januar 1871. Der alte Wilhelm I. hatte schon recht, als er sich mit Händen und Füßen gegen den »Charaktermajor«, wie er den Kaisertitel nannte, wehrte. Seine Befürchtung, die Tage des alten Preußentums, das mehr Tugenden als Untugenden besaß, seien gezählt, war nicht grundlos. Preußen ging schneller als gedacht im Deutschen Reich auf, altpreußische Traditionswerte versanken nach und nach, der Glanz kaiserlicher Macht überstrahlte die Bedeutung des preußischen Königtums. Schließlich das Versagen des letzten, unpreußisch-bombastischen deutschen Kaisers, der zuerst nur als Kaiser, aber nicht als preußischer König abdanken wollte, was allgemeines Kopfschütteln, wenn nicht Hohngelächter verursachte. Wer, in Zeiten großer historischer Wandlungen und Entscheidungen zur Führung berufen, sich der Erfüllung seiner Aufgaben durch Untätigkeit oder sogar durch Flucht entzieht, darf sich nicht wundern, wenn das von ihm repräsentierte System wie ein Kartenhaus zusammenbricht. Es sollte dies leider nicht das einzige derartige Beispiel in der deutschen Geschichte bleiben.

Dem kläglichen Zusammenbruch der Monarchie und ihrer Monarchen in Verbindung mit dem militärischen Zusammenbruch folgte der Zusammenbruch des deutschen Bürgertums. Kaum wehte die rote Fahne, gehißt von einer, wie sich bald herausstellen sollte, kleinen Minderheit, als die große Mehrheit der Bürger ihre althergebrachte monarchische Gesinnung über Bord warf, rote Teppiche aus den Fenstern hängte, sich »volksnah« gebärdete, ihr »soziales Gewissen« entdeckte. Noch Wochen zuvor hätten die meisten Bürger, dem Kaiser huldigend, Ehren und Orden von ihm angenommen; nun verdammten sie sein zweifellos fehlgeschlagenes Regime, wurden von einem Tag zum anderen überzeugte Republikaner. Man wechselte die Überzeugung wie ein Hemd. Fast alle bürgerlichen Parteien änderten Programm und Namen. Die Bezeichnung »Volkspartei« war gefragt. Aus den Konservativen wurde eine »Deutschnationale Volkspartei«, die Nationalliberalen, deren linker Flügel, wie auch Teile der Mitte, nach links abwanderten, schlossen sich zur »Deutschen Volkspartei« zusammen (und bestanden doch vornehmlich aus Industriellen, Akademikern, Beamten und Angehörigen des Mittelstandes), und auch das fest fundierte »Zentrum« verwandelte sich in eine »Christliche Volkspartei«! Verständlich, daß der Fortschrittspartei, die in der neugegründeten linkslastigen »Deutschen Demokratischen Partei« ihre politische Heimat fand, die Bezeichnung »demokratisch« genügte. Nun erschienen als große demokratische Fackelträger Theodor Wolff, Chefredakteur des *Berliner Tageblatt,* Professor Alfred Weber, bekannter Soziologe und Volkswirtschaftler (Bruder Max Webers) und neben anderen – kaum zu glauben – Hjalmar Schacht, Bankier, später Reichsbankpräsident und, noch später, Wirtschaftsminister unter Hitler von 1934–37; sie sprachen vom Anbruch eines neuen Zeitalters, einer neuen Ethik und gerierten sich als *die* bürgerlich-demokratischen Führungskräfte. Doch waren sie in kürzester Zeit mit ihrem Partei-Latein am Ende. Demokratischer Vorsitzender wurde alsbald Friedrich Naumann, der einst Kaiser und Arbeiterschaft versöhnen wollte und wegen seines Eintretens für ein wirtschaftlich geeintes Mitteleuropa den neuen Patentdemokraten anfangs als »Pseudo-Annexionist« suspekt war!

Der außerordentliche Zulauf zur »neugebackenen« Demokratischen Partei ist auch – dies muß gerechterweise betont werden – auf die Sirenenklänge zurückzuführen, die vornehmlich aus Washington immer wieder erschallten. »Bekennt euch zur Demokratie, jagt euren Kaiser weg, schließt euch unserer demokratischen Gemeinschaft an, und ihr werdet einen auf dem Selbstbestimmungsrecht der Völker basierenden Friedensvertrag erhalten, im Einklang mit Wilsons 14 Punkten.« Verständlich, daß viele diesen Lockrufen glaubten und Huldigungstelegramme an den amerikanischen Präsidenten sandten; sicherlich glaubte auch Präsident Wilson selbst an seine idealistisch vorgetragenen Vorstellungen von einer neuen Welt, dem Bund der Völker, der auch den Besiegten bei Wohlverhalten offenstehen würde. Im Triumph traf Wilson zu Friedensverhandlungen in Paris ein; bei der Rückkehr in seine Heimat war er ein geschlagener Mann. In Deutschland sagte wohl als einziger der Führer der Deutschen Volkspartei noch im Dezember 1918: »Wir stehen vor dem furchtbarsten Gewaltfrieden, dem jemals ein Volk unterworfen ist ...« Aber wer wollte ihm glauben?

Vorerst stand die Innenpolitik im Vordergrund. Um das »Revolutionäre« der Lage herauszustellen, wurde keine neue Regierung gebildet; an ihre Stelle trat ein »Rat der Volksbeauftragten«, bestehend aus drei »Mehrheitssozialisten«, unter ihnen Ebert und Scheidemann, sowie drei Vertretern der radikalen »Unabhängigen Sozialdemokraten«, geführt von Hugo Haase, der sich zusammen mit Gleichgesinnten von der Mutterpartei losgesagt hatte. Spartakisten wurden nicht berücksichtigt. Will man von »revolutionären« Ereignissen in jenen Monaten sprechen, dann nur von dem Versuch der Linksradikalen, Eberts demokratischen Kurs mit Hilfe der Arbeiter- und Soldatenräte zu sabotieren und, falls nötig, mit Waffengewalt zunichte zu machen. Es kam zu erbitterten Straßenkämpfen in Berlin und anderen Städten, die monatelang anhielten, mit der Folge, daß die Nationalversammlung nicht in der Hauptstadt zusammentreten konnte und daher in das ruhige Weimar einberufen wurde.

Und wer verteidigte die Republik, stellte sich hinter sie, gab für sie sein Leben? Keine sich um Ebert scharenden, der Republik verschworenen Truppen, sondern ehemalige kaiserliche Offiziere und Soldaten, deren alleiniges Ziel in der Verhinderung einer Räterepublik nach damaligen russischen Muster bestand. Über diese militärischen Kräfte hatten Ebert und Scheidemann keine Gewalt, beide mußten froh sein, wenn sich überhaupt jemand fand, um sie gegen die anrennende Linke zu schützen. Der angebliche »Bluthund« Gustav Noske, selbst Sozialdemokrat, von Ebert zum »Oberbefehlshaber« berufen, hat sich um ein demokratisches Deutschland zu jener Zeit große Verdienste erworben, die ihm später nicht gedankt wurden. Ein Trauerspiel? Fast auch eine Komödie: die Rettung der demokratisch-republikanischen Staatsform durch Monarchisten, von denen viele später in der von den Alliierten zugestandenen Berufsarmee von 100.000 Mann Platz und Aufgabe finden sollten. Der Komödie Vorspiel: Das Hauptanliegen der sozialdemokratischen »Revolutionäre« um Ebert, nämlich die Einführung des parlamentarischen Systems, war bereits vor dem Umsturz durch das kaiserliche Regime selbst erfolgt! Es scheint, als ob ein Unstern über deutsche Revolutionsversuche walte. 1848 war die »Revolution« sogleich erfolgreich, wurde aber solange zerredet, bis sich die Reaktion wieder gesammelt hatte und zuschlagen konnte. 1918 brach das personell morsche monarchistische System vor dem eigentlichen Umsturz schon zusammen, hatte die wichtigsten Forderungen der anderen Seite bereits erfüllt und trug nun entscheidend zur Erhaltung der unnötig ausgerufenen demokratischen Republik im Kampf gegen ihre linksextremen Gegner bei! Difficile est, satiram non scribere!

Das deutsche Volk, bis Anfang November 1918 in monarchischer Tradition trefflich geübt, vom republikanischen Gedanken jungfräulich unberührt, gab sich erst einmal übereilt der republikanischen Verlokkung hin, um nur allzu schnell herauszufinden, daß sich mit der neuen Staatsform kein Staat machen ließ, daß ihm die Republik weder innerlich noch äußerlich viel bedeutete, man ihr nach dem Rausch der Novembertage fremd gegenüberstand. Das nimmt nicht wunder. Das Wort »Republik« kam bis zum 9. November 1918 in der deutschen Geschichte kaum vor. Ausnahmen: die Stadtrepubliken sowie die badische Republik, die 1849 sechs Wochen existierte, bis sie durch den Einmarsch preußischer Truppen ein unrühmliches Ende fand. Und die junge deutsche Republik machte es ihren Bürgern schwer. Ohne Kraft, eigene Symbole zu schaffen, entschloß sie sich im Zeichen der Niederlage zum Fahnenwechsel, übersah, wie viele geschichtsträchtige Siege im Zeichen der alten Fahne errungen wurden. Die Folge: Fast überall sah man nur die alte schwarz-weiß-rote Flagge (besonders in Bayern!), während die neue schwarz-rot-goldene, Symbol der demokratischen Bewegung von 1848, fast ausschließlich auf amtlichen Gebäuden wehte. Orden und Ehrenzeichen wurden abgeschafft, ein weiterer psychologischer Fehler. So blieb das nun einmal nicht aus der Welt zu schaffende Bedürfnis der Menschen nach äußerer Anerkennung unbefriedigt mit der Folge, daß es oftmals an hinreichender Motivation fehlte, dem Staat mit ganzer Kraft zu dienen.

Eine weitere »Äußerlichkeit«: Staatsfeiertage sind notwendig, nützlich, gehören zur Repräsentation der Nation; die Jugend hat »schulfrei«, ältere Jahrgänge genießen den Feiertag auf ihre Weise. Der Staatsfeiertag der neuen deutschen Republik wurde auf den 11. August festgesetzt, den Tag der Annahme der Verfassung durch die Weimarer Nationalversammlung. Welch unglückseliges Datum! Für die meisten Menschen ist der August ein Ferienmonat. »Jetzt muß man wegen dieser ver... Republik auch noch den Urlaub unterbrechen«, hieß es nur allzuoft. Die Folge: statt fröhlicher Menschen nur zahlreiche verärgerte Volksvertreter, die sich alljährlich im Reichstag versammelten, um einen Vortrag über irgendwelche alten oder neuen Gesichtspunkte der republikanischen Verfassung anzuhören. – Immerhin ein positiver Aspekt: Am Ende der

Veranstaltung sang man die vom Reichspräsidenten Ebert wiedereingeführte alte Nationalhymne, das »Deutschland-Lied«. Damit wurde dank Eberts Weisheit wenigstens etwas vom Alten herübergerettet. Denn immer mehr stellte sich heraus: Der Bruch mit der Vergangenheit war nur äußerlich, hervorgerufen durch sich plötzlich überstürzende Ereignisse, auf die tatsächlich niemand hingewirkt hatte. Die Ausrufung der Republik hatte sich bestenfalls aus dem Zwang zur Improvisation ergeben, die neue Staatsform war eher ein Provisorium. Nun vermag ein Provisorium sich zur Dauererscheinung zu entwickeln, wenn provisorische Gefühle sich in Überzeugungen verwandeln. Aber hierfür bedarf es einer längeren Zeit. Wandel im Eiltempo stellt fast immer eine innere Unwahrheit dar. Der Wandel von einer fast autoritären Monarchie zu einer demokratischen Republik, die Bildung einer republikanischen Gewöhnung, ja Tradition, bedurfte neben einer größeren Zeitspanne vor allem einer gewissen Stabilisierung in der Innen- wie Außenpolitik, dazu eines bestimmten Maßes an Prosperität. Das Gegenteil war der Fall.

Im Inneren rumorte es weiter. Spartakus und die linken Sozialisten fühlten sich um »ihre« Revolution betrogen. Die Macht der »Räte« verschwand zwar nach den Wahlen zur Nationalversammlung, aber die Spannung nach dem Bruch zwischen gemäßigten und linksradikalen Sozialdemokraten (einschließlich Kommunisten) verstärkte sich. Das Wahlergebnis selbst ergab keine sozialistische Mehrheit. Eberts Partei erhielt 37 Prozent der Stimmen – genausoviel erhielten die Nazis bei ihrem Rekordergebnis vom 31.7.1932 – und ging eine Koalition mit denselben bürgerlichen Parteien, dem Zentrum (Christliche Volkspartei) und den nunmehr umbenannten Demokraten, ein, mit denen sie schon seit 1917 zusammengearbeitet hatte. Erneut schlug man einen Kurs der nach links orientierten Mitte ein. (Verschiedene Verfassungsbestimmungen wurden übrigens von einer Mehrheit aller bürgerlichen Parteien gegen die Stimmen der gesamten Linken einschließlich der Mehrheitssozialisten angenommen!) Schon bald ergab sich aber ein so deutlicher Wählertrend von links nach rechts, daß eine Verlängerung der Wahlperiode der Nationalversammlung über 1919 hinaus beschlossen wurde. Erst nach dem dilettantisch inszenierten, fehlgeschlagenen »Kapp-Putsch« ultrarechter Kreise, der immerhin die Regierung zwang, Berlin fluchtartig zu verlassen, wurden Neuwahlen angesetzt, weil man nunmehr bessere Ergebnisse für die Mitte-Links-Parteien erwartete.

Aber die Wahlen vom 6. Juni 1920 bestätigten die These von der »ungeliebten Republik«. Sowohl die Sozialdemokraten als auch die Demokraten verloren so viele Stimmen (das Zentrum hielt sich achtbar), daß die drei Parteien, die die Weimarer Verfassung mit großer Mehrheit gebilligt hatten, sich weniger als ein Jahr später in der Minderheit befanden. Wie gewonnen, so zerronnen! Besonders schwer der Schlag für die gemäßigten Sozialdemokraten, die sich darauf aus der Regierungsverantwortung zurückzogen. Wäre nicht Stresemanns Volkspartei, die ihre Mandatszahl verdreifachte, zur Teilnahme an einer Minderheitsregierung der Mitte bereit gewesen, die Republik von Weimar wäre bereits zwanzig Monate nach der »Novemberrevolution« unregierbar geworden! Aber Minderheitsregierungen, auf Tolerierung angewiesen, tragen zur inneren Stabilisierung nicht bei. Von nun an – von zwei Ausnahmen 1923 und 1928/30 abgesehen – amtierten nur Regierungen, die sich von vornherein auf eine parlamentarische Mehrheit nicht stützen konnten.

Dieses für den republikanischen Gedanken bedrückende Resultat war sicherlich auch auf das außenpolitische Debakel des neuen Staates zurückzuführen. Versailles! Schwerste Friedensbedingungen. Von Selbstgerechtigkeit strotzende Sieger. Ein gedemütigtes deutsches Volk. Die Unterhändler der deutschen Republik wurden keineswegs etwa als *fellow-democrats,* sondern fast wie Parias behandelt. Jetzt rächte es sich, daß es aufgrund des allgemeinen Zusammenbruchs oder eines zu großen Vertrauens in Wilson und seine 14 Punkte versäumt wurde, wenigstens einen Teil der Armee rechts des Rheines zu halten, um die Alliierten, deren Armeen ja auch kriegsmüde waren, zu halbwegs maßvollen Friedensbedingungen zu bewegen. Erinnert sei an die Klage des britischen Premiers Lloyd George, er hätte bei einem möglichen Hinweis auf eine noch vorhandene deutsche Armee einen besseren Friedensschluß durchsetzen können. Als die ersten und härtesten Bedingungen bekannt wurden, ging ein Aufschrei durch ganz Deutschland. »Die Hand, die diesen Vertrag unterschreibt, möge verdorren«, so Scheidemann, damals Ministerpräsident, wie der Inhaber des Kanzlerpostens noch genannt wurde. Der Aufschrei bewirkte eine leichte Modifizierung der nach wie vor harten, kaum annehmbaren Bedingungen.

Hart rang man in Weimar. Die Demokraten lehnten mehrheitlich Versailles ab und verließen (zeitweilig) die Regierung. Das Zentrum, insbesondere auf Anraten von Erzberger, und die Sozialdemokraten (nach Rücktritt von Scheidemann) nahmen schließlich an. Vor der entscheidenden Abstimmung versicherten übrigens die mit »Nein« Stimmenden den Befürwortern der Annahme ausdrücklich deren vaterländische Gesinnung, eine würdige Geste, der gewaltigen Erregtheit im ganzen Land angemessen. Wer diese Tage und Wochen miterlebt hat, wird eine zutiefst aufgewühlte, leidenschaftliche, aber auch trotzige Gefühlslage in allen Volkskreisen bezeugen, die nach Unterzeichnung des Vertrages (durch je einen Vertreter der Sozialdemokraten und des Zentrums) einer dumpf-resignierenden Stimmung wich. Ob das mehrheitliche »Ja« in der Weimarer Nationalversammlung richtig war, erscheint zweifelhaft. Sicherlich wären bei einem »Nein« die Franzosen und ihre Verbündeten in Deutschland einmarschiert, aber sie hätten auch die Verantwortung für die Versorgung von mehr als 65 Millionen feindselig eingestellter, teilweise unterernährter Menschen übernehmen müssen. Eine zur nationalen Einheit und zum moralischen Widerstand aufrufende Republik hätte entscheidend an Ansehen gewinnen können, vor allem wäre der Stachel von Versailles vermieden worden, auf den sich später Hitler immer wieder berief. Aber diese Möglichkeit blieb ungenutzt mit der Folge, daß nunmehr die Republik, die Versailles annahm, in den Augen vieler die Schuld für die Folgen eines von der Monarchie verlorenen Krieges trug. Alles, was mit Versailles zusammenhing, wurde hinfort der Republik angelastet, auch das im Friedensvertrag noch nicht gelöste Reparationsproblem. Schnell vergaß man die militärische Niederlage, die man nicht einmal im eigenen Lande, am eigenen Leibe gespürt hatte. Und noch schneller waren die »Schuldigen«, war das Militär mit der berüchtigten »Dolchstoßlegende« bei der Hand, mit jener infamen Behauptung, die Front sei nicht durch den Feind, sondern durch böswillige, linksorientierte Einwirkungen aus der Heimat zerbrochen worden. Der »Sündenbock« war gefunden. Die Weimarer Republik mußte nicht nur für die Folgen des verlorenen Krieges herhalten, sie wurde von den Rechtsradikalen auch noch für den Verlust des Krieges selbst verantwortlich gemacht.

Prosperität. Auch hier eine, durchaus voraussehbare, Leidensgeschichte. Der den Alliierten entstandene Schaden war ungeheuer, schließlich hatte sich das Kriegsgeschehen im wesentlichen auf französischem und belgischem Gebiet abgespielt; ein Teil der englischen Handelsflotte war durch den U-Bootkrieg vernichtet worden. Also Reparationen und immer wieder Reparationen, Phantasieforderungen der Franzosen, zuerst über 200 Milliarden Goldmark! Wirtschaftliche Unvernunft in unvorstellbarem Maße, als ob solche Summen (später wurden auf einmal »nur« 132 Milliarden verlangt) ohne den wirtschaftlichen Ruin des Schuldnerlandes gezahlt werden könnten, gleichgültig, ob auf einmal oder in Raten. Vergeblich plädierten Rathenau, Stresemann und andere für Einsicht und Rücksicht. Durch die durchaus als berechtigt anerkannten Reparationsleistungen befanden sich, so argumentierte die deutsche Seite, Frankreich und Deutschland in einem Boot. Reparationen konnten auf die Dauer nur gezahlt werden, wenn die deutsche Wirtschaft wie die deutsche Währung erhalten, womöglich gestärkt würden. Wer von der Kuh Milch will, darf sie nicht schlachten. Vergebens. Reparationsverhandlungen ohne Ende, Ultimaten, sinkendes Vertrauen in die deutsche Mark, wachsende Entwertung, hervorgerufen auch durch Baisse-Spekulationen deutscher Industrieller – Hugo Stinnes verdankt sein Wirtschaftsimperium zum Teil solchen »Transaktionen«.

Zur »galoppierenden Schwindsucht« der deutschen Währung kam es, als der französische Ministerpräsident Poincaré 1923 seine Truppen in das Ruhrgebiet sandte, um Frankreich dieses wichtige Industrierevier als Pfand für deutsche Reparationsleistungen zu sichern. Begründung: Deutschland war mit der Lieferung einiger hunderttausend Telegraphenstangen und mit einer nicht sehr bedeutenden Kohlenlieferung im Rückstand. – Ruhrkrieg! Die deutsche Regierung rief zum »passiven Widerstand« auf, niemand sollte für die Franzosen arbeiten, die – übrigens auch nach englischer Auffassung – widerrechtlich ins Ruhrgebiet eingedrungen waren. Eine große nationale Welle, getragen von allen Parteien mit Ausnahme der Kommunisten und – der Nazis, ging noch einmal durch Deutschland. Eine neuerliche Chance für die Republik? Ja, wenn es gelungen wäre, den außerordentlich kostspieligen Ruhrkrieg rechtzeitig zu beenden. Deutschland – unter der Regierung des früheren Hapag-Lloyd-Generaldirektors Cuno – stellte zwar die Reparationszahlungen ein, mußte aber nun den Ruhrkrieg finanzieren und dafür neues Geld drucken, was zur weiteren Anheizung der Inflation führte. So arbeitete die Zeit gegen die Deutschen und ihren passiven Widerstand.

Cuno trat zurück, als der Sieg Poincarés sich abzeichnete. An seine Stelle trat Stresemann. Sein Versuch, in letzter Minute Poincaré zum Einlenken zu bewegen, scheiterte. Der französische Ministerpräsident verlangte und erhielt die deutsche Kapitulation. Kurz darauf wurde die wertlos gewordene Mark durch die Rentenmark ersetzt, die neue Währung blieb stabil – man sprach vom »Wunder der Rentenmark« –, aber ein Großteil der Bevölkerung hatte seine gesamten Ersparnisse verloren. Vor allem der Mittelstand war schwer getroffen, nicht nur finanziell, sondern – noch weit schlimmer – er sah sich in seinem berechtigten Eigenstolz schwer verletzt, in das Proletariat gestoßen, gegenüber Eigentümern von »Sachwerten« benachteiligt. Groß war die Zahl jener, die sich ungerecht behandelt fühlten, Minderwertigkeitskomplexe entwickelten und die Schuld für ihre Lage der Republik zuschrieben. Diese Republik – so argumentierte man in rechtsgerichteten Kreisen, besonders in Bayern – hatte es durch ihre Kapitulation vor Frankreich an nationalem Gefühl mangeln lassen, wurde von Marxisten, Verrätern und vaterlandslosen Gesellen regiert, wie Hitler vor seinem Putsch gegen die von Stresemann geführte Reichsregierung (in der übrigens kein Sozialdemokrat saß) erklärte; »Schmach- und Schande-Rufe« ertönten schon. Die nationale Erhebung zu Beginn des Ruhrkrieges endete in einer für den Bestand des Deutschen Reiches lebensgefährlichen Krise. Sie wurde gemeistert; aber die Republik erlitt erneut – unverdiente – Blessuren, die erst einmal nur oberflächlich geheilt werden konnten.

Mehr Vernunft in der leidigen Reparationsfrage kündigte sich an. Jetzt meldeten sich die Amerikaner, sandten Experten, zuerst, um eine vorläufige Regelung zu erzielen (»Dawes-Plan«), und dann, um die Frage endgültig zu regeln (»Young-Plan«). Poincaré wurde gestürzt (kam allerdings leider bald wieder), Briand übernahm die Leitung der französischen Außenpolitik. Locarno, der deutsche Eintritt in den Völkerbund, der kühne, aber fehlgeschlagene Versuch in Thoiry, mit deutscher Hilfe den absinkenden französischen Franc zu stützen und eine frühere Rheinlandräumung sowie die Rückgabe des Saarlandes ohne Volksabstimmung zu erzielen, kennzeichnen jene auch wirtschaftlich besseren, beruhigteren Jahre, die oftmals als »Stresemann-Jahre« bezeichnet werden. Sie trugen unzweifelhaft zur Festigung der republikanischen Staatsform bei. Während frühere Wahlen eine erhebliche Verstärkung der Rechten ergaben, brachte die Reichstagswahl 1928 – als einzige – einen deutlichen Ruck nach links. So standen 155 sozialdemokratischen Abgeordneten nur zwölf der extremen Rechten gegenüber; auch die Deutschnationalen verloren mehr als dreißig Mandate.

Aber während dieser, alles in allem besseren Jahre gab es auch negative Ereignisse im Inneren wie in der Außenpolitik. Eberts allzu früher Tod entriß der Republik wie den gemäßigten Sozialdemokraten einen ihrer Besten. Ebert hatte sich zu einem weit über seine Partei hinausgewachsenen Staatsmann von hohem Format entwickelt, stellte eine Führungspersönlichkeit dar, für die sich kein adäquater Ersatz fand. Die Weimarer Verfassung sah eine Volkswahl des Reichspräsidenten vor. Ebert, noch von der Nationalversammlung in dieses höchste Staatsamt gewählt, wollte sich sobald wie möglich einer Volkswahl stellen und wäre mit großer Wahrscheinlichkeit auch vom Volk bestätigt worden. Doch der Reichstag verlängerte mit der notwendigen Zweidrittelmehrheit im Hinblick auf die noch ausstehende Volksabstimmung in Oberschlesien Eberts Amtszeit um drei Jahre. Danach hätte eine Kandidatur Eberts dank seiner wachsenden Popularität auch in bürgerlichen Kreisen sicherlich eine gute Chance gehabt. Nun kam es anders. Sechs Jahre Weimarer Republik genügten offenbar nicht, um einer herausragenden, Würde und Ansehen ausstrahlenden, demokratischen Persönlichkeit zur Mehrheit zu verhelfen. So erhielt Feldmarschall von Hindenburg im zweiten Wahlgang die relative Mehrheit gegenüber dem Einheitskandidaten der Weimarer Parteien, dem langjährigen Reichskanzler Marx (Zentrum), einem hochanständigen, aber nicht mit besonderer Inspirationskraft begabten Juristen. Die Wahl des Rechtskandidaten Hindenburg bedeutete sicherlich eine schwere Niederlage für die republikanische Idee, wenn er sich auch während der ersten Amtsjahre strikt an seinen auf die Weimarer Verfassung geleisteten Eid hielt, Stresemanns auf eine deutsch-französische Verständigung gerichtete Außenpolitik – sicherlich widerstrebend – mitmachte und nach Ablauf seiner ersten Amtsperiode sogar von den Sozialdemokraten gewählt wurde, um die Wahl seines Gegenkandidaten – Adolf Hitler – zu verhindern. Auf der anderen Seite besaß nun ein urkonservativer Militär und ostpreußischer Großgrundbesitzer entscheidenden Einfluß auf die Geschicke der Republik. Hierüber wird noch ausführlich zu berichten sein.

Außenpolitisch schadete die intransigente Haltung der Franzosen nach Thoiry (1926). Poincaré, wieder an der Macht, gelang es, den französischen Franc aus eigener Kraft zu stabilisieren und damit die zwischen Briand und Stresemann getroffenen Absprachen von Thoiry zu Fall zu bringen. Briand wurde in die Defensive gedrängt, eine schnelle Liquidation der Kriegsfolgen, wie sie von ihm und seinem deutschen Partner angestrebt wurde, erwies sich dank der starren französischen Haltung als unmöglich. Enttäuschung auf der deutschen Seite, dazu unvermeidliche Spannungen zwischen beiden Ländern, hervorgerufen durch dauernde Reibereien in den von französischen Truppen noch immer kriegsmäßig besetzten deutschen Gebieten. Als mit der Annahme des »Young-Planes« die Rheinlandräumung fünf Jahre vor der im Vertrag von Versailles genannten Frist von Stresemann durchgesetzt wurde und damit der Weg für eine echte deutsch-französische Zusammenarbeit frei war, kam dieser große Erfolg für den deutschen Außenminister zu spät, der einundfünfzigjährig am 3. Oktober 1929 starb, für Frankreich aber zu früh. Denn bei den Wahlen drei Monate nach der erfolgten Rheinlandräumung gewannen die Nazis bereits über hundert Mandate. Der Sarg für die Republik war zwar noch nicht gezimmert, aber allzu viele Zimmerleute machten sich bereits ans Werk.

Die deutsche Republik verstand sich wenig auf Repräsentation. So kam es, daß zu Höhepunkten Weimarer Selbstdarstellung drei eindrucksvolle – Beerdigungen wurden. Am 24. Juni 1922 war Walther Rathenau, der deutsche Außenminister, ermordet worden; Attentäter waren aufgehetzte Rechtsradikale, die die Nazis später glorifizierten. Der feige Mord an diesem deutschen, in Berlin geborenen, jüdischen Patrioten, dessen nationale Gesinnung von niemandem übertroffen wurde, rief in Berlin eine nie zuvor und auch später nie wieder gekannte Erregung hervor, zumal sich jeder an einen vorangegangenen Meuchelmord erinnerte, dem Matthias Erzberger zum Opfer gefallen war. Nun gingen die Menschen auf die Straße, die Arbeiterschaft demonstrierte geschlossen, Reichspräsident und Reichsregierung erließen aufgrund des Artikels 48 der Verfassung eine Notverordnung zum Schutze der Republik, die später in leicht abgeänderter Form Gesetz wurde. Mit der Ermordung des großen bürgerlichen Industriellen sollte – dies fühlten alle – die Republik getroffen werden. So wurde Rathenaus Beerdigung, an der Hunderttausende teilnahmen, zu einer wirkungsvollen, bewegenden Kundgebung für das neue republikanische Deutschland. Aber mit einem Leichenzug allein festigt man die Staatsform auf die Dauer nicht.

Auch die würdigen Feierlichkeiten für den verstorbenen ersten deutschen Reichspräsidenten, an denen die Reichswehr teilnahm, legten Zeugnis ab für republikanischen Zusammenhalt. Für Ebert, Sozialdemokrat mit Leib und Seele, empfanden weite bürgerliche Kreise Hochachtung und Sympathie, zeigten sich tief bestürzt über den Tod des noch nicht ganz vierundfünfzigjährigen Staatsmannes, von dem viele hofften, er würde in der von ihm mitgegründeten Weimarer Republik noch lange eine wichtige Rolle spielen. Ebert, auch er ein großer Patriot, wurde nicht ermordet, aber von der Rechten in gemeinster Weise im wahrsten Sinne des Wortes zu Tode gehetzt, als er sich gegen übelste Vorwürfe wegen seines Verhaltens im Ersten Weltkrieg bei einem Arbeiterstreik wehren mußte. Riesig die Menge, die am Trauerzug teilnahm, der sich vom Präsidentenpalais, mit einem kurzen Halt vor dem Reichstag, zum Bahnhof bewegte. Ebert wurde in Heidelberg, seiner Geburtsstadt, beigesetzt. Mit ihm schwand eine der größten Hoffnungen für die Republik dahin.

Wohl die größte Trauerfeier galt dem mit einundfünfzig Jahren gleichfalls allzu früh verstorbenen Außenminister Gustav Stresemann. Auch er brach physisch unter den ständigen Attacken seiner rechtsgerichteten Gegner zusammen, die ihm nationalen Verrat und vieles mehr vorwarfen. Sein Tod rief in der gesamten Welt tiefe Erschütterung hervor, Blumen mußten eiligst aus Italien importiert werden, da der Vorrat in Berlin nicht reichte. Fast alle Staatsmänner, von Briand bis Tschitscherin, dem russischen Außenminister, sandten Kränze. Wiederum füllten Hunderttausende den Platz der Republik. Mittelpunkt der Trauerfeier war der Reichstag, in dem der Sarg aufgebahrt war. Der sozialdemokratische Kanzler Hermann Müller hielt die Trauerrede. Außerhalb sprach der Vizepräsident des Reichstages von Kardorff, Stresemanns Parteifreund, dann setzte sich der Trauerzug in Bewegung. Reichspräsident von Hindenburg folgte dem Sarg bis zum Auswärtigen Amt, dem Amtssitz des Verstorbenen. Unter den Klängen der Nationalhymne – dies auf Wunsch des toten Außenministers – wurde der Sarg auf dem Luisenstädtischen Friedhof in die Erde versenkt. Es war die Wiedereinführung dieser Hymne durch Friedrich Ebert, die einen wichtigen Anstoß für Stresemann gab, sich der Weimarer Republik zuzuwenden, ihr schließlich mit allen Kräften bis zum Tode zu dienen. Die meisten Historiker nennen ihn einen »Vernunftrepublikaner«; dies war er schon vor seinem Eintritt in die Regierung. Für seine innere Entwicklung gibt die Rede Aufschluß, die er in Oslo 1927 anläßlich der Verleihung des Friedensnobelpreises hielt; dort steht ein besonders wichtiger Satz:

»Deshalb hat mit diesem republikanischen Deutschland nicht nur die Gegenwart, sondern auch die Zukunft zu rechnen.« Alle, die ihn wirklich kannten, wissen, daß während seiner Amtsjahre aus dem »Vernunftrepublikaner« ein überzeugter Republikaner geworden war. Um so tragischer sein Tod nicht nur für die Fortführung der Außenpolitik, sondern auch für den Erhalt der demokratischen Republik. So überwältigend gestaltete sich die Trauerfeier, daß auch das Ausland sich beeindruckt zeigte, die Republik als gefestigt ansah, die Hoffnung auf eine Fortsetzung der bisherigen Außenpolitik wie einer maßvollen Innenpolitik im Sinne Stresemanns hegte. Aber diese Hoffnung trog. Ein Jahr später, als das offizielle Berlin noch ein letztes Mal am Grabe Stresemanns zusammenkam, gab es bereits einen anderen Kanzler einer anderen Koalition, im Auswärtigen Amt verstärkte sich die Tendenz zur Änderung der Außenpolitik, und Stresemanns Partei drängte nach rechts.

Für Bestand und Funktionieren eines parlamentarischen Systems, gleichgültig ob im Rahmen einer Monarchie (wie in Großbritannien) oder einer Republik, ist die staatspolitische Mitwirkung der großen Parteien auf die Dauer erforderlich. Hieran fehlte es sehr bald in der Weimarer Republik, mit der Folge, daß es zu einem latenten innenpolitischen Krisenzustand kam. Während Zentrum, Demokraten und nach 1920 auch die Deutsche Volkspartei bereit waren, Regierungsverantwortung zu tragen, zeigten die Sozialdemokraten, nach wie vor größte Partei, nach ihrer Wahlniederlage im Juni 1920 nur noch begrenzte Bereitwilligkeit, an der Regierung teilzunehmen. Als sie sich unter dem Eindruck der Ermordung Rathenaus mit ihrer linken Schwesterpartei, den »Unabhängigen Sozialdemokraten«, wieder zusammenschlossen, wurden sie noch unbeweglicher. Oftmals wurden ihre wichtigsten Entscheidungen nur noch mit knapper Zufallsmehrheit getroffen. Statt bei Regierungsbildungen eine führende Rolle pro oder contra zu spielen, wie es der stärksten Partei gebührt, zog man sich in den Schmollwinkel zurück, begnügte sich allzuoft, Regierungen zu »tolerieren«, die sich meistens aus den Mittelparteien zusammensetzten, zu denen sehr bald auch die Deutsche Volkspartei gerechnet wurde. Während der vierzehn Jahre der Weimarer Republik war die SPD insgesamt noch nicht einmal vier Jahre in der Regierung vertreten. Zweimal brachte sie die sogenannte Große Koalition, eine Verbindung aus SPD, Zentrum, Demokraten und Deutscher

Volkspartei, zum Scheitern; jahrelang stimmte sie Stresemanns Außenpolitik zu, ohne der Regierung selbst anzugehören.

Weitaus schlimmer noch sah es bei der Rechten aus, als Hugenberg die Führung der Deutschnationalen übernahm. Zuvor hatten sich die Konservativen, auf besonderes Betreiben der Deutschen Volkspartei, zweimal an der Regierung beteiligt und ausdrücklich zur Verfassung bekannt. Aber nach ihrer Wahlniederlage 1928 legten sie sich auf Daueropposition gegen den Staat von Weimar fest, den ihr neuer starrköpfiger Führer zu zerstören trachtete, koste es, was es wolle. Damit wurde das demokratische Kräftespiel empfindlich eingeengt. Wie sollte der Reichstag seiner Aufgabe gerecht werden, wenn Rechte (und extreme Linke) Staat und Verfassung grundsätzlich verneinten und bei der gemäßigten Linken keine Koalitionsbereitschaft mit den Mittelparteien bestand? Nun war 1930 die letzte Mehrheitsregierung, die der »Großen Koalition« unter dem sozialdemokratischen Kanzler Hermann Müller, nach mühsamstem Amtieren – teilweise gegen seine eigene Partei – zurückgetreten, weil die SPD unter dem Einfluß ihres linken Flügels und der Gewerkschaften einen von allen anderen Koalitionsparteien angenommenen Kompromißvorschlag über die Zahlung von Arbeitnehmer- und Arbeitgeberbeiträgen zur Arbeitslosenversicherung mehrheitlich abgelehnt hatte. Wieder ein kapitaler Fehler der stärksten demokratisch-republikanischen Partei im Reichstag, die damit, ohne es zu wollen, der Weimarer Republik und dem parlamentarischen System einen schweren, wenn auch noch nicht tödlichen Schlag versetzte. Hugenberg konnte jubilieren. Wie sollte eine mehrheitsfähige Regierung gefunden werden gegen seine eigenen Gefolgsleute, die extreme Rechte, und nun auch noch gegen die Sozialdemokraten und Kommunisten?

Der neue Reichskanzler, Heinrich Brüning, gehörte dem konservativen Flügel des Zentrums an, galt als ausgezeichneter Finanzexperte und war dem Reichspräsidenten von General von Schleicher, dem stets hinter den Kulissen geschäftig arbeitenden Chef der für Politik zuständigen Wehrmachtsabteilung, empfohlen worden. Der außerhalb seiner Partei wenig bekannte Brüning stand vor einer immens schwierigen Aufgabe. Die Weltwirtschaftskrise nahm an Intensität zu, traf das kapitalschwache Deutschland, das überdies mit Reparationszahlungen belastet war, besonders schwer, die Zahl der Arbeitslosen, damals schon mehr als zwei Millionen, stieg weiter. Wie sollte eine Minderheitsregierung – denn nur um eine solche konnte es sich handeln – die Lage meistern? Brüning stützte sich auf eine Mitte-Rechts-Regierung; sein Konzept: die Deutschnationalen unter Hugenberg zu spalten, auf den gemäßigten, freikonservativen Flügel zu bauen und, wie es alle seine Vorgänger getan hatten, auf die Parteien der Mitte zu setzen, zu denen die nun über mehr als zwanzig Mandate verfügende, ausschließlich den Interessen des Mittelstandes dienende Wirtschaftspartei gehörte. Zugegeben, daß Brüning einen Reichstag vorfand, der zur Kalamität zu werden drohte. Neben den grundsätzlich staatsfeindlichen Volksvertretern rechts und links gab es in wachsender Zahl Parlamentarier, die mehr und mehr das Bild einer Ansammlung von Lobbyisten vermittelten. Die Sozialdemokraten verstanden sich zusehends als reine Arbeitnehmerpartei, die Deutsche Volkspartei vertrat nach Stresemanns Tod fast ausschließlich Arbeitgeberinteressen, dazu eine Mittelstandspartei! Also ein Reichstag, der sich immer weniger angesichts der wachsenden wirtschaftlichen Krise zu seiner staatserhaltenden Aufgabe bekannte, Volksvertreter, die sicherlich zu Recht um ihre Mandate bangen mußten, wenn sie bei wirtschaftlich »unpopulären« Entscheidungen zuerst an das Ganze dachten. Schon Stresemann (1923) und Marx (1923/1924) forderten und erhielten in höchster Not ein verfassungsänderndes Ermächtigungsgesetz, das ihren Kabinetten den Erlaß von weitgehenden Notverordnungen ermöglichte, die nie und nimmer eine Reichstagsmehrheit erhalten hätten. 1930 konnte man noch nicht von einer ähnlichen Krisensituation sprechen; aber die Lage spitzte sich zu.

Über Brünings Person, seine Ideen, ist immer wieder gerätselt worden. War er Monarchist, Republikaner, überzeugter Anhänger einer parlamentarischen Demokratie, oder strebte er von vornherein jenes »Präsidialkabinett« an, mit dem sein Name in der Geschichte der Weimarer Republik verbunden ist? Brüning, der erste Weimarer Kanzler, der den Ersten Weltkrieg als Frontoffizier erlebt hatte, sah in Hindenburg, der ihn zum Kanzler berief, nicht nur den Oberbefehlshaber im Kriege, sondern auch seinen »Chef« im Frieden; ihm fühlte er sich in erster Linie verpflichtet, ihm zu dienen betrachtete er als vornehmste Aufgabe. Für Brüning, den »Hindenburgianer«, spielte das Parlament offensichtlich nicht jene entscheidende Rolle, wie sie in der Verfassung vorgesehen war. Schon in seiner Antrittsrede drohte er dem Reichstag mit allen angeblich verfassungsmäßigen Mitteln, und dies bedeutete: »Ihr nehmt mein Programm an oder Hindenburg löst auf, und es wird mittels des Artikels 48 regiert.« Dieser berühmt-berüchtigte Artikel, mit dem übrigens 1931 zur Erheiterung der ganzen Nation die Größe des Zwickels in der Badehose festgelegt wurde, gab dem Reichspräsidenten das uneingeschränkte Recht, in Fällen der Gefahr Notverordnungen zu erlassen, die allerdings vom Reichstag sofort wieder aufgehoben werden konnten. Ein aufgelöster Reichstag war hierzu natürlich nicht imstande. Brüning drohte, der Reichstag kuschte erst einmal, indem die Mehrheit der Deutschnationalen unter einem widerstrebenden Hugenberg gegen ein verständliches Mißtrauensvotum der aus der Regierung gedrängten Sozialdemokraten stimmte. Ein weiteres Mal half Brüning eine hauchdünne Mehrheit über die Hürde; die Konservativen brachen auseinander, und Hugenberg blieb in der Minderheit. Bei einem weiteren Versuch Brünings, Dekkungsvorlagen für die Beseitigung des Haushaltsdefizits durchzusetzen, erlangte Hugenberg die Mehrheit in seiner Fraktion und damit eine Mehrheit gegen die erlassenen Notverordnungen. Diese wurden prompt wieder erlassen, vom Reichstag wieder aufgehoben, worauf Hindenburg-Brüning die Auflösungsorder bekanntgaben. Der Kanzler erhoffte sich eine bürgerliche Mehrheit unter Einschluß einer großen freikonservativen Partei. Die Neuwahlen ergaben den ersten Erdrutsch.

Der Schock war gewaltig, drinnen wie draußen. Brüning hatte sich gründlich geirrt. Statt zwölf Nazis deren 107, die nunmehr auch im Reichstag eine Horde wüster, aggressiver, jeder parlamentarischen Gesittung barer »Volksvertreter« bildeten. Die Deutschnationalen verloren mehr als dreißig Sitze, kamen noch auf ganze 41 Mandate. Hugenberg, ihr »glorreicher« Führer, zog keine Konsequenzen, trommelte weiter gegen Republik und Demokratie. In seiner grausigen Verbohrtheit gehörte er zu den Totengräbern Deutschlands. Die Freikonservativen, auf die Brüning seine ganze Hoffnung gesetzt hatte, erhielten ganze vier Mandate, während zwei mit ihnen sympathisierende Gruppen, das »Deutsche Landvolk« und der »Christlich-Soziale Volksdienst«, immerhin vierzehn respektive neunzehn Mandate erringen konnten. Die liberalen Parteien sanken weiter ab, die Wirtschaftspartei behauptete sich. Die Linksradikalen gewannen, 77 kommunistische Abgeordnete hatte es zuvor noch nie gegeben. Die 143 SPD-Abgeordneten mußten sich nun entscheiden, ob sie mit den Kommunisten auf der einen Seite und den Nazis plus Hugenberg auf der anderen eine Sperrmehrheit gegen Brüning und seine

Notverordnungen bilden wollten. Der Schock saß tief, die Sozialdemokraten beschlossen, zu »tolerieren«, und Brüning konnte weitermachen. War er, wie so oft behauptet wurde, die letzte Hoffnung für den Erhalt der Weimarer Republik? Viele, zu denen der Verfasser gehört, haben schon damals Zweifel geäußert, die auch im Rückblick berechtigt erscheinen. Brünings Kampf gegen fast übermächtige Schwierigkeiten, sein tragischer Abgang sichern ihm einen ehrenvollen Namen. Aber mit seiner Kanzlerschaft erscheint erstmalig der Begriff des »Präsidialkabinetts«, Kanzler und Minister tragen nur noch formal dem Parlament gegenüber Verantwortung, fühlen sich im wachsenden Maße schließlich nur noch dem Reichspräsidenten verpflichtet, der über sie das »Damoklesschwert« des Artikels 48 hält. Gewiß, die immer schlechter werdende Wirtschaftssituation, Bankenkräche, wachsende Arbeitslosenziffern, Zusammenbrüche im sowieso geschwächten Mittelstand, weitere Verlustziffern bei den Bauern, die allein schon durch die Reparationszahlungen bedingte Unmöglichkeit, à la Keynes Geld auf den Markt zu werfen, um mittels staatlicher Aufträge die Wirtschaft zu beleben, zwangen den Reichstag, vor allem die geschockten Sozialdemokraten, Brüning und seinen Notverordnungen keine Steine in den Weg zu legen, also eine Art »Große Koalition der Angst« zu bilden angesichts der immer stärker werdenden Extreme rechts und links, denen sich schändlicherweise Hugenberg und seine Deutschnationalen zugesellten. Aber man hatte nie den Eindruck, daß Brüning – er sagte nach seinem Sturz, er sei vor den letzten hundert Metern gescheitert – nach Erreichung des Zieles zur parlamentarischen Demokratie zurückgekehrt wäre. Hat er nicht später in Reden und Erinnerungen davon gesprochen, daß sein Endziel die Wiedererrichtung der Monarchie mit Hindenburg als »Reichsverweser« sei? Glaubte er wirklich, für diese völlig unrealistische Umkehr jemals eine Zweidrittelmehrheit im Reichstag zu erlangen, oder schwebte ihm ein Staatsstreich vor? War der offensichtlich von ihm ins Auge gefaßte Kronprinz – einst ein Flüchtling nach Holland, später ein ausgesprochener Befürworter von Hitler – tatsächlich ein akzeptabler Kandidat?

Wie dem auch sei, in allerschwerster Zeit kämpfte Brüning gegen die allerdings nicht nur Deutschland, sondern die ganze Welt an die Grenze des Ruins führende Wirtschaftsdepression an, erwarb dabei sich und dem Reich Sympathien im Ausland, Achtung im Inland. Aber ein Kämpferherz besaß er nicht. Zu einer großen, mitreißenden Führungspersönlichkeit war er nicht geschaffen, ein Kanzler ohne Ausstrahlung, von vielen wegen mangelnder Entscheidungsfreudigkeit als deutscher »Fabius Cunctator« gescholten; ein Staatsmann von Format war er schon deswegen nicht, weil er sich in eine fast demütigende Abhängigkeit von Hindenburg begab, keinen »Bürgerstolz« vor der »Majestät« des Reichspräsidenten zeigte. So vermochte er das sicherlich schwer angeschlagene Staatsschiff vor dem Kentern zu bewahren, es aber nicht zu steuern. Die Steuerung übernahmen zusehends andere: Hindenburg und sein Kreis schickten sich an, das innenpolitische Geschehen zu bestimmen.

Nachdem über hundert Nazis im Reichstag saßen, wuchs der Nazi-Terror, die SA scheute vor keiner Gewalt mehr zurück. Zwar versicherte Hitler, er wolle legal die Macht erobern, aber die Wirklichkeit sah anders aus. Ein Verbot der SA war dringend geboten, sollte der Staat nicht zusammenfallen. Groener, Reichswehr- und Innenminister, setzte es durch, nachdem der sozialdemokratische preußische Ministerpräsident Otto Braun mit eigenen Maßnahmen gedroht hatte, leider nur für Preußen. Der Reichspräsident mußte unter dem Druck der SA-Untaten das Verbot unterschreiben, besaß aber die Unverfrorenheit, auch das Verbot des 1924 gegründeten Reichsbanners Schwarz-Rot-Gold zu verlangen, einer verfassungstreuen, dem Mitte-Links-Lager zugehörenden Stütze der Republik. Groeners Tage als Reichswehrminister waren gezählt. Von Brüning kein Protest gegen diese schändliche Zumutung, keine irgendwie geartete Reaktion! Fühlte er sich überhaupt noch als Kanzler einer demokratischen Republik?

Kurz zuvor hatte er für den »Alten« einen großen Sieg errungen. Hindenburgs Amtszeit war im April 1932 zu Ende gegangen. Diesmal ließ er sich nicht lange bitten und kandidierte wieder – der »Feldmarschall« gegen den »böhmischen Gefreiten«, wie er Hitler in merkwürdiger Verkennung von dessen geografischer Herkunft nannte. Brüning tat sein Äußerstes, um Hindenburgs Wiederwahl durchzusetzen, führte als treuer Paladin einen intensiven Wahlkampf; denn noch immer befanden sich die Nazis im Aufwind. Hindenburg verfehlte im ersten Wahlgang knapp die absolute Mehrheit, da die Deutschnationalen es für geboten hielten, einen eigenen Kandidaten, Oberstleutnant a.D. Duesterberg, neben Seldte Führer des Stahlhelms, aufzustellen, der kläglich scheiterte, worauf Hugenberg seinen Anhängern die Wahl zwischen Hindenburg und Hitler im erforderlich gewordenen zweiten Wahlgang freistellte. In diesem gewann der »Alte« mit einer bedeutenden, von Bürgerlichen bis zu Sozialdemokraten reichenden Mehrheit gegen Hitler und den Kandidaten der Kommunisten Thälmann. Die Wiederwahl Hindenburgs wurde überall als großer, wenn nicht größter Sieg Brünings gefeiert. Nun konnte der greise Marschall weiterregieren, besser gesagt: seine Umgebung, zu der sein wenig fähiger Sohn, sein Staatssekretär, der unter Ebert gedient hatte und bald unter Hitler die gleiche Funktion übernehmen sollte (!), sowie viele erzkonservative Politiker, ostelbische Großgrundbesitzer und alte militärische Freunde, darunter der General von Schleicher, gehörten.

Hindenburg hatte bekanntlich Ludendorff ziehen lassen, mit Hilfe von Groener, dem er damals hierfür äußerst dankbar war, den Kaiser auf den Weg nach Holland geschickt und mit seinem ungeheuerlichen Verlangen, das »Reichsbanner« zu verbieten, den Rücktritt Groeners erzwungen; nun schickte er sich an, auch Brüning, den »Treuesten der Treuen«, aus seinem Amt zu entfernen. Wie kam es dazu? Hindenburg begab sich sehr bald nach seiner Wiederwahl auf Urlaub nach Neudeck, wo er viele Wochen verbrachte. Dort beschwerten sich seine ostelbischen Freunde über des Kanzlers angeblichen »Agrarsozialismus«, obwohl das heikle Problem der »Osthilfe« (Hilfe für in Not befindliche Landwirte in den östlichen Provinzen) in den Händen des konservativen Ministers Schlange-Schöningen lag, der alles nur mögliche tat, um jenen zum Teil hochverschuldeten, kaum noch zu rettenden Großgrundbesitzern ihre Güter zu erhalten. Auch meinte man in und außerhalb von Neudeck, es sei an der Zeit, »mehr nach rechts zu regieren«, wobei man wohl an die anwachsende Zahl der Nazi-Stimmen gedacht hat. Schließlich zeigte sich der Reichspräsident verärgert darüber, daß er seine Wiederwahl – wie hätte es anders sein können! – in erster Linie den ihm wenig genehmen »Katholen« (so nannte er die Katholiken) und – horribile dictu – der ihm noch weniger sympathischen sozialdemokratischen Arbeiterschaft zu verdanken hatte – mit der vom Sohn Hindenburgs tatsächlich befürchteten Folge, das gesellschaftliche Ansehen des Reichspräsidenten und seiner Familie könne darunter leiden! Wie weit war man bereits innerlich wie äußerlich von der Republik entfernt, wie sehr hatte Brünings Unterwürfigkeit Hindenburg gegenüber der Weimarer Republik und ihrer Verfassung geschadet! Man vermag es kaum zu fassen: Der Reichspräsident glaubte offenbar, er habe mit seiner Kandidatur Brüning ein Opfer gebracht, nun möge auch der Kanzler ein Opfer bringen und mit seiner Regierung zurücktreten.

Noch schlimmer war, daß und wie es geschah. Brünings Sturz, der für die Öffentlichkeit völlig überraschend kam, rief echte Erschütterung hervor, wurde als ein an Verrat grenzender Dolchstoß aus nichtigen Gründen gewertet. Tagelang blieb Hindenburgs »Rausschmiß« von Brüning einziges Gesprächsthema. Hindenburg als Herr des politischen Geschehens, der wie ein Feldherr einen ihm nicht mehr genehmen General entläßt?! Zu alledem hatte der Reichspräsident dem verdutzten Kanzler erklärt, er werde ihm Notverordnungen, mit denen sich unter Duldung des Reichstags regieren ließe, nicht mehr gewähren. Also politische Erpressung, denn an der Notlage hatte sich nichts geändert. Ein Kämpfer, wie es Brüning eben nicht war, ein der Verfassung Verschworener – und auch das traf auf ihn nicht zu – hätte dem Reichspräsidenten ganz anders antworten, ihm erklären müssen, es gäbe in der Republik nur eine Instanz, den Reichstag, der eine Regierung zum Rücktritt zwingen könne, und er, Brüning, werde nunmehr vor diesen treten, ein Vertrauensvotum verlangen und im Falle einer Ablehnung, aber auch nur dann, zurücktreten. Damals schlug dem so nüchternen Brüning eine Welle der Sympathie entgegen. Wäre er vor den Reichstag getreten, ein von ihm gefordertes Vertrauensvotum hätte mit höchster Wahrscheinlichkeit dieselbe, wenn auch knappe Mehrheit erhalten, mit der zuvor sämtliche Mißtrauensanträge gegen seine Regierung – und damit die Aufhebung aller Notverordnungen – abgelehnt worden waren. Aber Brüning blieb »Diener seines Herrn«. Im Anschluß an die kurze Unterredung mit Hindenburg, der nach dem Vortrag des Kanzlers diesem lediglich einen Zettel vorlas, auf dem der Rücktritt aus den oben angeführten Gründen verlangt wurde, berief der in Ungnade gefallene Kanzler sein Kabinett ein, wo man die Demission einmütig beschloß. Im Finale (Urfassung) der sechsten Symphonie von Gustav Mahler, der einzigen, die tragisch in Moll endet, gibt es drei »Hammerschläge«, bis schließlich der Tod eintritt. Brünings kampfloser Abgang war der erste Hammerschlag für die Weimarer Republik.

Besonders tragisch war Brünings Entlassung auch im Hinblick auf die verbesserte außenpolitische Situation. Obwohl er im Frühjahr 1931 mit dem deutsch-österreichischen Abkommen über eine Zollunion einen schweren Fehler gemacht hatte, der Briand tödlich traf und schließlich zum Rücktritt von Außenminister Curtius, Stresemanns Nachfolger, führte, wuchs des Kanzlers Ansehen im Ausland. Vielleicht bereute man jetzt in Paris und London, wie wenig man seinerzeit Stresemann entgegengekommen war, jedenfalls wurde Brünings Ringen mit Anerkennung und dem ausgesprochenen Wunsch, ihm zu helfen, verfolgt. Das Gleiche galt für Washington. Die deutsche Notlage und die Tatsache, daß ein »Junktim« zwischen deutschen Reparationszahlungen an Frankreich und der Tilgung französischer Schulden aus dem Ersten Weltkrieg an die Vereinigten Staaten bestand, veranlaßte den amerikanischen Präsidenten Herbert Hoover zu dem Vorschlag eines einjährigen Zahlungsmoratoriums für alle Schuldnerländer, eine entscheidende Initiative von großer weltwirtschaftlicher Bedeutung, die den Weg zur endgültigen Beseitigung aller Reparationen wies. Ein weiterer »Silberstreifen«: Laut Versailles hatten sich auch die Siegermächte zur Abrüstung verpflichtet; aber wenig geschah. Der deutsche Wunsch nach mehr »Gleichberechtigung«, also nach einer Verstärkung der Reichswehr, fand in London, Rom, aber auch in Washington Verständnis. Eine internationale Konferenz sollte zu diesem Zwecke einberufen werden. Nur in Paris zögerte man. Zuerst hieß es, der französische Ministerpräsident Tardieu sei krank, dann verhinderte ihn angeblich der Wahlkampf. In Wirklichkeit bestimmte eine bodenlose Intrige sein Verhalten. In Berlin war es ein offenes Geheimnis, daß General von Schleicher und sein Freund, der ganz rechts stehende Zentrumsabgeordnete Franz von Papen, bei einem Essen in der französischen Botschaft verlautbaren ließen, die Tage von Brüning seien gezählt, mit der neuen Regierung, die bereits feststehe, werde es sich leichter verhandeln lassen. Natürlich berichtete der Botschafter nach Paris. Tardieu verlor jedoch die Wahlen, und Herriot, sein Nachfolger, zeigte sich geneigt, an der geplanten Konferenz teilzunehmen. Als der amerikanische Botschafter Sackett Brüning die frohe Botschaft mitteilte, vernahm er erschüttert, daß dieser im Begriff stand, Hindenburg die Demission zu überreichen.

Und wer war sein Nachfolger? Franz von Papen, von Schleicher dem Reichspräsidenten suggeriert, stützte sich im Gegensatz zu Brüning auf eine so geringe Zahl von Abgeordneten, daß seine Ernennung zum Kanzler nur als politischer Skandal allererster Ordnung bezeichnet werden konnte. Papen und sein »Kabinett der Barone«, wie es allgemein genannt wurde – es gab nur drei bürgerliche Minister –, glaubten, mit

Auflösungsordern und Neuwahlen am laufenden Band den Reichstag auf Jahre hinaus ausschalten zu können. Wie es dann weitergehen würde, nun, darüber brauchte man sich vorerst keine Gedanken zu machen. Hindenburg hocherfreut, man war »unter sich«, von Gayl (Innenminister), der damals vom »alten Herrn« noch hochgeschätzte Kurt von Schleicher (Reichswehrminister), von Beruf »Schreibtisch-General« und »graue Eminenz«, von Eltz-Rübenach (Post- und Verkehrsminister), der neue Finanzminister Graf von Schwerin-Krosigk, der allerdings aus der Beamtenhierachie kam und bis 1945(!) amtierte – sie alle paßten so recht in die altkonservative, wenn auch von einem Mitglied des Zentrums geführte Regierung, an der sicherlich auch Seine in Doorn weilende Majestät freudiges Wohlgefallen finden konnte. Daß es sich bei allen Baronen im Gegensatz zum Kanzler um ausgesprochene Könner ihres Fachs handelte, darf nicht verschwiegen werden.

Natürlich fand dieses Minderheitskabinett, die reinste Verhöhnung einer demokratischen Verfassung, im Reichstag mit Ausnahme der Konservativen und einiger kleinerer rechtsgerichteter Fraktionen keine Unterstützung. Das Zentrum schäumte vor Wut wegen der schmählichen Behandlung von Brüning und distanzierte sich energisch von Papen, die gesamte Linke ging selbstverständlich in die Opposition, aber auch die Nazis, denen weiterhin die so ersehnte Macht versagt blieb und die Papen mit der leichtsinnigen Aufhebung des SA-Verbotes zu ködern versuchte, waren auf die Dauer nicht bereit, die neue Ultra-Rechtsregierung zu tolerieren. Wohlgemut löste Papen den Reichstag auf. Im Familienkreis nannte man ihn »Franz der Brandstifter«. Arme Republik!

Vor seiner Ernennung zum Reichskanzler galt Franz von Papen als unbekannte Größe im politischen Leben der Weimarer Republik. Er war Mitglied des preußischen Landtages, ein typischer »Hinterbänkler« von mäßigem geistigen Format, der ein einziges Mal 1925 von sich reden machte, als er die Wahl seines Parteifreundes Marx zum preußischen Ministerpräsidenten verhinderte, indem er und einige seiner Freunde bei der Abstimmung nicht teilnahmen. Sonst wußte man nur, daß er ein größeres Aktienpaket der *Germania*, des offiziellen Organs seiner Partei, besaß, ohne daß die Zeitung zu irgendeinem Zeitpunkt seine von der Partei abweichenden Ansichten vertrat. Hinreichend bekannt war Papen dagegen im »Herrenclub«, wo er sich gerne als Pseudopolitiker aufspielte und Gehör fand. Die ihn gut kannten, wußten von seinem

Leichtsinn, erinnerten sich daran, daß er im Ersten Weltkrieg als Militärattaché in Washington Gelder für Sabotageakte auszahlte, die Notizen hierüber nach Kriegseintritt Amerikas in die Hände der Engländer fallen ließ, die ihn auf hoher See durchsuchten, was die Verhaftung aller Saboteure zur Folge hatte. Wer dem elften deutschen Kanzler begegnet war, mußte ihn als die Arroganz in Person bezeichnen; leider stimmte auch in diesem Fall die so oft gemachte Erfahrung, daß ein Übermaß an Arroganz auf Dummheit beruht. Die Idee, einen so völlig unqualifizierten Mann an die Spitze der Reichsregierung zu stellen, stammte, wie gesagt, von General von Schleicher, der als neuer Reichswehrminister glaubte, sein »Fränzchen« leiten und beherrschen zu können. Ein sehr gefährliches Unterfangen. Denn nicht selten entwickelt der offensichtlich »Unmündige« eine Abneigung gegen seinen »Vormund«, macht sich von ihm unabhängig, worauf es zum Konflikt kommt. So geschah es denn auch einige Monate später, und letzten Endes »verdankte« Deutschland diesem Konflikt die sogenannte »Machtübergabe« und das »Dritte Reich«.

Zunächst herrschte natürlich eitel Wonne. Kein Reichstag, Neuwahlen erst Ende Juli. Das praktische Ende der Reparationen fiel bei der Konferenz von Lausanne der Regierung Papen wie eine reife Frucht in den Schoß. Nicht zu leugnen, daß der sprachgewandte Kanzler trotz voreiliger, übertriebener Bündnisangebote an die französische Regierung, die zu nichts führten, keinen schlechten Eindruck hinterließ. Im Innern aber gärte es. Die wieder erlaubte SA provozierte; Nazi-Demonstrationen riefen die Kommunisten auf den Plan, bürgerkriegsähnliche Zustände im Süden wie im Norden häuften sich. Nun kriselte es auch in Preußen, der letzten und größten republikanisch-demokratischen Bastion, seit langem ein Ärgernis für die gesamte Rechte. Neuwahlen erbrachten ein »Patt«. Weder die Nazis und Deutschnationalen auf der einen Seite noch die Parteien der Weimarer Koalition auf der anderen erreichten eine Mehrheit – mit der Folge, daß die bisherige Regierung Braun »geschäftsführend« weiteramtierte. Allerdings zog sich Braun bald aus Gesundheitsgründen zurück, »beurlaubte« sich, was nach der preußischen Verfassung möglich war. Der dienstälteste preußische Minister Hirtsiefer, dem Zentrum angehörend, vertrat ihn. »Parteifreund« von Papen schlug zu. Mittels Artikel 48 der Reichsverfassung, in Wirklichkeit auf dem Wege eines Staatsstreiches, setzten er und der nur allzu willige Reichspräsident die gesamte preußische Regierung ab! Das Datum: 20. Juli 1932. Später entschied das von der preußischen Regierung angerufene Reichsgericht, man könne zwar mit Artikel 48 bestimmte Funktionen einer Landesregierung vorübergehend aufheben, aber die Regierung selbst ihres Amtes nicht entheben. Doch was nützte das? Papen und »Vormund« Schleicher hatten längst die gesamte Macht in Preußen an sich gerissen und kümmerten sich nicht im geringsten um die Entscheidung des höchsten deutschen Gerichts. Nun konnte man schalten und walten; die spätere Behauptung, man habe nur verhindern wollen, daß Preußen in die Hände der Nazis falle, erscheint wenig glaubhaft. Die Aktion vom 20. Juli war der zweite »Hammerschlag«, er traf die Republik zutiefst. Und wie beim ersten, der Entlassung von Brüning, widersetzte sich niemand.

Die große Frage: Warum wehrten sich Braun (trotz »Selbstbeurlaubung«) und vor allem der sozialdemokratische Innenminister Severing nicht, dem die starke, als zuverlässig geltende preußische Polizei unterstellt war? Warum rief man nicht einen Generalstreik aus, wie zuvor beim Kapp-Putsch? Gute Gründe für den Verzicht gab es sicherlich: sechs Millionen Arbeitslose, die Wirtschaftskrise auf ihrem Höhepunkt. Und hätte die Polizei auf die voraussichtlich von Schleicher eingesetzte Reichswehr geschossen, nur um zu unterliegen? Bei allem Verständnis dennoch eine historische Fehlentscheidung. Wer sich und die eigene Sache aufgibt, nicht für sie kämpft, einfach kapituliert, verliert für immer, tritt – geschichtlich gesehen – ab. Braun und Severing wählten den gleichen Weg wie Wilhelm II. und sein ältester Sohn, mit der gleichen Begründung – »um unnötiges Blutvergießen zu verhindern« – und mit den gleichen Folgen. Später schloß man sich den Nazis an, »um Schlimmeres zu verhüten«. Aber mit solchen Ausreden entzieht sich niemand seiner historischen Verantwortung. Wer Führungspositionen anstrebt und erhält, muß sich ihrer auch würdig erweisen, muß sie gegen rechtswidrige Angriffe verteidigen und, wenn nötig, für sie kämpfen. Wie sagte Stresemann am 5. November 1923 vor der eigenen Reichstagsfraktion, als ein rechtsgerichteter Putsch drohte (und dann – wenn auch erfolglos – stattfand)? »... Wenn die Banden in Berlin eindringen sollten – ich gehe nicht nach Stuttgart [dies tat die Reichsregierung beim Kapp-Putsch 1920], dann sollen sie mich niederschießen an dem Platze, an dem zu sitzen ich ein Recht habe ...« Die Erfahrung lehrt: Märtyrer für eine noble Sache gehen in die Geschichte ein, auch wenn sie scheitern, wie das Beispiel des anderen 20. Juli (1944) zeigt. An den 20. Juli 1932 denkt niemand mit Achtung zurück. Die kampflose Übergabe Preußens aber lehrte Hitler, wie einfach es offenbar war, demokratische Institutionen zu überrennen.

Zehn Tage später ergaben die leichtsinnig angesetzten Neuwahlen eine Sperrmajorität von Nationalsozialisten, deren Mandatszahl sich mehr als verdoppelte, und Kommunisten, die elf Sitze hinzugewannen. 230 Nazis und 89 Kommunisten bei einem insgesamt 608 Mitglieder zählenden Reichstag! Papen konnte sich auf ganze 37 deutschnationale Abgeordnete stützen. Leichtfertig hatte er den Nazis zu ihrem größten Erfolg verholfen und stand nun einem arbeitsunfähigen Reichstag hilflos gegenüber. Konnte man nach diesem Ergebnis Hitler weiter übergehen? Kam eventuell eine mehrheitsfähige Koalition mit Hugenberg und dem Zentrum in Betracht? Hitler verlangte den Posten des Reichskanzlers, doch wohl zu Recht. Hindenburg, der nun an Papen einen Narren gefressen hatte, ihn wie einen Sohn behandelte, was Schleicher nicht vorausahnen konnte, empfing den österreichischen Gefreiten und bot ihm die Position eines Vizekanzlers unter Papen an! Als Hitler ablehnte, setzte der Reichspräsident ihn fast vor die Türe, desavouierte ihn öffentlich, indem er amtlich wissen ließ, er müsse befürchten, daß Hitler als Kanzler seine Macht einseitig anwenden würde. Goldene Worte, denen bald andere Taten folgen sollten. Also nochmals, allerdings diesmal weniger frohgemut, Reichstagsauflösung, nachdem Göring, der neugewählte Reichstagspräsident, erst noch ein Mißtrauensvotum gegen die Regierung (512 gegen 42 Stimmen bei fünf Enthaltungen!) durchsetzte, bis er sich bequemte, dem Kanzler mit der Auflösungsorder das Wort zu erteilen. Die nächsten Monate waren von einem tiefen Haß zwischen Papen und den Nazis geprägt. Die Rechtsfront schien geborsten, und Hindenburgs schroffe Weigerung, Hitler zum Kanzler zu ernennen, hatte auch in manchen Nazikreisen Wirkung gezeigt.

Neuwahlen am 6. November 1932. Also wieder Zeit gewonnen, vor allem zur Durchsetzung wichtiger, zuvor vom Reichstag abgelehnter Notverordnungen, die der Belebung der Industrie und dem Abbau der Arbeitslosigkeit galten. Die Reparationen waren praktisch tot, jetzt bot sich die Brüning noch verwehrte Möglichkeit, Geld in die Wirtschaft zu pumpen, und schließlich mußte die Weltwirtschaftskrise, gegen die damals staatliche, insbesondere international abgestimmte Maßnahmen noch nicht hinreichend bekannt waren, ihr Ende finden. Papen und seine Regierung verkündeten ein schon in den Schubfächern des Brüning-Kabinetts bereitliegendes Arbeitsbeschaffungsprogramm, bei dem die Ausgabe von Steuergutscheinen eine wesentliche Rolle spielte. Gleichzeitig erhielten die Arbeitgeber das Recht, festgesetzte Tariflöhne einseitig zu mindern. Die erste Maßnahme, die im In- und Ausland großes Aufsehen erregte, war durchaus vernünftig. Weniger glücklich der Eingriff in das Tarifrecht, der natürlich Sozialdemokraten und Gewerkschaften zur Weißglut brachte. – Dann Glück für die Regierung. Kurz vor dem Wahltermin kam es zu einem Verkehrsstreik in Berlin, als die »Berliner Verkehrsgesellschaft«, alias die Stadtväter, bei Verhandlungen über einen neuen Tarifvertrag auf niedrigere Löhne drängten. Nicht nur die Kommunisten hetzten – übrigens anfangs erfolglos – Angestellte und Arbeiter auf, sondern – kaum zu glauben – die Nazis schlossen sich der Streikbewegung an, bildeten somit eine »braun-rote« Front, die den Verkehr lahmlegte. Diese Front bestand schon einmal 1923, als sich die Nazis während des Ruhrkrieges zusammen mit den Kommunisten nicht an dem sonst allseits befolgten »passiven Widerstand« beteiligten. Nazis als Hüter der Ordnung und wahre Patrioten! Aber diesmal verfing ihr skrupelloses Verhalten nicht. Als man am 6. November die Stimmen gezählt hatte, ging der Anteil der NSDAP von 37 auf 33 Prozent zurück, woraufhin sie prompt ihre Unterstützung des Verkehrsstreiks abbrach, die Konservativen gewannen etwas, während die Kommunisten es auf Kosten der Sozialdemokraten nun auf hundert Mandate brachten. Doch die Sperrmajorität bestand, wenn auch arg geschrumpft, weiterhin. Das deutsche Volk hatte sich, Hindenburg und der Regierung erneut einen arbeitsunfähigen Reichstag beschert.

Wie sollte es weitergehen? Hindenburg war bereit, seinem Liebling Papen wiederum das Steuer anzuvertrauen, der es nun gründlich mit den Nazis, aber auch mit der gesamten Linken, verdorben hatte. Papen riet zum zweiten Staatsstreich, nämlich zur Auflösung des Reichstags ohne Benennung eines Termins für Neuwahlen, also zum offenen Verfassungsbruch. Der Reichspräsident schien offensichtlich hierzu bereit. Doch jetzt meldete Schleicher Bedenken an. Würde die Reichswehr stark genug sein, einem solchen Staatsstreich Paroli zu bieten, wenn Nazis, Kommunisten und möglicherweise auch Sozialdemokraten sich zur

Wehr setzten? Groteskerweise befürchteten Reichswehrkreise in einem solchen Fall auch einen polnischen Angriff auf Ostpreußen! Ob Schleicher, der diese »Bedenken« vortragen ließ, den ihm zu mächtig gewordenen Papen stürzen und sich selbst zum Kanzler machen wollte, ob er sich wirklich um ein Unterliegen der Reichswehr im Kampf gegen die innenpolitischen Extreme auf beiden Seiten und auch noch Polen – ein kaum denkbarer Fall – sorgte, wer kann es mit Sicherheit sagen? Als ein »politischer« General von überragendem Format unterhielt Schleicher seit 1929 in seiner Eigenschaft als »Chef des Ministeramtes« unter Reichswehrminister Groener jederzeit mit allen Seiten ausgezeichnete Beziehungen, einmal, wie es sich gehörte, »informandi causa«, dann aber wohl auch, weil das Spiel mit möglichst vielen Kugeln seinem Charakter entsprach, der von vielen als »dubios« bezeichnet wurde. Dank seiner guten Beziehungen zum Reichspräsidenten galt er als »graue Eminenz« par excellence, als der mächtige Mann hinter den Kulissen. Daß er der Drahtzieher bei der Ernennung Brünings zum Reichskanzler, aber auch bei dessen Sturz war, daß auf ihn, den »politischen« General, die Betrauung Papens zurückzuführen ist – sicherlich sein Kardinalfehler –, gilt als historisch gesichert.

Nun brachte er auch Papen zu Fall, ohne einen neuen Kandidaten zu präsentieren. War Schleicher, dem bei aller Bedeutung und Fähigkeit jede Ausstrahlung, jedes Redetalent fehlten und der dies eigentlich wissen mußte, tatsächlich bereit und willens, sich nun an höchster Stelle zu exponieren, was seiner Persönlichkeit nicht liegen konnte? Eine schwer zu beantwortende Frage. Jedenfalls hatte er sogleich ein für ihn typisches Programm parat, nachdem auch ihm gegenüber Hitler sich brüsk geweigert hatte, in ein Kabinett Schleicher als Vizekanzler einzutreten. Schleichers Programm bestand vor allem in einer Annäherung an die Arbeitnehmer. Zwei Wege boten sich an: Übernahme der Position des Vizekanzlers durch Gregor Strasser, Vertreter des Arbeitnehmerflügels der Nationalsozialisten, also Spaltung der bei den Wahlen angeschlagenen NSDAP und Brüskierung Hitlers, oder Versuch einer Annäherung an die Gewerkschaften und die SPD. Konnte so nicht eine allmähliche Entkrampfung des von Papen verursachten Konfrontationsklimas herbeigeführt werden? Dies alles klang recht gut, und Hindenburg, Berichten zufolge mit Tränen in den Augen, verabschiedete Papen mit Bild und Widmung »meinem lieben Sohn« und beauftragte am 2. Dezember

Schleicher mit der Regierungsbildung, nachdem er Hitler eine zweite Absage erteilt hatte, als dieser trotz seiner Wahlniederlage auch dem Reichspräsidenten gegenüber den Kanzlerposten für sich beansprucht hatte.

Nun mußte der »politische« General Farbe bekennen! Mit Papen schied Reichsinnenminister von Gayl aus und wurde durch den bisherigen Reichskommissar für Preußen Bracht ersetzt; außerdem ernannte Schleicher einen Reichskommissar für Arbeitsbeschaffung. Die anderen Minister behielten ihre Ämter. So weit, so gut. Aber Schleichers Intentionen blieben vorerst erfolglos. Strasser, der dem neuen Kanzler zuvor sicherlich in gutem Glauben Hoffnungen gemacht hatte, erwies sich als Niete, blieb Hitler gegenüber viel zu schwach und verließ erst einmal Deutschland, um seine Gesundheit wiederherzustellen. Gewerkschaftsführer Leipart, der mit Schleicher zusammenarbeiten wollte und dies gegenüber dem General wie auch seinen sozialdemokratischen Parteigenossen erklärt hatte, setzte sich bei letzteren nicht durch – ein schwerer Fehler von Wels und Breitscheid, der um so unverständlicher ist, als der neue Kanzler den Teil der Papenschen Notverordnung, der das Tarifrecht der Arbeitnehmer einschränkte, wieder aufhob.

Dennoch ließ sich die Kanzlerschaft Schleichers gar nicht so schlecht an. Außenpolitisch errang er einen großen Erfolg in der Frage der deutschen Gleichberechtigung bei der Ab- respektive Aufrüstung, ein Erfolg, der von Nazis und Hugenbergianern als »üble Falle« in gehässigster Weise abgewertet wurde. Auch im Reichstag blieb Schleicher, der »Nicht-Redner«, ohne Niederlage. Er ließ durchblicken (ob zu Recht oder Unrecht, ist bestritten), daß er im Falle der Annahme eines Mißtrauensvotums die Auflösungsorder des Reichspräsidenten in der Tasche habe. Allen mit etwas politischem Verstand war klar, daß die Nazis nach ihrem Echec unter keinen Umständen Neuwahlen wollten. Infolgedessen ging es im Reichstag trotz einer großen »Saalschlacht« zwischen Kommunisten und Nazis verhältnismäßig ruhig zu. Göring wurde wieder Präsident, aber diesmal mit nur knapper Mehrheit gewählt. Es folgten die Annahme eines Gesetzes, das im Falle des Todes von Hindenburg nicht den Kanzler (so die Verfassung), sondern den Präsidenten des Reichsgerichts zum Vertreter bestimmte, dann die Annahme eines fragwürdigen Amnestiegesetzes sowie die bereits erwähnte Konzession an das Tarifrecht der Arbeitnehmer, worauf sich der Reichstag erst einmal bis Ende Januar 1933 vertagte. Schleicher erschien nicht im Plenum, ließ sich durch seinen Staatssekretär Planck vertreten und hielt dafür am 15. Dezember im Rundfunk eine große Programmrede, in der er ankündigte, daß in den Ostteilen des Reiches wie auch in Mecklenburg etwa 1,2 Millionen Morgen Land Siedlungszwecken zugeführt werden sollten – im Sinne der Kolonisationsidee Friedrichs des Großen.

Dies hätte er wohl nicht erklären dürfen. Der sich in seiner Rede ausgesprochen »sozial« gebende Reichskanzler-General, noch immer bestrebt, Gemeinsamkeiten mit Strasser und den Sozialdemokraten herzustellen, erregte tiefes Mißtrauen bei den Großgrundbesitzern, die sowieso meinten, der Staat schulde ihnen ihre Existenz und tue nicht genug dafür, und die nun, über die Siedlungsabsichten entrüstet, von »Agrarbolschewismus« sprachen und sich beim Reichspräsidenten beschwerten. Natürlich fanden sie bei ihm wie bei seiner Umgebung Gehör und riefen alsbald auch den grollenden Ex-Kanzler von Papen auf den Plan. Dieser konnte seine Absetzung nicht verwinden; aus der Freundschaft mit Schleicher, dem er seinen Aufstieg verdankte, wurde eine tiefe Feindschaft. »Franz der Brandstifter« sann auf Rache, wollte wieder an die Macht. Da er seine Dienstwohnung behalten durfte, hatte er ständigen Zugang zu Hindenburg und seiner höchst zweifelhaften Umgebung. Diesen Vorteil nutzte er, und der »Alte« hörte getreulich, was der »Sohn« vorzubringen hatte. Papen machte sich daran, Hitler seinem greisen Zuhörer schmackhaft zu machen.

Wie es zur – nach allem Vorgefallenen überraschenden – Aussöhnung zwischen Hitler und Papen kam, ist bekannt. Die »Ehre«, hierbei als Vermittler tätig gewesen zu sein, gebührt einem Kölner Bankier von Schröder, in dessem Haus die erste Begegnung stattfand. Töricht, wie er nun einmal war, dachte Papen an ein »Duumvirat«, also eine Art Doppelkanzlerschaft von ihm und Hitler, was dieser schroff ablehnte. Daß Hitler sich überhaupt mit Papen unterhielt, zeigt, wie wenig stark seine damalige Position war: Stimmenrückgang (übrigens bald darauf auch bei Thüringer Gemeindewahlen), die Talsohle der Weltwirtschaftskrise offensichtlich durchschritten, erhebliche persönliche Steuerschulden, die eigene Partei ebenfalls in schweren finanziellen Nöten – da kam Papens Gespräch- und Kompromißbereitschaft wie gerufen. Überdies wußte Papen glaubhaft zu berichten, daß Schleicher keine Auflösungsorder von Hindenburg erhalten werde, ein übler »Dolchstoß« des

Reichspräsidenten gegenüber seinem ihm früher so befreundeten Kanzler. Jetzt ließ sich dank der sturen Haltung der Sozialdemokraten und des Absackens von Strasser ein Ende der Regierung Schleicher absehen.

Dann ein Lichtblick für Hitler: Neuwahlen im Zwergstaat Lippe am 15. Januar 1933. Die gesamte NSDAP-Mannschaft bearbeitete die rund hunderttausend Wahlberechtigten, nicht nur als ob, sondern weil es tatsächlich um Leben und Tod der Partei ging. Das Ergebnis: Die Nazis gewannen etwas von dem verlorenen Terrain zurück, blieben aber erheblich unter den Rekordzahlen vom 31. Juli 1932. Großes Jubelgeschrei ohne triftigen Anlaß. Denn die Deutschnationalen verloren entsprechend, die Mitte gewann zum erstenmal wieder, während die Sozialdemokraten gegenüber den Kommunisten aufholten. Also bei etwaigen Reichstagswahlen durchaus günstige Aussichten für die Durchbrechung der Sperrmajorität! Doch der geringe Stimmengewinn der Nazis in einem kleinen Land unter unverhältnismäßigem Aufwand aller nur zur Verfügung stehenden Kräfte erzeugte eine gewisse Wirkung und stärkte das angeschlagene Selbstgefühl der Nazis. Wieder verbreitete sich die Ansicht, es ginge wohl doch nicht ohne sie, eine Ansicht, die merkwürdigerweise auch in bestimmten SPD-Kreisen zu hören war, wo man glaubte, Hitler als Kanzler würde sich schnell verbrauchen, an der Verantwortung scheitern, und dann wäre der Weg frei für die Linke.

Anders Otto Braun, der »abgesetzte« Ministerpräsident von Preußen. Er ging am 6. Januar 1933 zu Schleicher, bot ihm seine Zusammenarbeit an und schlug ein gemeinsames Vorgehen gegen die Nazis vor. Als Voraussetzung verlangte er die Rückgängigmachung des Staatsstreiches vom 20. Juli. In diesem Falle würde er sich trotz seiner schlechten Gesundheit wieder an die Spitze der preußischen Regierung stellen, er und Schleicher würden ihre Parlamente auflösen, sehr späte Wahlen – was nach der Verfassung nicht möglich war – ansetzen und dann den schwer angeschlagenen Nazis den Todesstoß versetzen. Braun wollte in diesem Sinne auf seine Partei einwirken. Eine Chance für Schleicher und die Republik? Kaum. Papen hatte am 20. Juli den Rubikon überschritten, ohne – und das war entscheidend – entschlossene Gegenwehr zu finden, mit der Folge, daß der an sich hochverdiente Otto Braun auch in den Augen seiner Partei als mehr oder weniger abgeschrieben galt. Unter solchen Umständen war es fast ausgeschlossen, daß der unter Dauereinfluß von Papen, ostelbischen Großgrundbesitzern und anderen erzkonservativen

Kräften stehende Reichspräsident einer »Wiederinthronisierung« von Braun, hinausgezögerten Neuwahlen und einem Mitte-Links-Kurs in Preußen zugestimmt hätte. Schleicher, der Anfang Januar noch auf Strasser hoffte, zudem bereits, ohne es zu wissen, bei Hindenburg nicht mehr persona grata war, konnte und wollte nicht auf den kühnen Vorschlag Otto Brauns eingehen.

Zurück zum Rachefeldzug Papens. Hauptproblem: Wie konnte man die tiefe Abneigung des »Alten« gegen den »Gefreiten« überwinden? Weitere Gespräche, auch im Hause Ribbentrops. Erst mußte Sohn Oskar Hindenburg gewonnen werden, was keine Schwierigkeiten bereitete. Hitler wußte, daß ein Geschenk der Industrie an Hindenburg senior zwecks Vermeidung der Erbschaftssteuer gleich auf den Namen des Sohnes überschrieben worden war, mit lebenslänglichem Nießbrauch für den eigentlich Beschenkten. Hindenburgs Staatssekretär, der unter Hitler weiterzuarbeiten gedachte, war gleichfalls schnell gewonnen. Hindenburg selbst »sehnte« sich zurück nach seinem Papen und ist wohl lange im Unklaren darüber gehalten worden, daß eine Kanzlerschaft Papens oder ein »Duumvirat« niemals in Betracht kamen. Der Kompromiß, Papen zum Vizekanzler unter Hitler zu ernennen, ihn zusätzlich zum Reichskommissar für Preußen zu bestellen, wurde dem »Alten« erst in letzter Minute, übrigens von dritter Seite, mundgerecht gemacht. Noch wenige Tage vor Hitlers »Machtergreifung«, besser »Machtübergabe«, äußerte sich Hindenburg völlig negativ über Hitler als möglichen Kanzler, mußte aber nun feststellen, daß seine Umgebung anderer Ansicht war. Diese führte ihm General von Blomberg, einen persönlichen Feind Schleichers (was Hindenburg nicht wußte) zu; Blomberg plädierte eindringlich für eine Koalition unter Führung von Hitler und beeindruckte den Reichspräsidenten, weil sich nunmehr auch ein führender Reichswehrgeneral für eine Kanzlerschaft des »Gefreiten« aussprach.

Schleicher selbst, dieser »Sozialrevolutionär« und »Agrarbolschewist«, der überdies mit seinen Spaltungs- und sonstigen Manövern nicht vorangekommen war (wozu sicherlich ein, zwei Monate nicht ausreichten), hatte bei Hindenburg inzwischen gänzlich ausgespielt. So beauftragte der »Alte« nach der Demission des Kabinetts Schleicher, das die Auflösungsorder für den Reichstag erbat und nicht erhielt, seinen »lieben Sohn« Papen mit sogenannten Sondierungen. Daß diese nicht mehr notwendig waren, wußte er nicht. Hinter seinem Rücken hatte man sich geeinigt. Außer Papen sollte auch Hugenberg als Minister für die gesamte Wirtschaft in das Kabinett eintreten. Stahlhelmführer Seldte (Arbeitsminister) durfte ebenfalls nicht leer ausgehen, von den Nazis erhielt nur Frick das Innenministerium, Göring wurde preußischer Innenminister, stand also formell unter Papen. Jetzt kam es darauf an, daß Hindenburg, der nur äußerst widerstrebend diese Lösung akzeptierte, nicht wieder umfiel. So wurde das Gerücht kolportiert, daß Schleicher, der noch geschäftsführender Kanzler war, mit der Potsdamer Garnison nach Berlin marschiere, um Hindenburg vor seinen Beratern zu beschützen! Nun durfte nicht gezögert werden. Auf Schleichwegen begaben sich Hitler und seine Mannen zum Reichspräsidenten, in der Hoffnung, Schleicher zuvorzukommen. Schleicher marschierte nicht, aber Hugenberg erfuhr, im Palais des Reichspräsidenten angelangt, daß Hitler als erstes – Neuwahlen wünsche, natürlich um den »Kanzlerbonus« für sich und seine Partei auszunutzen. Hugenbergs entschiedenes und wiederholtes »Nein« hätte fast zum Scheitern des Hitler-Kabinetts noch vor der Ernennung geführt. Hugenberg wußte nur zu gut, daß bei Neuwahlen seine Partei – siehe Lippe – Schaden nehmen würde. Als man sich stritt, Hugenberg schon Anstalten zum Weggehen machte, stürzte der Staatssekretär herein, man ließe den Reichspräsidenten bereits eine volle Viertelstunde warten, das gehöre sich nicht. Sofortiger Erfolg. Hugenbergs »Nein« blieb im Vorzimmer des Reichspräsidenten hängen. Der sture Nein-Sager ließ sich nötigen, nur nicht Hindenburg länger warten lassen! Gnädig wurden der »Gefreite« und seine Helfershelfer empfangen, wurde ihnen das Deutsche Reich ausgeliefert. Der dritte »Hammerschlag«. Man schrieb den 30. Januar 1933.

*

Mußte die »ungeliebte Republik« scheitern? Keineswegs. Wenn man bedenkt, unter welchem innen- und außenpolitischen Unstern sie geboren wurde, wenn man sich die notwendigerweise bösen Nachkriegsjahre, die schlimmen Zeiten der Inflation (1921-23) und die Weltwirtschaftskrise (1931-32) vor Augen hält, die jeweils für sich alle demokratischen Regierungen, nicht nur die deutsche, in höchste Bedrängnis gebracht, überall extreme Parteien begünstigt hatten, so erstaunt sogar die

Widerstandskraft der Weimarer Republik. Der Vergleich mit einem zu früh geborenen Baby liegt nahe. Nur mühsam läßt es sich am Leben erhalten (1919-23), gewinnt allmählich an Kraft und Stärke (1924-1930), wird von schweren Fieberanfällen heimgesucht, gerät in Lebensgefahr (1931-32) und läßt schließlich deutliche Anzeichen einer beginnenden Erholung erkennen, so daß man den kleinen Patienten von der Intensivstation in ein normales Krankenbett überführen könnte (Ende 1932). Dies war auch die in Berlin und in großen Teilen Deutschlands weitverbreitete Ansicht über den Stand der Dinge am Jahreswechsel 1932/33. Obwohl der neue Kanzler Schleicher weder Charisma noch ein klar erkennbares, akzeptables Wiederaufbauprogramm besaß, galt er im Gegensatz zu seinem abenteuerlichen Vorgänger allgemein als seriös, klug und geeignet, dem »Kranken« wieder auf die Beine zu helfen. Schleichers Antipode, der »Führer«, dagegen befand sich auf dem Rückzug, fürchtete Neuwahlen wie der Teufel das Weihwasser und sah sich einem seiner Feldmarschallswürde bewußten Reichspräsidenten gegenüber, der es energisch von sich wies, einen »Gefreiten« zum Kanzler zu machen. Die Stimmung innerhalb der NSDAP war äußerst trübe. »Das Jahr 1932 war eine richtige Pechsträhne ... Die Vergangenheit war schwer, und die Zukunft ist dunkel und trübe, alle Hoffnungen und Aussichten vollends geschwunden ...«, so das pessimistische Resümee in Goebbels Tagebuch aus jenen letzten Tagen des Jahres 1932.* In der Tat, damals schien das Schlimmste überwunden zu sein, Hindenburg bedankte sich sogar beim Kanzler dafür, daß er endlich ein ruhiges Weihnachtsfest erleben könne. Im *Simplizissimus* hieß es zum Neujahr: »Eins nur läßt sich sicher sagen, und das freut uns rundheraus, Hitler geht es an den Kragen, dieses ›Führers‹ Zeit ist aus.«

Der Reichstag mit seiner noch vorhandenen Sperrmajorität von Nazis und Kommunisten hatte vorerst klein beigegeben und sich bis Ende Januar vertagt. Mit der »roten Mappe«, das heißt der drohenden Reichstagsauflösung, hätte Schleicher – nach Ablauf der üblichen Rednerschlachten – eine neuerliche Vertagung durchsetzen können. Im Frühjahr sah dann die Lage bereits wesentlich besser aus, wirtschaftliche wie politische Zukunftschancen zeichneten sich deutlich ab. Denn die Zeit arbeitete für Deutschland, wie es schon Stresemann seinem französi-

* Zitiert in Hagen Schulze, *Weimar, Deutschland 1917–1933*, Berlin 1982, S. 393.

schen Partner Briand warnend mehrfach gesagt hatte. Zum einen war das Deutsche Reich trotz der Niederlage von 1918 eine – wenn auch am Boden liegende – Großmacht geblieben, wie dies auch vom Völkerbund durch Zuteilung eines ständigen Ratssitzes anerkannt wurde, und als solche war es auf die Dauer nicht niederzuhalten. Zum anderen mußte – so seltsam es klingen mag – die Zerschlagung der österreichisch-ungarischen Doppelmonarchie längerfristig dem durch Versailles zwar amputierten, aber nicht gespaltenen Deutschland zugute kommen, das Reich zwangsläufig zu einer starken, wenn nicht zur stärksten Nation auf dem europäischen Kontinent machen. Sicherlich suchten die durchweg kleineren Nachfolgestaaten notwendigerweise vorerst den politischen Anschluß an Frankreich. Aber spätestens in den dreißiger Jahren ließ sich in wirtschaftlicher Hinsicht eine Bindung an den deutschen »Koloß« mit seinen fast siebzig Millionen Einwohnern kaum noch vermeiden – mit wachsenden politischen Vorteilen für Berlin gegenüber Paris. Schon 1927 sprach Stresemann im vertraulichen Kreis davon, wie sehr er in Genf bei der Tagung des Völkerbundes die zunehmende Bedeutung Deutschlands für Mittel- und Südosteuropa gespürt habe und wie wichtig eine gewisse Zurückhaltung sei, um Frankreich nicht zu irritieren. 1933 und die folgenden Jahre enthielten in der Tat für jede gemäßigte deutsche Regierung, also auch für das Kabinett Schleicher, hoffnungsvolle Aussichten, es mußte nach dem Abflauen der Weltwirtschaftskrise aufwärtsgehen. Die Weimarer Republik, von schweren Kinderkrankheiten geplagt, besaß echte Überlebenschancen.

Die Machtübergabe an Hitler vom 30. Januar 1933 – damals war von »Machtergreifung« keine Rede, der »Führer« mußte froh sein, daß die Uhren, die bereits fünf nach zwölf zeigten, dank Papens, Blombergs, Hindenburgs und dessen Umgebung auf zwölf zurückgestellt wurden – war also keineswegs die Konsequenz aus einer hoffnungslosen Lage. Die Weimarer Republik war im Herbst 1923, als Hitler putschte, dem Zusammenbruch weit näher als Ende Januar 1933. Hitlers Kanzlerschaft an der Spitze einer nur äußerlich wiederhergestellten Harzburger Front*

* Im Oktober 1931 waren Hitler, Hugenberg, Seldte, Schacht, die Generäle von Seeckt und von Lüttwitz (bekannt aus dem Kapp-Putsch 1920) sowie eine Reihe von Rechtsradikalen in Harzburg zusammengekommen, um den Sturz der Regierung Brüning und ein Ende der demokratischen Republik zu fordern.

war vielmehr das Ergebnis einer niedrigen Intrige von – wie sich bald herausstellte – betrogenen Betrügern, eine Verquickung unglücklicher Umstände, ähnlich derjenigen, die zur Entstehung der Weimarer Republik geführt hatte. Sicherlich ging beide Male jammervolles Versagen voraus, 1918 auf seiten der Monarchie, des Militärs und des Bürgertums, 1933 auf seiten des Reichspräsidenten, der alten Parteien und wiederum des Bürgertums, das in seiner großen Mehrheit einen langen Marsch hinter sich gebracht hatte, der mit wildem Jubelgeschrei für die neue deutsche Demokratie begann und mit »Heil-Hitler-Rufen« endete. Dennoch gab es durchaus »evolutionäre« Kräfte, die sich mit etwas Glück hätten durchsetzen können, 1918 Friedrich Ebert, ein Sozialdemokrat, der die Monarchie erhalten wollte, 1932/33 Kurt von Schleicher, der, obwohl rechtsstehend und konservativ, eine Annäherung an die Arbeiterschaft anstrebte, ein Ziel, für das die ihm eingeräumte Zeit von ganzen sieben Wochen natürlich viel zu knapp war. So »verschied« die von allen Seiten, auch vom Ausland, in entscheidenden Momenten verlassene »ungeliebte Republik«, oder, um bei unserem Gleichnis zu bleiben, dem schwerkranken, aber sich bereits auf dem Wege der Besserung befindlichen Jungpatienten wurde eine zum Tode führende Injektion verabreicht, ein neues Verhängnis in der von Tragik umwitterten deutschen Geschichte.

Der 30. Januar 1933

Die Machtübergabe

Der Zufall wollte, daß ich nach mehrmonatigem Aufenthalt in Cambridge und London – es galt, die englischen Sprachkenntnisse zu verbessern – am 30. Januar morgens wieder in Berlin, meiner Heimatstadt, eintraf. In England hatte ich die politischen Vorgänge zu Hause mit großer Spannung – unter Zuhilfenahme englischer wie deutscher Zeitungen – verfolgt, in Cambridge einen (allerdings abgelesenen) Vortrag über die Weimarer Verfassung sowie Hitlers Chancen gehalten, und in London war ich mit einigen prominenten Persönlichkeiten zusammengekommen, darunter Viscount D'Abernon, dem früheren britischen Botschafter in Berlin, einem alten Freund unserer Familie, Lord Layton, Herausgeber des *Economist*, bei dessen Familie ich das Weihnachtsfest 1932 verbrachte, Leopold von Hoesch, dem deutschen Botschafter in London, und verschiedenen Mitgliedern seiner Botschaft. Wiederholt ging es um die deutsche Zukunft im Zeichen Hitlers und der Nazi-Bewegung. Wie würde es mit diesem »madman«, wie ihn manche Engländer bezeichneten, weitergehen, dem es erstaunlicherweise gelungen war, einen so erheblichen Teil des deutschen Volkes für sich und seine höchst verschwommenen Ziele zu gewinnen? Aber es gab auch andere, positiv eingestellte Kreise, offenbar eine Minderheit, die Hitler als unversöhnlichen Gegner Moskaus und der Kommunisten priesen und unterstützten. Dies war keineswegs verwunderlich, hatte doch der König selbst einem früheren deutschen Botschafter gegenüber mehrfach von der Notwendigkeit einer gemeinsamen Kampffront gegen den Bolschewismus gesprochen.

Das Wahlergebnis vom 6. November 1932 wurde von allen Hitler-Gegnern, insbesondere von der deutschen Botschaft, bei der ich keinen einzigen Nazi-Anhänger traf, lebhaft begrüßt, ohne daß die ermutigenden Ziffern in den *headlines* der führenden Zeitungen erschienen. In London, damals noch Hauptstadt eines Empires, beschäftigte sich die Öffentlichkeit fast ausschließlich mit den am eigenen Leib zu spürenden Folgen der Weltwirtschaftskrise, erstmalig war das englische Pfund ins Wanken geraten, die Lage so ernst, daß auf Initiatve des Königs Georg V. sogar ein »All-Parteien-Kabinett« zustande kam. Im übrigen kümmerte man sich sowieso nur begrenzt um Probleme des europäischen Kontinents, zeigte jene gelassene Reserviertheit, die bei internationalen Konferenzen während der Weimarer Zeit nicht selten Kopfschütteln verursacht hatte. Von der deutschen Wirtschaftskatastrophe mit über sechs Millionen Arbeitslosen nahm man aber am Rande Kenntnis. Ein Kuriosum: Einmal erschien eine Boulevardzeitung mit der Überschrift »National Catastrophe«. Was war geschehen? England, das Mutterland, hatte zum erstenmal in seiner Sportgeschichte ein Kricket-Match gegen ein »Dominion« – ich glaube es war Australien – verloren!

Vor meinem Aufenthalt in England hatte ich in Berlin an zahlreichen Diskussionen und Gesprächen teilgenommen, die sich mit dem Phänomen Hitler beschäftigten. Zwei Fragen standen im Vordergrund. Erstens: Welche Gründe waren maßgeblich für seinen in der deutschen Geschichte nach der Reichsgründung einmaligen Erfolg? Zweitens: Wie sollte man mit Hitler umgehen, mit ihm und den Nazis fertig werden?

Unter den Erfolgsgründen muß an erster Stelle das schwer zu erklärende Charisma dieses Mannes genannt werden, ein »Negativ-Charisma« von außerordentlicher Intensität, eine fast hypnotische Kraft, die ihn befähigte, Massen in einen Zustand brüllender Begeisterung und zugleich innerer Abhängigkeit zu versetzen. An das Böse im Menschen appellierend, vermochte er immer wieder durch ungerechtfertigte Beschuldigungen anderer Komplexe und Schuldgefühle seiner Zuhörer zu beseitigen oder zumindest zu verringern. Aber er verstand es auch, auf die sogenannten großbürgerlichen, intellektuellen Kreise Eindruck zu machen. Ein Beispiel: Kurt Sorge, vormaliger Krupp-Direktor, Vorsitzender des Arbeitgeberverbandes der deutschen Industrie, ein ruhiger, besonnener Mann, der der Partei meines Vaters angehörte und mit unserer Familie in einer, wenn auch entfernten, verwandtschaftlichen Beziehung stand, erzählte, wie er und eine Reihe führender Industrieller 1927 mit Hitler zusammenkamen. Bei diesem eher als Aussprache gedachten Treffen hielt der Mann aus Braunau eine mehrstündige, fast leidenschaftlich-mystische Rede, bei der er, sich ständig steigernd, seine zur industriellen Führungsspitze gehörenden Zuhörer so mitriß, daß einer von ihnen einen Vergleich mit – Christus wagte! Aber auch Sorge selbst sprach von einem großen Eindruck. Zu jener Zeit hatten die Nazis ganze vierzehn Sitze im Reichstag, galten als *quantité négligeable* – und dennoch diese staunenerregende Wirkung!

Ein anderes Beispiel. Hitler kam bekanntlich aus Österreich und sollte nach teilweiser Absolvierung seiner Gefängnisstrafe, die ihm der mißglückte Putschversuch vom November 1923 eingebracht hatte, als lästiger Ausländer in sein Heimatland abgeschoben werden. Doch es kam anders. In Österreich bekam man offenbar, als man von dieser Absicht erfuhr, kalte Füße, und der österreichische Gesandte in Berlin, Riedl, wurde beauftragt, beim deutschen Außenminister vorstellig zu werden. Mein Vater kam meistens zum Mittagessen nach Hause, da die Villa des Außenministers nur wenige hundert Meter vom Auswärtigen Amt lag. Sehr oft erzählte er dann von politischen Vorgängen, Besprechungen, Besuchen im Amt etc. War ihm allerdings nach »Berichterstattung« nicht zumute, so konnte die Antwort auf meine Frage, was es Neues gäbe, lauten: »Der Hund hat gebellt.« Am Tage des Riedl-Besuches bedurfte es keiner Frage. Spontan sagte er, kaum daß er sich zu Tisch gesetzt hatte: »Kinder, heute haben wir Österreich wieder einmal einen ganz großen Gefallen getan. Riedl war bei mir und beschwor mich geradezu, Hitler nicht wieder zurückzusenden. Österreich sei ein kleines Land, befände sich in einer wirtschaftlich schlechten Lage und könne deshalb möglicherweise mit einem solchen Volksaufwiegler nicht zurechtkommen.« Riedls Worte: »Der Mann macht die Leute bei uns, vor allem in Tirol, verrückt, in Ihrem großen Land wird er untertauchen, jedenfalls können Sie ihn viel besser auffangen als wir.« Riedls Demarche war erfolgreich. Hitler blieb in Deutschland, ging nach München, wo er dank der wachsenden Stabilität von Staat und Wirtschaft vorerst nur eine beschränkte Rolle spielte. Der Besuch von Riedl zeigte, wie schon damals Hitlers ungezügelte Demagogie mit ihrer ausstrahlenden Wirkung in Österreich bekannt und gefürchtet war.

Der zweite Grund für Hitlers Erfolg, wohl der wichtigste: die sich im Reich – wie in der übrigen Welt – ständig verschlechternde Wirtschaftslage, die Hitler und die Seinen in bodenloser Weise propagandistisch ausnutzten. Die große Depression, der damals sämtliche betroffenen Regierungen machtlos gegenüberstanden, traf Deutschland wegen der noch zu leistenden Reparationszahlungen doppelt schwer, engte die Bewegungsfreiheit der Regierung Brüning zusätzlich ein und machte es Hitler nur allzu leicht, aus der Not der Menschen rücksichtslos Kapital zu schlagen. Je größer diese Not, um so größer der Zulauf zu dem charismatischen »Führer«, der allen alles versprach. Kaum sah man jedoch Zeichen einer ersten, leichten Besserung, als die Nazistimmen sogleich merkbar zurückgingen. Schließlich handelte es sich um leeres Stroh, das der Volksaufwiegler drosch. Beim näheren Hinsehen besaßen die Nazis kein eigenes Wirtschaftsprogramm, kein Rezept, wie sie der Wirtschaftskrise Herr werden könnten; dies übrigens auch am 30. Januar 1933 nicht, als es Hitler und den Nazi-Ministern Frick und Göring ausschließlich darauf ankam, ihre eigene Macht zu festigen und zu mehren.

Ein dritter ins Gewicht fallender Grund: die Fesseln von Versailles, die es abzuschütteln galt, eine Aufgabe, bei der die bisherigen Regierungen angeblich schmählich versagt hatten. Hitlers leichtfertig vorgetragene Anklage fand natürlich offene Ohren. In ganz Deutschland herrschten seit 1919 Erbitterung und Enttäuschung über jenen Friedensvertrag, der wegen der angeblich alleinigen deutschen Kriegsschuld scheinheilig, unter flagranter Verletzung des proklamierten Selbstbestimmungsrechts aller Völker, also auch des deutschen, schwerwiegende Gebietsverluste beinhaltete und zu Reparationsleistungen führte, die mehrere Generationen belasten würden. Aber keine deutsche Regierung hätte, solange die Rheinlandbesetzung andauerte (Räumungstermin 30. Juni 1930), den Vertrag einseitig aufkündigen können, und auch noch nach 1930 verboten sich solche, nur zum völligen Ruin des Landes führenden politischen Abenteuer. Auch vom rein militärischen Standpunkt aus gesehen hatte die kleine deutsche Berufsarmee von nur hunderttausend Mann, wie sie der Vertrag von Versailles erlaubte, den übermächtigen französischen Truppen, die weitaus stärker waren als zu Napoleons Zeiten, nichts Gleichwertiges entgegenzusetzen, Überlegungen, die Hitler wohlweislich verschwieg.

Ein bisweilen übersehener vierter Grund bestand in dem unerfüllten, vielleicht unerfüllbaren Bedürfnis der Jugend nach Idealen, eingängigen politischen Glaubensbekenntnissen, nach einem von idealistischen Zielsetzungen gekennzeichneten Staatswesen, dem man sich nur vertrauensvoll, willig gehorchend, hinzugeben hatte. Für einen solchen Staat waren offenbar viele Jugendliche bereit, Demokratie und freiheitliche Rechte aufzugeben, sich ein- und unterzuordnen, zumal ihrer Meinung nach die ältere Generation mit ihrer Freiheit nichts zustande gebracht hatte. Die Freiheit nach außen war dank einer »schlappen« Regierung verloren, daher bedeutete Freiheit im Inneren diesen von der Naziideologie Verführten wenig. Wie richtig hatte mein Vater frühzeitig den Grad der Verhetzung durch Hitler erkannt, als er wenige Tage vor seinem Tode Anfang Oktober 1929 sagte: »Ich müßte jetzt in jede Schule, in jede Universität gehen, um die jungen Menschen zurückzuhalten vor jenen Volksverführern, um sie zum Staat heranzuführen . . .« Schon zuvor hatte er mit großer Besorgnis davon gesprochen, daß es sich bei den Nazis nicht bloß um eine neue Partei, sondern um eine schwer kontrollierbare Bewegung handele.

Schließlich ein letzter Grund: Seit zehn Jahren war Benito Mussolini in Italien an der Macht, entwickelte sich im Laufe der Jahre trotz Beibehaltung der Monarchie zum uneingeschränkten Diktator, ohne vorerst irgendwelche außenpolitischen Initiativen zu entfalten. Er nahm an den Verhandlungen in Locarno, wenn auch nur am Ende der Konferenz, teil und paraphierte selbst den Vertrag; seine Delegation beim Völkerbund unter Leitung des hervorragenden Kronjuristen Scialoja leistete durchweg positive Mitarbeit. Später unterstützte Italien das deutsche Begehren nach Gleichberechtigung in der Ab- und Aufrüstungsfrage. Innenpolitisch führte Mussolinis Wirken unter allmählicher De-facto-Entmachtung von Parlament und Parteien zu mehr Ordnung, einem höheren Maß von Disziplin und einer zumindest äußerlich festgefügten Einheit, die nicht nur bei Hitler und seinen Anhängern, sondern auch in deutschen Linkskreisen Bewunderung erweckten. Emil Ludwig, damals einer der populärsten deutschen Schriftsteller, erbat und erhielt ein langes Interview vom »Duce«, das auch in der liberalen Presse ausführlich abgedruckt und durchaus positiv aufgenommen wurde. Der italienische Diktator, dessen Land zu den Siegermächten im Ersten Weltkrieg gehörte, Erfinder des Faschismus, aber kein »Rassenfanatiker«, fand schon 1926 ausgerechnet in der linksorientierten *Weltbühne* Lob und Preis, wurde zwar als brutal, aber auch als ein Mann von Kultur, Schwung, Eleganz und Vitalität gewürdigt.

Die zweite, noch wichtigere Frage, über die man sich in Berlin vor meiner Reise nach England lebhaft stritt: Wäre es nicht sinnvoller, Hitler und seinen Anhängern, die immerhin mehr als ein Drittel aller Stimmen bei den Juliwahlen 1932 hatten, den Platz zu räumen und ihnen die Regierungsgewalt anzuvertrauen? Dann sähen sie selbst, wie anders die Dinge liegen, wenn man in der Verantwortung steht, wie Innen- und Außenpolitik die von ihnen stets bekämpften »faulen Kompromisse« erzwingen, wie wenig Spielraum eine Regierung Hitler – genau wie ihre Vorgängerinnen – besäße. Schnell würden die Wähler dies bemerken und abwandern, und dann habe man Ruhe. Erinnert wurde an das Beispiel Weimarer Regierungen der zwanziger Jahre, in denen deutschnationale Minister amtierten, ohne daß sich wesentlich Neues abspielte, worauf diese Partei erheblich an Stimmen einbüßte. Also wozu das lange Zögern? Einige typische Fragen und Antworten hörte man damals immer wieder. Frage: Darf man mit dem Teufel kokettieren oder gar paktieren? Antwort: Hitler ein Teufel? Keine Rede! Die sicherlich diabolische Gewissenlosigkeit in seinen Reden und Forderungen, die elende Verleumdungskampagne, mit der er seine Gegner totzuschlagen versucht, dies alles muß man nicht so ernst nehmen, ist nichts als übersteigerte Propaganda! Frage: Und was ist mit Hitlers Buch *Mein Kampf,* in dem er seine weitgehenden Ziele und Methoden mit so erstaunlicher, oft zynischer Offenheit darlegt? Antwort: Ach, dies Buch, das haben wir nicht gelesen, das hat er schon vor Jahren geschrieben, wahrscheinlich ist vieles längst überholt. (Ich gestehe, daß ich beim ersten Leseversuch es nur auf wenige Seiten gebracht habe, schon wegen des wirren Stils und Inhalts.) Dann die Frage nach den Missetaten der SA, den verurteilten SA-Mördern, denen Hitler seine Treue und Solidarität übermittelte. Nun, da müsse man – so die oft vernommene Antwort – eben ein Auge zudrücken, oder sogar zwei, und meistens habe es sich bei den blutigen Unruhen um kommunistische Provokateure gehandelt; man dürfe nicht vergessen, daß Hitlers Hauptziel die endgültige Vernichtung des Bolschewismus sei.

Mich selbst stieß auch das kleinbürgerlich-spießige Aussehen des »Führers« ab, dessen Bild sich in den frühen Tagen des anwachsenden Nationalsozialismus keinesfalls, so wie später, eingeprägt hatte, dazu sein unter allem Niveau stehender Gebrauch wie seine Aussprache der deutschen Sprache, sicherlich Äußerlichkeiten, wie ich nicht selten belehrt wurde. Schon seltsam, wie viele rechtsgerichtete, doch keineswegs Hitlers Ideen zugeneigte Persönlichkeiten von geistigem Format und politischer Erfahrung sich unter Hintansetzung aller gravierenden Bedenken für einen Versuch mit Hitler und den Nazis stark machten, wie sogar einige urplötzlich ihr »demokratisches Gewissen« entdeckten – man könne doch eine so große Partei nicht auf die Dauer ausschalten – und sich ausgerechnet auf die Weimarer Verfassung beriefen. Unter ihnen: der frühere Reichskanzler Hans Luther, der später noch eine sehr zweifelhafte Rolle spielen sollte, Emil Georg von Stauß, Vizepräsident des Reichstages, zur Führungsspitze der Deutschen Bank und Disconto-Gesellschaft gehörend, einst als Mitglied der Deutschen Volkspartei meinem Vater sehr nahestehend, Edmund Stinnes, der älteste Sohn von Hugo Stinnes, im Gegensatz zu seinem Vater ein maßvoller Mann, zudem mit guten internationalen Beziehungen, und viele mehr, unter ihnen auch einige Mitglieder des Auswärtigen Amtes. Leider wurde weithin übersehen, daß ein demokratisches System nur dann segensreich zu funktionieren vermag, wenn sich alle Parteien zu ihm bekennen, die Nationalsozialisten jedoch mit der deutlichen Absicht angetreten waren, die Weimarer Verfassung nur zu benutzen, um sie außer Kraft zu setzen. Aber merkwürdigerweise gab es auch von seiten der Linken Stimmen zugunsten einer Übernahme der Regierungsverantwortung durch Hitler. Die Überlegung: Dieser Großsprecher wird schnell abwirtschaften, und dann sind wir an der Reihe! Prominenter Vertreter dieser Ansicht war Rudolf Breitscheid, einer der Fraktionsführer der Sozialdemokraten, Außenpolitiker par excellence, alter Burschenschafter und deutscher Patriot. Von der französischen Polizei in Vichy der Gestapo übergeben, starb er 1944 in einem Konzentrationslager, angeblich bei einem Luftangriff.

Hier die Hauptargumente derer, die Hitler um keinen Preis an die Regierung wünschten: Wie kann man einem Mann die Kanzlerwürde überlassen, der die Ermordung Rathenaus nachträglich billigte, sich von den Mordtaten seiner Anhänger niemals distanzierte, mit seinem Putsch vom 8. November 1923 Deutschland an den Rand des Zusammenbruchs gebracht hatte, der mit seinem aus Wien importierten Rassenwahn große Deutsche jüdischen Glaubens oder jüdischer Herkunft vor den Kopf stoßen mußte und diese Selbstverarmung Deutschlands bewußt in Kauf zu nehmen gedachte? Dazu sein sogenanntes »Programm«, das neben nationaler Superiorität zugleich die »Brechung der Zinsknechtschaft« und die Abschaffung der Kaufhäuser und Großbanken forderte, also pseudokommunistische Parolen, einen widerspruchsvollen Mischmasch voller Banalitäten und Platitüden enthielt, vorgetragen in einem fast anekelnden Stammtisch-Jargon. Einem solchen Mann die Kanzlerschaft zu verwehren, koste es, was es wolle, erschien oberstes Gebot; Taktik und Opportunismus waren nicht gefragt, auch nur das geringste Vertrauen in Hitlers Äußerungen bedeutete Spiel mit dem Feuer. Und erinnerte man sich nicht an Hitlers eidliche Zeugenaussage vor dem höchsten deutschen Gericht, wo er am 25. September 1930 feierlich erklärt hatte, er wolle nur legal an die Macht kommen, aber sogleich hinzufügend, er werde dann, wiederum legal, Staatsgerichte einsetzen, die die für das Unglück des deutschen Volkes Verantwortlichen gesetzmäßig aburteilen würden. »Dann«, so Hitler wörtlich, »werden möglicherweise legal einige Köpfe rollen.« Wie leicht wollte – und sollte – dieser Volksverführer mit der Legalität umspringen! Man hat diese – übrigens mit großem Beifall der Zuhörer im Reichsgericht aufgenommene – Aussage Hitlers, wie so viele andere, nicht ernst genommen. Trotzdem bleibt es verwunderlich, daß niemand von den »Verantwortlichen« oder ihren Anhängern den Versuch unternahm, Hitler zuvorzukommen und sich seines Kopfes zu bemächtigen. Schließlich denkt jeder, der bedroht wird, zuerst an den eigenen Kopf, besonders wenn ihm die »Köpfung« auch noch angekündigt wird. Aber weit entfernt ein solcher Gedanke in einem geordneten, republikanisch-demokratischen Staatswesen, in dem man derart haarsträubende Drohungen zwar zur Kenntnis nahm, ohne jedoch Konsequenzen zu ziehen. Wie hätte das Nazi-Regime im umgekehrten Falle gehandelt?

Nun war also Hitler von Hindenburgs Gnaden zum Kanzler einer Koalitionsregierung ernannt, Papen zum Vizekanzler und Kommissar von Preußen, Hugenberg erhielt das Wirtschafts- und Landwirtschaftsministerium, Neurath und Schwerin-Krosigk blieben in ihren Ämtern, neu im Kabinett Stahlhelmführer Seldte, Frick als Innenminister sowie Göring als Minister ohne Portefeuille; ihm fiel das weitaus wichtigere preußische Innenministerium zu, das er vorerst kommisarisch verwaltete. Die Neuigkeit erfuhr ich durch die Abendausgabe der *Vossischen Zeitung* vom 30. Januar; sie trug die Schlagzeile: »Kabinett Hitler-Papen-

Hugenberg«. Darunter als kleinere Überschrift: »Regierung der Harzburger Front ohne Verständigung mit dem Zentrum ernannt«. Die prominente Erwähnung des Zentrums hatte offenbar den folgenden Hintergrund: Auch bei der neuen Regierung handelte es sich um ein Minderheitskabinett; 247 Abgeordneten der Harzburger Front standen 270 Mitglieder der Linken und des Zentrums gegenüber. Wahrscheinlich hätte im Zentrum, das bisher in allen Regierungen seit 1919 – meistens maßgeblich – vertreten war, Neigung zu einer Koalition – natürlich »schweren Herzens« – bestanden, wenn man mit dieser stets konstant gebliebenen Mittelpartei von Anfang an verhandelt hätte. Aber die »Harzburger« wollten unter sich bleiben, Neuwahlen standen sowieso in Aussicht; immerhin hielten sie als freundliche Einladungsgeste das nicht sehr wichtige Justizministerium einige Tage frei, falls die Partei, der Papen einst angehörte, sich zur Regierungsbeteiligung oder zur Tolerierung bereit finden würde. Wie erwartet, blieb es bei nichtssagenden Kontakten zwischen Hitler und dem Zentrumsführer Prälat Kaas. Das Zentrum wäre in jedem Falle nur Hemmschuh gewesen, der Vorwand für eine Reichstagsauflösung mangels einer tragfähigen Mehrheit geplatzt. Kein Wunder, daß die *Germania*, die noch immer mehrheitlich Papen gehörte, in ihrer Ausgabe vom 30. Januar von einer »eiskalten Haltung« des Zentrums schrieb.

»Nun hat er es doch noch geschafft«, ». . . eigentlich war er schon gescheitert«, so die resignierende Meinung zu Hause und bei Freunden und Bekannten. Keine ausgesprochene Unruhe in der Bevölkerung, das »rote Berlin«, in dem die Nazis stets besonders schlecht abschnitten (wie auch in Hamburg und Bremen), nahm die politische Sensation mit erstaunlichem Gleichmut auf. Dem Datum des 30. Januars 1933 wird heute mit Recht historische Bedeutung beigemessen. Nicht damals. Zwar verursachte die Nachricht von der neuen Regierung bei vielen einen veritablen Schock. »Die Zeichen stehen auf Sturm«, so die *»Voss«* in der gleichen Ausgabe, aber auch in den folgenden Tagen war von »Sturm« nichts zu spüren. Keine Massendemonstrationen, kein Aufruf zum Generalstreik. Im Gegenteil: der *Vorwärts*, das offizielle Blatt der Sozialdemokraten, erklärte ausdrücklich, für einen Generalstreik müsse eine (offensichtlich nicht oder noch nicht vorhandene) Situation gegeben sein, die »die Einsetzung letzter und äußerster Kräfte« erfordere. Worum man bat, war lediglich »äußerste Bereitschaft«. Auch der Aufruf der Gewerkschaften konzentrierte sich auf die Mahnung, »kühles Blut und Besonnenheit« seien »erstes Gebot«; dann die dringende Aufforderung, »keine voreiligen und darum schädlichen Einzelaktionen« zu unternehmen. Mit anderen Worten: »Wir haben eine Bataille verloren, Ruhe ist die erste Arbeiterpflicht!«

In Bayern, wo die konservative bayerische Volkspartei (die heutige CSU) regierte, war man alles andere als erfreut. Drei prominente »Nordlichter«, geführt von einem Österreicher, dies paßte dem gemäßigten Ministerpräsidenten Held nicht, der leider, was Energieentfaltung anbetraf, seinem Namen wenig Ehre einlegte. Preußen, so mutmaßte man in München, würde schnell durch Göring, den man mit Recht stärker als Papen einschätzte, ganz den Nazis ausgeliefert sein; käme dann Bayern an die Reihe? Als Gegenmaßnahme war im Laufe des Februars immer mehr die Ernennung eines eigenen bayerischen Staatspräsidenten, sogar die Wiedereinführung der Monarchie im Gespräch. Schnelles Handeln konnte vollendete Tatsachen schaffen. Aber es schien, daß Mut und Energie nur bei den neuen Machthabern in Berlin zu finden waren. Die schlechte Presse, die Hitler und sein Kabinett im offiziellen München erhielten, genügte nicht.

Interessant, wie stark viele Zeitungen auf Hugenberg bauten, ihn als Rettungsanker gegenüber dem intern bereits abgemeldeten »Sozialisten« Gregor Strasser ansahen; so hieß es in der nach rechts abgedrifteten *Berliner Börsenzeitung*, Hugenbergs Ernennung werde »als ausschlaggebendes Moment der Beruhigung und hinreichende Sicherung gegen gefährliche Experimente am Körper der Wirtschaft« gewertet, wie überhaupt die Tatsache, daß es sich um eine Koalitionsregierung handelte, fast wie eine Beruhigungspille wirkte. Nochmals die *»Voss«* vom 30.1.1933: »Adolf Hitler hat sein ursprüngliches Ziel nicht voll erreicht. Er zieht in die Wilhelmstraße nicht als Diktator ein, der kein anderes Gesetz kennt und gelten lassen muß als seinen Willen. Es ist kein Kabinett Hitler, sondern eine Regierung Hitler-Papen-Hugenberg.« Dann die berechtigte Warnung: ». . . aber sicherlich [ist die Regierung] einig darin, den völligen Bruch mit dem Bisherigen zu vollziehen. Ein gefährliches Experiment, das man nur mit tiefer Sorge und schärfstem Mißtrauen begleiten kann.« Für dieses »Experiment« trug der so schlecht beratene Reichspräsident, der noch wenige Tage zuvor Hitler unter keinen Umständen zum Kanzler berufen wollte, eine schwere Verantwortung. Die Enttäuschung der fast zwanzig Millionen, die ihm kaum neun Monate zuvor ihre Stimme gegen Hitler gegeben, ihn ein zweites Mal zum Reichspräsidenten gewählt hatten, war riesengroß, allerdings weniger bei denen, die Hindenburgs »Treue-Rekord« – von Wilhelm II. bis zu Brüning – kannten.

Zurück zu den Ereignissen jener geschichtsträchtigen Tage. Hitler und die neuernannten Minister wurden noch am gleichen Tage, dem 30. Januar, auf die Verfassung vereidigt – ihr Eid war soviel wert wie der des Mannes, vor dem sie ihn abgaben. Von den »Neuen« stellte sich Reichsinnenminister Frick der Presse. Zuvor Innen- und Schulminister in Thüringen, als rücksichtsloser, die Verfassung ständig mißachtender Nazi verschrien, hatte Frick immerhin für unbändige Heiterkeit gesorgt, als er versuchte, Hitler durch Ernennung zum Polizisten in Hildburghausen die deutsche Staatsbürgerschaft zuzuschanzen. Nun machte er bewußt auf »weiche Welle«, erklärte ausdrücklich, die neue Regierung lege Wert auf freie Meinungsäußerung, die Verfassung werde nicht angetastet, kein Notstand solle konstruiert werden. Bewußte Verlogenheit, denn zur gleichen Zeit forderte Frick im *Völkischen Beobachter,* dem amtlichen Nazi-Organ, ein Ermächtigungsgesetz für die neue Regierung, und dies bedeutete: Ausschaltung des Reichstages wegen einer Notsituation. Auch Göring, de facto preußischer Innenminister, ließ sich vernehmen. Er begrüßte die ihm unterstellten Beamten und versicherte, keiner von ihnen brauche sich wegen seiner Stellung Sorge zu machen. Goldene Worte aus Görings Mund, bald sollte man andere hören.

Doch vorerst galt es zu feiern. Ein gewaltiger Fackelzug jubelnder Nazis, jung und alt, begab sich, das »Horst-Wessel-Lied« singend, zur Wilhelmstraße und brachte Hitler Ovationen dar. Der Reichspräsident schaute aus seinem Fenster auf die riesige Masse, vermutlich erstaunt, vielleicht sogar verwirrt. War ihm, dem 1847 geborenen, der – bar jeder politischen Kenntnisse – seit 1925 in Deutschland das höchste, und wie sich bald herausstellte, hochpolitische Amt bekleidete, wirklich bewußt, was er getan, besser gesagt: angerichtet hatte? Schon lange war er Zielscheibe des bissigen Berliner Witzes. Nur zwei Beispiele: Zwei Jungens gehen am Palais des Reichspräsidenten vorbei, der eine wirft sein Stullenpapier in den Vorgarten. »Wie kannst du so etwas tun!« sagt der andere. »Warum nicht?« entgegnet der erste. »Wenn Hindenburg es in die Hände bekommt, unterschreibt er es!« – Nach dem Fackelzug verbreitet sich in Windeseile die folgende Geschichte: Hindenburg beobachtet die

Massen in der Wilhelmstraße und sagt zu dem neben ihm stehenden Staatssekretär: »Ludendorff, ich habe gar nicht gewußt, daß wir so viele russische Gefangene gemacht haben.« Ludendorff, der 1923 zusammen mit Hitler geputscht hatte und zu den radikalsten Feinden der Weimarer Republik gehörte, schrieb indessen seinem früheren Chef aus Kriegszeiten einen fürchterlichen Brief: »Sie haben durch die Ernennung Hitlers zum Reichskanzler unser heiliges deutsches Vaterland einem der größten Demagogen aller Zeiten ausgeliefert. Ich prophezeie Ihnen feierlich, daß dieser unselige Mann unser Reich in den Abgrund stürzen und unsere Nation in unfaßbares Elend bringen wird. Kommende Geschlechter werden Sie wegen dieser Handlung in Ihrem Grabe verfluchen.«

Wie ging es weiter? Kurze Zeit nach der Machtübergabe sprach ich Siegfried von Kardorff, einen weitblickenden, hochbedeutenden Politiker, dessen Wechsel von den Konservativen zur Deutschen Volkspartei seinerzeit großes Aufsehen erregt hatte. Kardorff erzählte, er sei gerade bei Oskar von Hindenburg gewesen, um ihm seine schweren Bedenken wegen Hitlers sich anbahnender Amtsführung darzulegen. Er habe geraten, der Reichspräsident möge den Ausnahmezustand erklären und, falls notwendig, mit Hilfe des Artikels 48 die Regierungsgewalt an sich ziehen, um Hitler erst einmal in Schranken zu halten. Zeige sich dann im Laufe der Monate, daß seine, Kardorffs, Bedenken gegenstandslos seien, Hitler sich angemessen verhalte, so könne man dann den Ausnahmezustand wieder aufheben. Ob dieser Ratschlag durchführbar war, sei dahingestellt. Bezeichnend die Antwort des Juniors: »Sie brauchen sich überhaupt nicht zu beunruhigen, wir haben im Kabinett die große Mehrheit. Hitler hat nur zwei seiner Leute, wir haben neun Minister. Zur Besorgnis besteht nicht der geringste Grund, wir haben Hitler fest in unserer Hand.« – Betrogene Betrüger, wie es sich sehr bald herausstellen sollte. Denn die Dinge nahmen einen umgekehrten Verlauf. Nach der keineswegs überraschend kommenden Reichstagsauflösung gab es keine Initiativen des Reichspräsidenten, statt dessen führte Hitler das Zepter und erließ zwei entscheidende Notverordnungen vom 4. und 6. Februar, die der Reichspräsident nur zu willig unterschrieb. Die erste wurde ausgerechnet »Zum Schutze des deutschen Volkes« erlassen. Die Regierung erhielt nunmehr die Möglichkeit, Versammlungen und Aufzüge unter freiem Himmel zu verbieten, falls Gefahr für die öffentliche Sicherheit bestünde, bei gleicher Gefährdung die Pressefreiheit einzuschränken und gegen Personen vorzugehen, die an verbotenen Versammlungen aktiv oder passiv teilnahmen oder verbotene Druckschriften herausgaben, verlegten oder verbreiteten. Ob und wann die Sicherheit gefährdet war, entschied – Frick! Beschwerde, aber ohne aufhebende Wirkung, war möglich, zog jedoch ein längeres Verfahren nach sich, das in den meisten Fällen kaum vor dem 5. März, dem Tag der Neuwahl, beendet sein würde.

Auch in Preußen sollten gleichzeitig Wahlen abgehalten werden, aber das preußische Abgeordnetenhaus lehnte einen entsprechenden Antrag mit 214 gegen 196 Stimmen ab. Kurz entschlossen wurde ein zweiter Staatsstreich inszeniert. Mittels der oben erwähnten zweiten Notverordnung wurden der preußischen Regierung die letzten ihr noch vom Staatsgerichtshof belassenen Befugnisse aberkannt und auf Papen (den »Reichskommisar«) und weitere von ihm zu benennende Personen übertragen. Somit konnte Papen die Stelle Brauns in einem von der preußischen Verfassung vorgesehenen »Dreimännerkollegium« einnehmen, dem der jeweilige preußische Ministerpräsident sowie der Landtags- und Staatsratspräsident angehörten. Diesem Gremium stand gleichfalls das Recht der Landtagsauflösung zu. Landtagspräsident war bereits ein Nationalsozialist, Hanns Kerrl. Also Auflösung des Abgeordnetenhauses durch Papen und Kerrl, Neuwahlen auch am 5. März! So einfach ging es. Das Tollste jedoch die Begründung für die Notverordnung: Die bereits fast aller Funktionen beraubte Preußenregierung sei für die Verwirrung im Staatsleben verantwortlich und gefährde somit das Staatswohl. Selbst dem unpolitischen Gehirn des 85jährigen Reichspräsidenten mußte die völlige Sinn- und Haltlosigkeit solcher Behauptungen und der damit von ihm begangene Rechtsbruch erkenntlich gewesen sein. Eid hin, Eid her, Hindenburg unterschrieb nicht nur, sondern weigerte sich sogar, Otto Braun zu empfangen. Selbstverständlich wurde der Staatsgerichtshof angerufen, aber was nützte es, daß Hitlers Gegner nach wie vor Zuflucht zur Legalität nahmen, die bereits nur noch auf dem Papier stand. In Preußen war die Schlacht sowieso schon am 20. Juli 1932 verloren gegangen. Der Vollständigkeit halber sei erwähnt, daß Adenauer, der Präsident des Staatsrates, wegen der offenkundigen Rechtswidrigkeit der Notverordnung nicht an der Abstimmung im »Dreierkollegium« teilnahm, was von Papen und Kerrl als »Stimmenthaltung« angesehen wurde! An der Protestaktion beteiligte sich Adenauer nicht. Die preußische Regierung unter Braun, so meinte er, habe sich dem Staatsrat gegenüber stets unfreundlich verhalten.

Mit den Vollmachten der ersten Notverordnung ließ sich der Wahlkampf großartig führen. Veranstaltungen des Gegners bedrohten die Sicherheit, die eigenen natürlich nicht. So verbot Göring eine große, im alten Lustgarten angesetzte Massendemonstration der SPD, des Reichsbanners »Schwarz-Rot-Gold« und anderer linksgerichteter Organisationen (»Eiserne Front«), der *Vorwärts* wurde auf drei Tage verboten wegen eines veröffentlichten Aufrufs der SPD, der angeblich eine Aufforderung zum Hochverrat enthielt, die *Rote Fahne* der Kommunisten mußte bald ihr Erscheinen ganz einstellen, selbst die *Germania* blieb nicht verschont, allerdings fiel das Verbot von nur drei Ausgaben noch relativ milde aus. Gegnerische Versammlungen wurden selbstverständlich, wenn irgend möglich, gestört. Nun kamen aber auch Zentrumsveranstaltungen an die Reihe. Wo immer Brüning sprach, gab es überfüllte Säle und ostentativen stürmischen Beifall, was Mißmut bei den Nazistellen erregte. Immerhin: Vorsicht war geboten; vielleicht brauchte man doch einige Zentrumsabgeordnete für die Mehrheit. So bremste Hitler, Göring ordnete eine Untersuchung (!) an, Scheinmaßnahmen, die nichts einbrachten. Andere Maßnahmen traf Göring nicht zum Schein: Eine große Zahl preußischer Ober- und Regierungspräsidenten wurden von ihm »zwangsbeurlaubt« und durch Anhänger der »Harzburger Front« ersetzt. Unter den Entlassenen befand sich auch der hochverdiente Ferdinand Friedensburg, einst Berliner Polizeivizepräsident, der schon zuvor auf Druck von Hindenburg wegen seiner Sympathien für die Sache der Demokratie nach Kassel »abgeschoben« worden war. Mit Recht versprach sich Göring auch von diesen Umbesetzungen günstigere Wahlchancen. So konnte von einem regulären Wahlkampf, der allen Parteien gleiche Rechte und Möglichkeiten einräumte, von Anfang an nicht die Rede sein. Goebbels, ein Meister der Massenlenkung, offiziell noch hinter der Szene, nutzte mit seiner imponierenden Gabe für Propaganda den durch die Notverordnung vom 4. Februar den Nazis erwachsenen Vorteil voll aus, setzte überdies den Rundfunk ein, damals noch kein wirkliches Massenmedium, doch eine große Unterstützung für seine Zwecke.

Für den Beobachter der Wahlszene gab es allerdings auch einige merk-

und denkwürdige Ereignisse. Wer hätte gedacht, daß im pommerischen Köslin eine Nazi-Entschließung gefaßt und veröffentlicht wurde, in der es hieß, man wolle ein »sozialistisches Deutschland« und würde die gegenwärtige Koalitionsregierung nicht auf die Dauer akzeptieren! Im Bayerischen Landtag nahmen Nationalsozialisten und Sozialdemokraten einen Antrag an, in dem die Regierung aufgefordert wurde, in Berlin auf die Verstaatlichung der Großbanken hinzuwirken! Gregor Strasser auf dem Vormarsch? Fast zur gleichen Zeit – dies hörte man natürlich nur vertraulich – hatte Schacht eine Reihe maßgeblicher Industrieller und Bankiers zusammengetrommelt, denn diesmal sollten die Kassen der Nazis stimmen. Bei der Zusammenkunft gab Hitler seinen Zuhörern derartig beruhigende, maßvolle Erklärungen über die Zukunft einer freien Wirtschaft ab, daß der Partei Millionenbeträge zugeführt wurden. In der Tat, längst war der »Führer« von der Idee eines sozialistisch-antikapitalistischen Deutschlands abgerückt. Aus der ursprünglichen »Deutschen Arbeiterpartei«, wie sich die NSDAP einmal nannte, war eine nationalsozialistische, das Klein- und Großbürgertum umfassende Sammelbewegung geworden, der sozialistische Flügel sah sich ins Abseits gedrängt. Selbstverständlich richtete Hitler flammende Aufrufe an die Arbeiter und Bauern, machte große Versprechungen, doch der umwälzende sozialistische Programmteil der Nazis war ad acta gelegt worden, ohne daß dies Strasser und seine Freunde wußten oder merkten.

Außenpolitisch galt es für Hitler, einer wachsenden Unruhe in London und Paris vorzubeugen. In einem hierfür bestimmten Interview mit dem Londoner *Sunday Express* vom 12. Februar plädierte er für einen Weltfrieden in engster Zusammenarbeit mit Großbritannien, für das er schon in *Mein Kampf* bewundernde Worte gefunden hatte. Ungerechtigkeiten im Versailler Vertrag – welch' liebenswürdige Formulierung – müßten verschwinden, der polnische Korridor müsse zurückgegeben werden, doch der Haupttenor des Interviews ließ die überaus versöhnliche Haltung der neuen Regierung erkennen; nur keine Spannung, man war noch nicht soweit. Lediglich bei der Frage, ob Hitler an die Wiedereinführung der Hohenzollernmonarchie denke, gab es ein sehr energische, völlig negative Antwort.

Der Wahlkampf auf vollen Touren? In Berlin hatte man den Eindruck, daß sich trotz aller Nazi-Parolen, trotz aller Massenversammlungen eine gewisse Müdigkeit unter den Wählern bemerkbar machte. Kein Wunder: drei Reichstagswahlen allein innerhalb von weniger als neun Monaten. Da schreckte eine fast unglaubliche Nachricht auf. Schon kurz vor sieben Uhr früh klingelte bei mir das Telefon. Mein Onkel, Kurt von Kleefeld, der Bruder meiner Mutter, war am Apparat: »Stell' dir vor, die Nazis haben den Reichstag angezündet, das ganze Gebäude steht in Flammen.« Meine Antwort: »Nanu, steht denn ihr Wahlkampf so schlecht?« Ich erinnere mich an diesen Anruf sehr genau, einmal wegen seines sensationellen Inhalts, dann aber auch wegen der recht frühen Zeit. In Berlin kam ich damals – 29jährig, unverheiratet – meistens recht spät ins Bett, fast immer ging es nach einem Konzert-, Opern- oder Theaterbesuch (das Kino nicht zu vergessen) noch weiter; daher holte mich der Anruf aus dem Schlaf und blieb auch deswegen unvergessen. Ein Blick auf die an die Wohnungstür gelieferte »*Voss*« bestätigte die aufregende Nachricht. Riesenüberschrift: »Der Reichstag brennt«, gefolgt von eingehenden Berichten über die Brandkatastrophe. Man spürte allein an der Aufmachung der (noch unabhängigen) Zeitung die Ungeheuerlichkeit des Ereignisses und seine Wirkung auf Berichterstatter und Redakteure. Irgendwie repräsentierte das Reichstagsgebäude mit seiner für alle sichtbar eingemeißelten Widmung »Dem deutschen Volke« ein Stück deutscher politischer Tradition, obwohl das »Hohe Haus« seit den Brüning-Jahren nur eine sehr mäßige – bisweilen überhaupt keine – Rolle gespielt hatte. Aber auch seine zentrale Lage in unmittelbarer Nähe des Brandenburger Tores und von Berlins Prachtstraße »Unter den Linden«, wie auch die Tatsache, daß der Wallot-Bau, so genannt nach seinem Architekten, in seiner ganzen Stattlichkeit frei für sich allein stand, trugen zu seiner überragenden symbolischen Bedeutung bei. Eine Inbrandsetzung des »Roten Rathauses« oder einer der Regierungsbauten in der Wilhelmstraße hätte niemals die gleiche Wirkung gezeitigt. Der phantastische Anblick des gewaltigen, an allen Stellen brennenden Gebäudes, wie er nur in einem Hollywood-Film hätte dupliziert werden können, ein fast vergeblicher Kampf der Feuerwehr, der es immerhin gelang, den Einsturz der Kuppel zu verhindern, die rasende Anfahrt der politischen Prominenz mit Hitler und Papen an der Spitze (alle von Rang und Namen befanden sich – war es wirklich Zufall? – in der Reichshauptstadt), der sich bereits im Gebäude und, wie berichtet, in fürchterlicher Erregung befindliche Göring – what a story!

Hitler, Göring und insbesondere Goebbels taten natürlich ihr Bestes, um dem Auflodern der Flammen im Reichstag ein gleiches Auflodern des Volkszorns folgen zu lassen. Dieser sollte sich gegen den im Gebäude gefaßten Holländer Marinus van der Lubbe richten, der aus einem Fenster, mit der brennenden Fackel in der Hand, kommunistische Parolen hinausschrie. Wer half ihm dabei? Einige wurden, wie es hieß, von draußen gesichtet, aber verschwanden auf Nimmerwiedersehen, andere wurden später verhaftet, unter ihnen der bulgarische Kommunist Dimitroff. Sie und van der Lubbe mußten sich vor dem Reichsgericht verantworten, das sich außerstande sah, den wahren Sachverhalt aufzuklären, und erhebliche Zweifel erkennen ließ, wie van der Lubbe allein eine solche Tat habe ausführen können. Der geständige holländische Kommunist wurde zum Tode verurteilt und ohne jede Publizität – in der Presse sozusagen unter »Kleine Nachrichten« – hingerichtet. Dimitroff und andere sprach das Gericht mangels ausreichender Beweise frei.

Auch heute noch rätseln Historiker über den Reichstagsbrand. Lange herrschte die Meinung vor, daß eine Gruppe von Nazis – möglicherweise ohne Wissen und Billigung der Führungsspitze – den Brand gelegt und sich dabei van der Lubbes bedient habe. Hierfür wurde auf verschiedene Dokumente Bezug genommen. Seit einiger Zeit gibt es jedoch eine Reihe von Stimmen, die von der Alleintäterschaft des holländischen Kommunisten ausgehen und die ihn entlastenden Dokumente als Fälschungen bezeichnen. Schon wegen des Fälschungsvorwurfes ist ein wahrer »Glaubenskampf« ausgebrochen, der vermutlich noch längere Zeit andauern wird. Im Hinblick auf die weitaus wichtigeren, entscheidenden Folgen hier nur einige wenige Überlegungen: Im amtlichen preußischen Pressedienst vom 28. Februar 1933 hieß es, »daß im gesamten Reichstagsgebäude vom Erdgeschoß bis zur Kuppel Brandherde angelegt waren«, nämlich durch »Teerpräparate und Brandfackeln, die man in Ledersesseln, unter Reichstagsdrucksachen, an Türen, Vorhängen, Holzverkleidungen und anderen leicht brennbaren Stellen gelegt hatte«. In der *»Voss«* vom 28.2. (Morgenausgabe) äußerte sich der Leiter der Berliner Feuerwehr, Oberbranddirektor Gempp: »Die Täter müssen ausreichend Zeit gehabt haben, ihre Brandstiftung vorzubereiten.«* In

* Seine Aussage erhält zusätzliches Gewicht dadurch, daß er bereits vier Wochen später von seinem Amt suspendiert, später von den Nazis verfolgt, mehr-

der Abendausgabe vom gleichen Tage erklärte er, nachdem sich offiziell alle Beschuldigungen auf van der Lubbe allein konzentriert hatten: »Unheimlich viel Zeit muß der Verbrecher gehabt haben, er muß die Räumlichkeiten genau gekannt, er muß Brandstiftungsmaterial in seltener Vollständigkeit bei sich geführt haben. Angst vor Entdeckung muß ihm fremd gewesen sein.« Wer selbst, wie ich, mit dem Reichstagsgebäude eng vertraut war, dann die Bilder der Verwüstung sah, kommt unweigerlich zu dem Schluß, daß die Inbrandsetzung nicht das Werk eines einzelnen sein konnte, Helfershelfer mit im Spiele waren.

Eins stand fest: Van der Lubbe gehörte der Kommunistischen Partei an, galt als radikaler Aktivist – die holländische KP distanzierte sich sofort von ihm –, überdies als Pyromane, vermutlich geistesgestört oder zumindest nur beschränkt zurechnungsfähig, wie sich später aus den Ermittlungen und seinem Auftreten vor dem Reichsgericht ergab. Aber seine Gehilfen oder Mittäter? Die Kommunisten hatten bis zu diesem Zeitpunkt den Wahlkampf schwunglos, ohne zentrale Zielsetzung durchgeführt, kannten nur zu gut die Möglichkeiten der Regierung aufgrund der Notverordnung vom 4. Februar – das Verbot ihrer *Roten Fahne* sprach eine hinreichend deutliche Sprache; sie wußten, was ihnen blühen würde, wenn sie auch nur den geringsten Angriff auf die Staatsgewalt unternommen hätten, die bereits fast vollkommen in den Händen der Nazis Frick und Göring lag. Außerdem betrachteten Thälmann & Co. nicht die NSDAP, sondern die SPD als ihren Hauptfeind. Von einer »Volksfront« war man so weit entfernt wie der Mond von der Sonne. Nur in einem schien sich die gesamte Linke – zusammen mit vielen Politikern aus anderen Lagern – einig: in der Überzeugung, daß Hitler sehr bald am Ende seines Lateins sein würde. Dann, so glaubten die Kommunisten, wäre ihre Zeit gekommen, um jenes Deutschland zu errichten, das man nach der Novemberrevolution von 1918 schmählich verpaßt habe.

Man kann sich bekanntlich in der Politik wie im Krieg fast immer auf die Fehler seiner Gegner verlassen. Aber so dumm konnten auch die Dümmsten nicht sein – und bestimmt nicht die Kommunisten –, um

fach verhaftet und Anfang Mai 1939 im Gefängnis erdrosselt aufgefunden wurde. Siehe Karl Dietrich Bracher u.a., *Die nationalsozialistische Machtergreifung*, Bd. 1, »Die Stufen der Machtergreifung«, Berlin (West) 1973, S. 126/7.

selbst den Nazis den längst begehrten Vorwand zu liefern, als Retter der Nation vor einem kommunistischen Revolutionsversuch zu erscheinen und bei dieser Gelegenheit die letzten noch nicht in ihrer Hand befindlichen Machtmittel zu ergreifen. Doppelt-Kluge können argumentieren, die Kommunisten seien die Täter gewesen, um Hitlers totale Machtergreifung zu ermöglichen, in der Annahme, sein Ende würde dann um so schneller kommen. Eine solche Version würde auch den Schluß erlauben, kommunistische Helfer hätten sich von den Nazis »anheuern« lassen. Wie dem auch sei, in Berlin sprach man ganz offen von einem »Nazi-Coup«, von der schieren Unmöglichkeit, daß sich in dem von Göring und den Seinen kontrollierten, scharf bewachten Reichstagsgebäude ein oder mehrere Kommunisten stunden-, wenn nicht tagelang unbemerkt aufhalten und dorthin Massen von Brandmaterial transportieren konnten. Die unterirdische Verbindung zwischen Görings offiziellem Wohnsitz als Reichstagspräsident und dem Reichstag wurde schnell Gesprächsthema Nummer eins. Und natürlich meldete sich der Berliner Witz zu Worte: Göring wird unterrichtet, daß der Reichstag brenne. Er blickt auf seine Uhr und sagt: »Schon?«

Noch immer komme ich von dem Gedanken nicht los, daß frustrierte Nazis den Brand mitlegten in der Hoffnung auf eine von ihnen ersehnte, möglicherweise ihnen versprochene »Nacht der langen Messer«. War es doch nach dem 30. Januar zu mannigfachen Ausschreitungen, insbesondere von seiten der SA gekommen, die Hitler schon wenige Tage später zu einem Aufruf an die Partei mit dem Schlußappell »Haltet Disziplin und Ruhe!« veranlaßt hatte. Für meine gegenüber meinem Onkel telefonisch geäußerte Vermutung, daß Hitlers Wahlkampf sich wohl nicht zufriedenstellend entwickelte, läßt sich ein vollgültiger Beweis nicht mehr erbringen. Nach der Brandkatastrophe lief das Wahlgeschehen, vom Standpunkt der Nazis aus gesehen, wie geölt. Sie deuteten, soweit erforderlich, die Volksstimmung – ein Gemisch aus Bestürzung, Wut und Argwohn – für ihre Propaganda um, schlugen mit erneuter Kraft auf vermeintliche Gegner, umstürzlerische Brandstifter, die es gar nicht gab, und posierten vor einem teilweise verängstigten Provinzbürgertum als gottgefällige Beschützer in großer Not. Ihre groteske Behauptung, der Reichstagsbrand sei das Signal für einen kommunistischen Aufstand gewesen, entsprechende Dokumente habe man im Karl-Liebknecht-Haus gefunden (sie wurden trotz einer entsprechenden Ankündigung niemals veröffentlicht), bezweckten zusätzlich, ahnungslos-naive Bürger zu erschrecken und zur Stimmabgabe für ihre »Retter« zu veranlassen. In der Tat, es kam Bewegung in das Finale des Wahlkampfes, vor allem in die Masse der Nichtwähler; die mit allen Mitteln geschürte Flamme der Empörung zeigte Wirkung.

Die andere Seite ließ nichts von sich hören, rührte sich kaum. Wie konnte sie auch? Fast alle kommunistischen Reichstagsabgeordneten wie auch neue, sich zur Wahl stellende Kandidaten dieser Partei waren verhaftet, verbotene Versammlungen hätten mangels Rednern sowieso nicht stattfinden können. Unter den Verhafteten befanden sich auch linksgerichtete Journalisten wie Carl von Ossietzky, Egon Erwin Kisch, Erich Mühsam. Viele dem linken Flügel zugehörige Sozialdemokraten ereilte das gleiche Schicksal, die gesamte sozialdemokratische Presse war für vierzehn Tage – also über den 5. März hinaus – verboten! Für Proteste, Dementis, Rechtfertigungen gab es somit kein Sprachrohr, bestenfalls standen gemäßigte linksbürgerliche Zeitungen zur Verfügung. Für aktive Wahlpropaganda, konzentrierte Aufklärung des horrenden Nazi-Lügengewebes, bestand keine irgendwie geartete Möglichkeit.

Grundlage der Verhaftungen und anderer terrorähnlicher Maßnahmen war, wie konnte es anders sein, eine neue Notverordnung nach Artikel 48, von der *»Voss«* und anderen Berliner Blättern in großer Aufmachung schon in der Abendausgabe vom 28. Februar angekündigt. Die mit verdächtiger Schnelle verfaßte, außerordentlich weitgehende Verordnung trug den Titel »Zur Abwehr kommunistischer staatsgefährdender Gewaltakte«, wurde schon am Morgen nach der Brandnacht vom Kabinett beraten, dort mehr oder weniger durchgepeitscht und kurz darauf von einem wiederum allzu gefügigen Reichspräsidenten unterzeichnet. Nunmehr konnten bei Gefährdung der Sicherheit sämtliche in der Weimarer Verfassung verankerten Grundrechte außer Kraft gesetzt werden, hohe Gefängnisstrafen drohten, selbst die Todesstrafe wurde wieder eingeführt. Eine riesige Einschüchterungskampagne begann und steigerte sich lawinenartig. Bekanntlich gestattete der Artikel 48 lediglich eine vorübergehende Außerkraftsetzung von Grundrechten. Sittsam hieß es denn auch in dieser neuen, niemals wieder aufgehobenen Notverordnung, es handele sich um vorübergehende Maßnahmen, und brave Spießbürger, besonders nördlich der Mainlinie, wogen sich in Sicherheit ob dieser Pseudolegalität, lobten und priesen den Herrn, denn er hielt sich streng an die Verfassung. Der zum Himmel schreiende Mißbrauch des absichtlich rechtswidrig interpretierten und gehandhabten Artikels 48 störte offenbar nur eine Minderheit. Südlich der Mainlinie, vor allem in Bayern, begann man allerdings die Stirne zu runzeln. Denn im Paragraph zwei der Notverordnung wurde Hitler de facto das Recht eingeräumt, Befugnisse von Landesregierungen – »vorübergehend« natürlich, in Wirklichkeit auf Dauer – wahrzunehmen, falls diese nicht die zur Herstellung von Sicherheit und Ordnung erforderlichen Maßnahmen trafen. Man braucht nicht näher zu erläutern, wem die Ermessensentscheidung zufiel!

Es mag wie eine Übertreibung klingen, in Wahrheit machte die »Reichstagsbrand-Notverordnung« Hitler zum Herrn über Tod und Leben, erlaubte ihm, nach Gutdünken frei zu schalten; er hatte, wie es die deutsche Mentalität nun einmal erforderte, dank des Reichtagsbrandes – ein »gefundenes Fressen«, wie es im Volksmund heißt – die Macht »legal« erhalten, das deutsche Volk »legal« eingekerkert, ohne daß es jemand merkte. Denn alle blickten gebannt, geblendet – besser: verblendet – auf die demokratischen Wahlen am 5. März. Sie sollten angeblich die endgültige Entscheidung bringen, die längst gefallen war. Noch immer glaubten die Menschen – und ich schließe mich nicht aus – an die Gültigkeit des parlamentarischen Systems, an eine Mehrheitsentscheidung, die auch gegebenenfalls von Hitler und den Nazis beachtet werden würde. Obwohl es sich nur um manipulierte, bestenfalls halbfreie Wahlen handeln konnte, obwohl sie eher eine Art Plebiszit zugunsten von Hitler in seinem Kampf gegen die angeblich Deutschland bedrohenden Kommunisten darstellten, genügte keine noch so weitreichende Phantasie, um sich ein bevorstehendes Ende aller existierenden politischen Institutionen, eine völlige Aufgabe oder Kapitulation von Parlament, Parteien, privaten und öffentlichen Einrichtungen jeglicher Art vorzustellen. Die wenigsten – vermutlich auch nicht die Nazis – vermochten eine solche rapide Entwicklung zu ahnen. Selbst nach dem 5. März wäre kaum jemand ernst genommen worden, der akkurat die außerordentlichen Folgen des Wahlergebnisses vorausgesagt hätte.

»Deutschland erwache!« – wie oft hatte man unter gräßlichem Gebrüll diesen höchst wirkungsvollen Nazi-Slogan gehört, darüber gewitzelt und insbesondere in Cabarets seinen Spaß daran gehabt. Nun proklamierte Goebbels – er wurde eine Woche nach der Wahl zum Propagandaminister mit weitgehenden Kompetenzen ernannt – den 5. März zum »Tag der erwachten Nation«. Ein schlimmes Erwachen in jedem Falle. Wir alle fühlten: Diese »Reichstagsbrandwahlen« konnten nicht gut ausgehen. Hitlers nunmehr mit Regierungsmachtmitteln zentral gelenkte Superdemagogie unter dem Motto »Ihr Marxisten hattet vierzehn Jahre Zeit, und was habt ihr zustande gebracht?« drang bis in den letzten Winkel des Reichs.

Ich selbst hatte darauf verzichtet, mir des »Führers« Sportpalasttiraden anzuhören, die vierzehn Jahre angeblicher »Schmach und Schande« (übrigens davon sieben unter Hindenburgs Präsidentschaft, fast vier mit deutschnationaler Regierungsbeteiligung) vor mir vorüberziehen zu lassen. Als ich aber am 4. März zu Hause das wenig benutzte Radio anstellte, um eine Sendung mit neuer Musik zu hören, vernahm ich zuerst und zum erstenmal Hitlers röhrend-unbeherrschte Stimme, der offensichtlich alle nur denkbaren Crescendi bereits abverlangt waren. Glücklicherweise befand er sich am Ende seiner Rede, denn er beschwor nach altem, stets erfolgreichen Rezept Gottes Gnade für sich und seine Partei, erklärte pathetisch, das deutsche Volk sei frei und nicht mehr versklavt (von wem?). Das »niederländische Dankgebet« erklang, untermalt von hehrem Glockengeläut; frömmelnde, zum Beten antretende Nazis, wer hätte das gedacht? Später fand ich heraus, daß die Sendung aus dem Königsberger Dom kam und über alle Radiostationen verbreitet wurde – den Nazis war jedes Mittel recht. Dazu rohe Gewalt, brutale Ausschlachtung der Gegner. Wie viele saßen schon in Gefängnissen, hatten Deutschland verlassen oder waren umgebracht? Die Öffentlichkeit wußte nichts Genaues, aber böse Gerüchte schwirrten umher. Bei vielen Verfolgten von der Linken lautete die Parole: »Rette sich, wer kann«, bei anderen, vor allem gemäßigten Sozialdemokraten, hieß es: »Bleibt hier, haltet aus, durch euer Verhalten beweist ihr eure Unschuld, euer Vertrauen in Recht und Ordnung, schlimmer kann es sowieso nicht werden.« Otto Braun begab sich am Wahltag in die Schweiz, um dort seiner schwerkranken Frau den kleinen Wagen, den er besaß, zu bringen. Er hätte genausogut am 6. März fahren können. Aber nun konnte man am Radio stündlich die Meldung hören: »Otto Braun, der sozialdemokratische Politiker, hat Deutschland verlassen und ist nach der Schweiz gegangen.« – Wohin waren wir in Deutschland gekommen? War es überhaupt noch unser Deutschland? Noch vermochten die meisten, zu denen ich auch gehörte, das Unglaubhaft-Ungeheuerliche nicht zu glauben.

Das zahlenmäßige Wahlergebnis bedeutete eine kaum erwartete Enttäuschung für alle, auch für die sich so siegesbewußt gebenden Nazis. Die von ihnen erhoffte absolute Mehrheit erhielten sie nicht, wenn sich auch ihr Stimmenanteil von 33 auf fast 44 Prozent erhöhte. Die sogenannte »schwarz-weiß-rote Front« (Deutschnationale, Stahlhelm und andere Rechtsgruppierungen) brachte es auf ganze acht Prozent; sie hätte bei etwas mehr Klugheit und Zivilcourage Zünglein an der Waage sein können, bildete aber in Ermanglung dieser Eigenschaften eine Mehrheit mit den Nazis von 51,9 Prozent. Ein kurzer Blick auf die anderen Parteien: Die SPD mit 120 Mandaten sowie das Zentrum (für das ich stimmte) mit 73 Sitzen schnitten hervorragend ab. Die führungslosen, vom aktiven Wahlkampf praktisch ausgeschlossenen Kommunisten verloren von ihren bisher hundert Mandaten lediglich neunzehn und hätten theoretisch mit 81 Vertretern als drittstärkste Partei eine bedeutende Rolle spielen können, wären ihre Abgeordneten aus den Gefängnissen entlassen worden, was selbstverständlich nicht geschah. Für die äußerste Linke in der Tat ein erstaunlich gutes, bei späteren »99prozentigen« Wahlergebnissen zu beherzigendes Resultat. Die Liberalen mußten sich mit fünf Mandaten begnügen – Führungspersönlichkeiten ohne Gefolgschaft, deswegen ohne Rückgrat?

Von einem Erdrutsch zugunsten der Nazis also keine Rede, die knappe Mehrheit, der Zuwachs der Nazis ergab sich in erster Linie aus der höheren Wahlbeteiligung von 89 Prozent und möglicherweise aus den Verlusten der Kommunisten, deren Anhänger sich an ihr – wenn auch kurzes – Bündnis mit den Nazis beim Berliner Verkehrsstreik einige Monate zuvor erinnert haben mögen. Alles in allem muß man auch heute noch den Wählern trotz des Erfolges der »Harzburger Front« Eigenwillen und Standhaftigkeit bescheinigen. Bei nur halbfreien Wahlen, einer in ihrem Ausmaß bisher nie gekannten, leider brillanten Wahlkampagne der Nazis hatte sich dennoch fast die Hälfte der Wähler gegen den »Hitler-Virus« immun gezeigt, und sicherlich bereute noch im gleichen Jahre zumindest die Hälfte der konservativen Wähler ihre Stimmabgabe, als die Sturzwelle der »Gleichschaltung« über sie hereinbrach und ihr »glorioser« Führer Hugenberg unter wenig würdigen Umständen das Kabinett verließ. Die de jure und de facto bereits entmachteten

Wähler – dies sollte zur Ehre der deutschen Wählerschaft und damit des deutschen Volkes festgehalten werden – haben sich bei der letzten Ausübung ihrer allerdings schwer beeinträchtigten Rechte keineswegs für eine faschistische Diktatur ausgesprochen.

Die Machtergreifung

Gestützt auf die knapp 52 Prozent der Stimmen schlug Hitler sofort zu. Noch bevor der Reichstag zusammentrat, wurden mit Hilfe der »Reichstagsbrand-Notverordnung« sämtliche noch nicht von den Nazis beherrschten Landes- und Stadtregierungen »gleichgeschaltet«. Klug taktierend, hielt sich die neue Regierung anfangs zurück und überließ es der örtlichen SA und der Straße, durch Demonstrationen, gewaltsame Besetzungen amtlicher Gebäude, aber auch mittels Gewalt und Totschlag Druck auf die verfassungsgemäß amtierenden Landesregierungen auszuüben, sie möglichst zum vorzeitigen Rücktritt zu zwingen. Neuernannte »Nazi-Gauleiter« stießen die übelsten Drohungen aus; aber nur wenn ihr Terror nicht zum Ziele führte, ergingen Anordnungen aus Berlin gemäß der berüchtigten Notverordnung vom 28. Februar. Eine Farce sondergleichen. Denn zuerst schufen Nazi-Pöbel oder SA-Kommandos die Not, worauf Hitler-Frick mit Notverordnungen reagierten. Hierbei bedienten sie sich eines probaten Mittels aus der »Vor-Hitler-Zeit«, nämlich der Einsetzung eines Reichkommissars, wie es in Preußen am 20. Juli 1932 geschehen war, ohne daß Widerstand erfolgte. Also das gleiche Rezept für die nunmehr stärkste Gegenbastion, das trotz Hitlers langjährigen dortigen Wirkens auf seine Eigenständigkeit bedachten Bayern. Auch dort am 9. März Ernennung eines Reichskommissars, des in München populären Alt-Nationalsozialisten General Ritter von Epp, auch dort eine unblutige Gleichschaltung; allerdings dauerte es noch zwei Wochen bis zur Übergabe aller Regierungsfunktionen. Ministerpräsident Held wehrte sich, intervenierte vergeblich bei dem plötzlich verstummten Reichspräsidenten, führte laut Klage über dessen und Hitlers zuvor gemachte und nun gebrochene Zusagen und – resignierte. Die Reichswehr kniff, erklärte sich für »neutral« mit dem Hinweis, es handele sich um eine Angelegenheit der Landesregierung, obwohl man genau wußte, daß die Berliner Zentralregierung ihre Hand im Spiel hatte.

Weder in Bayern noch in Württemberg, dessen geschäftsführender Regierung ein gleiches Schicksal bereitet wurde, noch in irgendeinem anderen von der Gleichschaltung bedrohten Land erhielt die Landespolizei einen Schießbefehl, der wahrscheinlich Wirkung gezeigt hätte. So erfolgte, wie schon in Preußen, die Machtübernahme der Nazis ohne Gegenwehr, Proteste wanderten in den Papierkorb. Man hätte wahrlich den mehr als zwölf Millionen Wählern, die ihre Stimmen den alten Weimarer Parteien gaben, eine bessere, entschlossenere Führung gewünscht. Nun war bereits vor dem Zusammentritt des Reichstags ein *fait accompli* in Reich und Ländern geschaffen, eine sicherlich nur in Deutschland denkbare »legale Revolution« vollzogen mit der Folge, daß im Laufe des Monats März sämtliche entscheidenden Machtpositionen in die Hände der Nazis und einiger ihnen treu ergebener Konservativer fielen. Über die gegenteilige Meinung von 48 Prozent der Wähler setzte man sich festentschlossen hinweg.

Hitler der Triumphator, die Demokratie mit ihren eigenen Waffen geschlagen, der längst brüchige, aber reparierbare Damm gebrochen. Seltsam: Nach den Minderheitsregierungen Brüning, Papen, Schleicher spürte man sogar in der liberalen Presse ein gewisses Aufatmen: endlich eine Regierung, die sich auf eine Mehrheit im Reichstag stützen konnte; jetzt wußte man, woran man war – hier die Regierung mit ihrer unendlich schweren Verantwortung, dort die Opposition, die es den Regierenden nicht leichtmachen würde. Noch immer bemerkten die wenigsten, was die Stunde geschlagen hatte. Ein prominenter Industrieller, Geheimrat Caro – er mußte sehr bald Deutschland verlassen – gab, nach seiner Ansicht über Hitler und die neue Entwicklung gefragt, die von vielen geteilte, nonchalante Antwort: »Wait and see.«

Zu warten brauchte niemand. Noch vor Zusammentritt des Reichstags las man tagtäglich von Entlassungen, Beurlaubungen oder Rücktritten führender Weimarer Persönlichkeiten, unter ihnen der Kölner Oberbürgermeister Konrad Adenauer. Ihn setzte ein neuernannter Nazi-Gauleiter in aller Öffentlichkeit ab, worauf der dortige Regierungspräsident die vornehmere Art der »Beurlaubung« wählte. Auch der Reichsbankpräsident, der ehemalige Reichskanzler Hans Luther, verließ sein Amt, allerdings freiwillig. Obwohl sein von der Regierung nicht kündbarer Vertrag noch auf Jahre hin Gültigkeit besaß, meldete er sich bei Hitler und bot ihm seinen Rücktritt an. Schacht wurde neuer Reichsbankpräsident, während Luther, immerhin Kanzler in den Jahren der »Schmach und Schande«, für sein offenkundiges Wohlverhalten zwei Tage später den Botschafterposten in Washington erhielt, wo er den noch zu Zeiten meines Vater ernannten, sich offen als Gegner der Nazis bekennenden Botschafter von Prittwitz-Gaffron ablöste. Luther hatte sich noch 1928 (vergeblich) um ein Reichtagsmandat bei der Deutschen Volkspartei bemüht; nun durfte und mußte er Hitlers Deutschland vertreten und verteidigen.

Hitlers Wahlsieg, seine 44 Prozent, die heute kaum derart imponieren würden, reizten erwartungsgemäß die SA zu neuen, eigenmächtigen Aktionen. Niemand war vor diesen ungezügelten Raufbolden sicher. Zweimal innerhalb von drei Tagen mußte Hitler Appelle an seine auf Freiwild gierenden Mannen richten, wobei er das erste Mal (am 11. März) fortgesetzten Kampf gegen den Marxismus versprach. Beim zweiten Aufruf bediente er sich eines erneuten Rechtsbruchs des Reichspräsidenten, um die aufgebrachten, sicherlich von Röhm, ihrem unmittelbaren Vorgesetzten, aufgestachelten Braunhemden einigermaßen in Schach zu halten. Hindenburgs Verordnung vom 13. März begann mit den Worten: »Ich bestimme ...« Und worum handelte es sich? Um nichts Geringeres als die Änderung der Reichsfarben. »Bis zur endgültigen Regelung der Fahnenfrage«, so hieß es, sollten mit sofortiger Wirkung die Fahne »Schwarz-Weiß-Rot« und die Naziflagge mit dem Hakenkreuz gehißt werden, ein glatter Verstoß gegen die Verfassung, aber eine Beruhigungspille für die aufsässige SA.

Sie kam zu spät für die Braunhemden in Dresden, die am 7. März eigenhändig den ihnen offenbar verhaßten Dirigenten Fritz Busch an der Ausübung seiner Tätigkeit hinderten. Busch ließ eine Warnung bei der Vormittagsprobe unbeachtet; als er am Abend mit einer Aufführung von Verdis »Rigoletto« beginnen wollte, ertönte ein tolles Pfeifkonzert aus dem ersten, von der SA besetzten Rang, das das stürmische Händeklatschen im Parkett übertönte, worauf Busch das Haus verließ und ein anderer, schon von den Nazis ernannter neuer Generalmusikdirektor an seiner Stelle den »Rigoletto« dirigierte! Busch, der deutscheste unter den deutschen Dirigenten, verließ Deutschland und widerstand allen Versuchen der diesen Vorfall bereuenden Nazihierarchie, ihn zurückzuholen. Genauso schmählich zwei Wochen später das Verhalten des neuernannten Ministers Goebbels. Für den 19./20. März waren Berliner

Philharmonische Konzerte unter Bruno Walter angesetzt. Goebbels ließ durch seinen Staatssekretär und Reichspressechef Funk der brillanten, das Berliner Musikleben dominierenden Leiterin der Konzertdirektion Wolff und Sachs, Louise Wolff, mitteilen, man werde die Konzerte nicht verbieten, aber alles kurz und klein schlagen, falls sie abgehalten würden. Bruno Walter, wie Busch und Furtwängler der deutschen Musik aufs engste verbunden, nahm am gleichen Tag den Zug nach Wien.

In Berlin blieb vorerst Leo Blech, auch er »nichtarisch«, aber noch gehalten von Göring, dem die Berliner Staatsoper Unter den Linden unterstellt war. Am 10. März fand eine Neuinszenierung von Wagners »Rienzi« unter Blech statt. Interessant der Vorbericht der *»Voss«* vom folgenden Tage, der »stürmischen, persönlichen« Beifall für den in Berlin besonders beliebten Dirigenten ausdrücklich erwähnte. Noch war eine klare antisemitische Linie nicht erkennbar. So konnte Artur Schnabel, einer der berühmtesten Pianisten, der gleichfalls Deutschland später verlassen mußte, noch im März ein glänzend besprochenes, ausverkauftes Konzert geben, in der *»Voss«* erschien eine eingehende Würdigung Jakob Wassermanns anläßlich seines sechzigsten Geburtstages. Dagegen wurde Carl Ebert, Leiter der Charlottenburger Oper, enger Freund von Fritz Busch – beiden verdankten die Berliner eine unvergeßliche »Maskenball«-Aufführung –, ohne Angabe von Gründen aus seinem Amt entfernt und durch Max von Schillings, den früheren Direktor der Staatsoper, ersetzt. Man wußte, daß Leute im Goebbels-Ministerium jede Möglichkeit nutzten, um ihr Mütchen zu kühlen. Und schon begann Göring Hetzreden gegen jüdische Warenhäuser zu halten.

Aber vor einem gezielten Sturmangriff galt es, den für den 23. März vorgesehenen Zusammentritt des Reichstags vorzubereiten, die seit Tagen im Gespräch befindlichen Generalvollmachten mit der erforderlichen, der Koalition nicht zur Verfügung stehenden Zweidrittelmehrheit zu erhalten und das »Hohe Haus« so schnell wie möglich nach Hause zu schicken. Ein ständig tagender Reichstag mit einer echten Opposition? Welch' unerträgliche Vorstellung! Daher die folgende Marschroute: Vor neuen, einschneidenden Maßnahmen erst einmal mit dem Reichstag fertigwerden, wegen der notwendigen Zweidrittelmehrheit ein gewisses, rein äußerliches Maß an Übereinstimmung mit den bürgerlichen Mittelparteien herstellen, die deutschnationalen, schon etwas argwöhnisch werdenden Freunde einlullen und zu diesem Zweck die doch so ehrwürdige Person des greisen Reichspräsidenten – auch zu dessen Freude und Wohlbehagen – in seine ureigenste militärische Vergangenheit zurückversetzen. So entstand die Idee des »Tages von Potsdam«.

Schon im Wahlkampf war ein Nazi-Plakat besonders aufgefallen; abgebildet waren die Köpfe von Hindenburg und Hitler. »Der Marschall und der Gefreite«, so der Text, »kämpfen mit uns für Frieden und Gleichberechtigung«. Nun wollte Goebbels dieses Duo auch für innenpolitische Zwecke mobilisieren, vaterländische Gesinnung von einst mit dem dank Hitler neuerwachten Patriotismus symbolisch verbinden. Sein in der Tat geniales Rezept: Man nehme das emotionell tief bewegende »Miteinander« Hindenburg-Hitler als Grundlage, gebe dazu eine gehörige Portion christlicher Frömmigkeit, verlängere die leuchtend-große Vergangenheit zurück bis zu Friedrich dem Großen, benutze als Zutaten möglichst viele Uniformen, Aufmärsche, »circenses« aller Art, und siehe da: ein für alle höchst schmackhaftes, lange vorhaltendes Mahl ist gerichtet. Goebbels »Gesellenstück« erwies sich als meisterhaft. Zuerst das Datum: Am gleichen 21. März 1871 trat der erste Reichstag des Kaiserreiches zusammen, Hindenburg, damals 23 Jahre jung (sicherlich noch unpolitischer als später), mochte sich noch dieses Datums erinnern. Dann die Deklarierung des Frühlingsanfangs zum »Tag der nationalen Erhebung«. Auf diese Weise ließ sich für eine kurze, zur parlamentarischen Durchbringung des Ermächtigungsgesetzes noch benötigte Zeit die von ungeduldigen Nazis immer stürmischer geforderte »Nationale Revolution« zurückstellen. Die mildere Formulierung von Goebbels konnten die Mittelparteien akzeptieren, und schließlich war der »alte Herr« alles andere als ein »Revoluzzer«! – Weiterhin der Ort des geplanten Staatsakts: Potsdam, wie keine zweite Stadt Sinnbild altpreußischer Tradition, im Gegensatz zum human-liberalen Weimar symbolträchtige Verkörperung militärischer Disziplin, des Geistes von Gehorsam und Zusammenhalt, von jeher Stätte des preußisch-deutschen Nationalbewußtseins. Von Potsdam aus regierte, herrschte Friedrich der Große allein und unbeschränkt, wie es Hitler nun zu tun gedachte. Und schließlich der vorgesehene Raum: die Potsdamer Garnisonkirche, in der sich der Sarg des »Alten Fritz« befand. Weihevoller ging es nicht. Allerdings beschlich einige wenige Christen ein gewisses Unbehagen. Die Kirche für eine politische Demonstration? Aber fast alle, insbesondere die Kirchenleitung selbst, nahmen keinen Anstoß an dem beabsichtigten Mißbrauch des Gottesraumes. Wehe, wenn die Republik von Weimar die Kirche für einen ähnlichen Zweck erbeten hätte!

Der Ablauf des Staatsaktes, wie man ihn später in »Wochenschauen« in den Kinos verkürzt »erleben« konnte: Zuvor protestantische und katholische Gottesdienste in anderen Kirchen. Otto Dibelius predigte für Hindenburg, der in seiner wiederangelegten Marschallsuniform doch schon an eine militärische Reliquie erinnerte. Hitler, Katholik, aber kein Kirchgänger, wie auch Goebbels, der als Knabe eine Jesuitenschule besucht hatte, blieben dem Gottesdienst fern. (Was und wofür der gleichfalls katholische, am Gottesdienst teilnehmende Himmler gebetet haben mag, ist unbekannt). Danach ging es unter jubelnder Begrüßung durch Zehntausende spalierbildender Nazianhänger zur Garnisonkirche, wo der Marschall mit anderen Generälen eine Ehrenkompanie abschritt. Dann, glänzend arrangiert, vor dem Eingang der Kirche das Zusammentreffen von Hindenburg und Hitler, der militärisch geschmückte Reichspräsident mit dem im schwarzen Cutaway gekleideten »Führer«, ein historischer, für die ganze Welt bestimmter Händedruck, tiefe Verbeugung des Gefreiten vor dem Marschall; kein Zweifel, Millionen verbeugten sich im Geiste mit ihm vor dem »Helden von Tannenberg«, jenem »Eisernen Hindenburg«, der einstmals als Garant für Sieg und Durchhalten vor der Siegessäule in Berlin aufgestellt worden war. Seine politischen Handlungen und Wandlungen, soweit sich die Menschen ihrer überhaupt bewußt waren, zählten in diesem Augenblick nicht.

In der Garnisonkirche hatte sich alles von Namen und Rang versammelt; es strotzte von Uniformen, fast schien es, als ob sich das gesamte lebende wie auch das längst tote Militär versammelt habe. Der flotte Kronprinz und andere Mitglieder des Hauses Hohenzollern waren prominent gesetzt; sie brauchten bei diesem Anlaß noch nicht mitanzuhören, wie Hitler Tage darauf ihre Ambitionen auf den Thron mit aller Entschiedenheit abschmetterte. Gleichfalls geladen die Mitglieder des neuen Reichstages mit Ausnahme der Sozialdemokraten und Kommunisten. Brüning und zahlreiche Vertreter der Mittelparteien nahmen am Staatsakt teil, ihnen gestattete man den Eintritt durch eine Seitentür. Der von Hindenburg unter so demütigenden Umständen entlassene Altkanzler mußte mit der auch in der Kirche wieder erfolgenden Verdammung der Weimarer Jahre und damit auch seiner Tätigkeit durch Hitler rechnen – und kam trotzdem.

Zum Beginn des Staatsaktes, wie es sich geziemte, Orgelklang, Chorgesang, »Nun danket alle Gott« – der »Choral von Leuthen« zu Ehren des großen Schlachtenlenkers, Philosophen und gleichgroßen Zynikers von Sanssouci. Dann sprach der Reichspräsident, betonte die (nach Stimmenzahl keineswegs) klare Mehrheit für die »durch mein Vertrauen berufene« neue Regierung, eine Mehrheit, die zu einer verfassungsgemäßen Grundlage führen werde, also ein deutlicher Wink an den Reichstag. Anschließend Hitler. Klug hielt er Maß, nahm gebotene Rücksicht auf die Anwesenheit so vieler »Ur-Konservativer«, erinnerte besonders eloquent an Glanz und Gloria der wiedererstandenen preußisch-deutschen Vergangenheit, gab, wie üblich, der Weimarer Republik die Schuld für die schlimmen Folgen eines verlorenen Weltkrieges, vergaß aber taktvoll zu erwähnen, daß dieser Krieg von dem berühmten Zweigespann Hindenburg-Ludendorff verloren wurde. Statt dessen sang er ein Loblied auf den Marschall, dies mit vollem Recht, denn ihm allein verdankte er die Macht wie die Möglichkeit für diese große Huldigung, die ganz bewußt Hindenburg äußerlich zur Zentralfigur des »Tages von Potsdam« machte. In Wirklichkeit bedeutete dieser Tag die Verabschiedung des greisen Reichspräsidenten aus der Verantwortung, der offensichtlich froh war, bald nicht mehr Not- und andere Verordnungen unterschreiben zu müssen. Pathetisch sprach Hitler von einer mystischen »Vermählung von alter Größe mit junger Kraft«. Daß er an »Gleichberechtigung« niemals dachte, verriet er nicht. Indessen schöpften Hugenbergs und Papens Gefolgsleute in ihrer bodenlosen Ahnungslosigkeit noch einmal neue Hoffnung auf eine Fortsetzung der konservativen Linie.

Nach der Hitlerrede Abstieg zur Gruft Friedrichs des Großen mit Kranzniederlegung. Zum Ende des Staatsaktes nochmals Anrufung Gottes mit dem die Herzen wirklich erfüllenden »Niederländischen Dankgebet«. Hätte man nur für etwas anderes als gerade für Hitler danken können! – Draußen ebenfalls hervorragend geplante und durchgeführte Aufzüge unter Teilnahme der Reichswehr, der SA und des Stahlhelms in seltener Einmütigkeit, Flaggenmeer, Böllerschüsse, Blumen überreichende Kinder, winkende Menschenmassen. Eine tolle »Show«, die im ganzen Lande, aber auch im Ausland einen gewaltigen Eindruck hinterließ. »Ja, wenn es so weitergehen würde, da könnte man mitmachen ...«, so der oft zu hörende Widerhall auf die im Grunde höchst sentimentale, inhaltslose »Heiratsanzeige«, die in Form des »Tags von Potsdam« sozusagen an alle Welt verschickt wurde. Sie hat mit Sicherheit bei manchen den Mittelparteien zugehörigen Reichstagsabgeordneten ihre Wirkung nicht verfehlt. Ihre innere Verlogenheit, die letztliche Absicht, die man merkte und die so sehr verstimmte, waren den wenigsten erkenntlich und zugegebenermaßen schwer erkennbar.

Nach dem »Hochzeitsgeschwafel« die nackte Realität. Der neugewählte Reichstag trat in der Krolloper zusammen, die 1930 wegen der allgemeinen finanziellen Notlage hatte geschlossen werden müssen. Gespannte Atmosphäre gleich von Anbeginn; draußen die erstmalig in Erscheinung tretende SS, drinnen SA-Leute, die die Zugänge zum Sitzungssaal (dem vormaligen Zuschauerraum) besetzt hielten und eine drohende Haltung einnahmen. Braunhemden mehrheitlich auch im Saal, da infolge der Ausschaltung der 81 kommunistischen Abgeordneten 288 Nazis nur 278 Abgeordnete aus anderen Parteien gegenüberstanden bzw. saßen. Die Bühne diente als Regierungsbank. An der Wand eine übergroße Hakenkreuzflagge (keine schwarz-weiß-rote!) – alle sollten wissen, wohin die Reise ging, ein gezielt drohender Anblick, die Einschüchterungswelle wuchs sich mehr und mehr zum Sturm aus. Wahl des Präsidiums. Entgegen jedem parlamentarischen Brauch wurde ein Vertreter der SPD, der zweitstärksten Fraktion, ausgeschlossen. Göring, wiederum Reichstagspräsident, richtete seine Eröffnungsansprache einzig und allein an seine Partei, der er, wie nicht anders zu erwarten, eine Lobeshymne widmete. Erstmals in diesem Rahmen sprach er von der »Nationalen Revolution«, die er »als keineswegs beendet« erklärte, feierte die »Überwindung von Weimar«, verurteilte die Kommunisten als Verbrecher und legte ihnen erneut den Reichstagsbrand zur Last.

Dann Vertagung auf den 23. März zwecks Beratung des alles entscheidenden Ermächtigungsgesetzes. Es gab der Regierung fast uneingeschränkte Rechte, enthob sie der Verpflichtung, die Verfassung zu beachten, bedeutete, wie die »*Voss*« vom 21. März feststellte, »die Beseitigung jeder rechtsstaatlichen Garantie«. Ein deutsches Schicksalsgesetz? Nein und ja. Nein, denn die in der »Reichstagsbrand-Verordnung« enthaltenen Möglichkeiten für die Regierung gingen noch weiter. So hätten zum Beispiel Hitler-Frick unter irgendeinem schnell zu findenden Vorwand die noch verbleibenden rund hundert SPD-Abgeordneten (mindestens zehn waren bereits verhaftet) festnehmen und dadurch mit einem Federstrich die zur Annahme des Ermächtigungsgesetzes erforderliche Zweidrittelmehrheit herstellen können. – Ja, denn eine »legale« Annahme durch einen trotz allem halbwegs legal gewählten Reichstag verlieh der Regierung »legale« Autorität, »legal« bewilligte Machtbefugnisse (mochte sie diese auch längst schon haben), gab ihr auch dem Ausland gegenüber eine stärkere Position.

Zu seinem Reichstagsdebut erschien Hitler in SA-Uniform – schlimm genug, aber verständlich, nicht nur wegen der großen Schar seiner die Bänke drückenden Kameraden, sondern weil er im schwarzen Rock, Cut oder Frack mehr als kleinbürgerlich, fast wie für ein Kostümfest angezogen aussah. Ich erinnere mich nicht, ob Hitlers Regierungserklärung für die rund viereinhalb Millionen damaligen Radioteilnehmer übertragen wurde, jedenfalls hörte ich sie nicht, empfand auch nicht das geringste Bedürfnis, etwa die Krolloper aufzusuchen (wahrscheinlich hätte man mich gar nicht hereingelassen), in der ich einst so viele hochinteressante Opernaufführungen gehört und gesehen hatte. Entgegen seinen sonstigen Gewohnheiten las Hitler seine Rede ab, tat gut daran, weil sein übliches, bei Massenkundgebungen stets erfolgreiches Wortgeklingel bei den Mittelparteien, deren Stimmen benötigt wurden, nicht gleichermaßen ankommen konnte. Diese erwarteten im Gegenteil gemäßigte Worte. So wirkten einige sachbezogene Teile der Regierungserklärung gar nicht so schlecht. Hitler sagte die Unabhängigkeit der Richter zu, mit der allerdings höchst bedenklichen Einschränkung, daß nicht das Individuum, sondern das Volk im Mittelpunkt der Rechtsfindung stehen müsse; daher wehe dem, der sich etwa des »Volksverrates« schuldig mache, eines im Strafgesetzbuch nicht definierten Verbrechens, von dem die Nazis offensichtlich infernalischen Gebrauch zu machen beabsichtigten und später auch machten. Dann versprach der Kanzler, keine Währungsexperimente vorzunehmen, versicherte der Wirtschaft seine Unterstützung der Privatinitiative (Strasser erneut im Abseits!), sprach sich für die grundsätzliche Anerkennung des Eigentums aus und kündigte, auf das Ermächtigungsgesetz eingehend, sparsamen Gebrauch an. Außenpolitisch gebärdete er sich äußerst friedlich, fast wie ein Lamm, fand freundliche und freundlichste Worte für nahezu alle auswärtigen Mächte in dieser Reihenfolge: Italien mit seinem »Duce«, den Vatikan (gespitzte Ohren beim Zentrum!), sein Heimatland Österreich, Frankreich, mit dem ein Ausgleich möglich sei, zuletzt sogar für die

Sowjetunion, mit der Deutschland »nutzbringende Beziehungen« unterhalten könne. Hitlers äußerst positive Einstellung zu Großbritannien war allgemein bekannt. Daß er, wie seine Vorgänger Brüning, Papen und Schleicher, Gleichberechtigung in der Rüstungsfrage energisch forderte, war zu erwarten. Insoweit stimmten auch die Sozialdemokraten zu, die sicherlich Hitlers Absage an eine monarchische Restauration gleichfalls begrüßten.

Ungewohnt im Ablesen, löste Hitler seine Aufgabe offensichtlich sehr gut. Oftmals hörte ich Gerüchte, er habe Jahre zuvor Unterricht für sein Auftreten in der Öffentlichkeit, für Gestik, Stimmführung etc. genommen; sollte dies zutreffen, so konnte sein Lehrer mehr als zufrieden sein. Die den Nazis nach wie vor ablehnend gegenüberstehende *»Voss«* schrieb beeindruckt von Hitlers »starkem musikalischen Empfinden«, denn nur ein musikalischer Mensch könne »die reiche Skala der Ausdrucksfähigkeit im Rhetorischen so beherrschen«. Recht »dissonant« und wenig musikalisch wirkte dagegen die am gleichen Tag erfolgte Verhaftung des früheren Reichs- und preußischen Innenministers Severing, der zwar zur Abstimmung im Reichstag freigelassen, aber anschließend wieder ins Gefängnis gebracht wurde – ein bezeichnender Kontrapunkt zu der, alles in allem, gemäßigten Regierungserklärung. Es folgte eine dreistündige Unterbrechung zwecks Beratungen innerhalb der Fraktionen. Für die Koalitionsparteien gab es nicht viel zu beraten, für die Mittelparteien sahen die Dinge anders aus, insbesondere für das Zentrum.

Kontakte mit der Regierung hatte es seitens des Zentrums selbstverständlich und sinnvollerweise gegeben. So sprach Hitler mit dessen Fraktionsführer, Prälat Kaas, und auch Papen nahm Fühlung mit ihm auf, nachdem beide, der Mann der Kirche und der dem Zentrum treulos gewordene »Exkanzler«, immer noch Nummer zwei auf der Regierungsbank, sich versöhnt hatten. Man brauchte die Zentrumsstimmen, daher gab es, wie bei der Machtübernahme Ende Januar, freundliche Scheinverhandlungen, Angebote mit niemals schriftlich fixierten Konzessionen, Versprechungen aller Art, Bezugnahmen auf Hindenburg, dessen Rechte laut Ermächtigungsgesetz ausdrücklich unberührt blieben und gegen dessen Willen niemand etwas tun würde. Von einem Brief Hitlers war zu hören, der dem Zentrum noch vor der Abstimmung zugehen sollte. Sein Inhalt: Garantie für die Einhaltung der bürgerlichen Grundrechte, Anwendung des Ermächtigungsgesetzes nur in ganz bestimmten Fällen.

Während der Beratungen der Zentrumsfraktion wurde mehrfach das bevorstehende Eintreffen des immerhin nicht unwichtigen Dokuments gemeldet, der Brief, so hieß es, sei bereits von Hitler unterschrieben und unterwegs, müsse jeden Augenblick in der Krolloper abgegeben werden. Als zur Abstimmung geläutet wurde und der Brief noch immer nicht die Fraktion erreicht hatte, soll Kaas, sicherlich im guten Glauben, erklärt haben, man müsse den Nachrichten vertrauen. Natürlich traf der Brief niemals ein.

Kaas neigte zur Annahme. Brüning, der sich in seinen Memoiren und auch brieflich über diese historische Sitzung geäußert hat, gehörte zu den Befürwortern einer Ablehnung, wollte Hitler trotzen. Wie anders wäre die Geschichte verlaufen, hätte er gleichen Mut und gleiche Entschlossenheit gezeigt, als Hindenburg ihn entließ! Gewiß, man stand vor der wohl schwersten Entscheidung in der langen Geschichte dieser vorwiegend katholischen Partei, aber durfte man altbewährte demokratische Grundsätze einfach über Bord werfen, sich Hitlers Diktat unterwerfen? Die »Jasager« argumentierten, das Ermächtigungsgesetz sei weniger schlimm als die »Reichstagsbrand-Verordnung«, mit der die Regierung noch viel schärfer gegen die das Gesetz ablehnenden Parteien vorgehen und sogar deren Existenz gefährden könne. Mit anderen Worten, die später so oft gehörte unentschuldbare Entschuldigung, man habe taktiert, »um Schlimmeres zu verhüten«. Laut Brüning spielte eine weitere, ebenfalls immer wieder zu vernehmende Überlegung mit: Hitler würde doch in Kürze scheitern, also lasse man ihm sein Ermächtigungsgesetz und warte ab. Sollte aus ihm doch noch ein verantwortlicher Kanzler werden, so könne man mit ihm zu einem späteren Zeitpunkt zusammenarbeiten und möglicherweise sogar an der Verantwortung teilhaben. – Vielleicht gab es bei dem Prälaten einen zusätzlichen Grund, dem Gesetz zuzustimmen. Katholisches Wohlverhalten konnte nach jahrelangen Verhandlungen endlich zu dem lang ersehnten Konkordat führen, das Kaas besonders am Herzen lag. Seltsam und bedauerlich, daß ein hoher kirchlicher Würdenträger katholischen Glaubens in der Lage war, eine so eminente Position im politischen Leben des Reichs einzunehmen; konnte ein solcher »Politiker« trotz aller Beteuerungen doch nie ganz frei sein von Rom, Papst und Kurie. Man stelle sich einen Protestanten von gleichem kirchlichen Rang als Parteiführer vor, um das Sonderbare, wenn nicht Unmögliche, einer solchen Doppelstellung einzusehen. Kaas erhielt die Mehrheit, Fraktionszwang wurde beschlossen – ein bedrückendes Ende dieser Fraktionssitzung, bei der viele Abgeordnete noch immer mit einem Gemisch von Angst und Spannung auf den Hitlerbrief warteten.

Ähnlich verhielten sich die fünf Abgeordneten der Staatspartei, denen allerdings kein Brief versprochen war. Wie immer bei Liberalen, war man zerstritten. Auch hier ergab sich schließlich eine Mehrheit für die Annahme. Auch hier Fraktionszwang. Mit dem »Fähnlein der fünf Aufrechten« begab man sich zur Abstimmung, um einmütig mit »Ja« zu stimmen. Unter ihnen Theodor Heuss, erster Präsident der späteren Bundesrepublik, eloquenter Apostel des demokratischen Gedankens. Auch er beugte sich und trug damit die Mitverantwortung für das Ende der Weimarer Republik wie für die Legalisierung der Hitler-Diktatur.

Zurück zur Reichstagsdebatte. Für die Opposition sprach SPD-Parteiführer Otto Wels. Mutig und sachlich begründete er die Ablehnung des Ermächtigungsgesetzes, verteidigte die bisherige Haltung der Sozialdemokraten und appellierte an das Rechtsbewußtsein des deutschen Volkes. Die durchaus besonnenen, ruhig vorgetragenen Ausführungen riefen Hitler nochmals auf den Plan. Eifrig hatte er sich während der Rede von Wels Notizen gemacht, nun wollte er »abrechnen«. Erregt, fast würdelos, brüllte er Wels und seine Mannen an, vergaß vollständig, wo er sich befand, wiederholte die Litanei von den verräterischen Marxisten, den Novemberverbrechern, ihren Verfehlungen, ihrem Versagen. Aber er hielt ihnen auch vor, wie er und seine Nazipartei seinerzeit behandelt worden seien (in Wirklichkeit leider viel zu milde und nachsichtig!), wie man ihn, den »Anstreichergesellen«, mit der Hundepeitsche aus Deutschland habe heraustreiben wollen. Dann kam er auf das Ermächtigungsgesetz zu sprechen und rief den Reichstag auf, »des Rechts wegen(!) uns zu genehmigen, was wir auch ohnehin hätten nehmen können«! Ein ungeheuerlicher Satz, der allein schon die Abgeordneten der Mittelparteien – auch ohne ihre Fraktionsbeschlüsse umzustoßen – zu einem sofortigen »Nein« hätte veranlassen müssen. Schließlich rief der »Führer« gegen Ende seiner »Sportpalastrede« in seiner wachsenden Erregung die Sozialdemokraten auf, gegen das Gesetz zu stimmen, er wolle ihre Stimmen nicht, ihr Stern sei im Versinken, der Deutschlands gehe auf.

Otto Wels, kein Redner von Format und sicherlich keine überragende staatsmännische Figur, verdient dennoch ein Denkmal, zumindest einen Ehrenplatz in der deutschen Geschichte und in allen für den Unterricht bestimmten Geschichtsbüchern. War er doch der einzige im »Hohen Haus«, in dem es bereits wie bei einem Belagerungszustand herging, der Zivilcourage – nach Bismarck Mangelware im deutschen Volk – besaß, Hitler widersprach und trotz der gezielten Einschüchterungsversuche seinen Mann stand. Wie anders das – man darf wohl sagen – jämmerliche Verhalten der Mittelparteien, die es numerisch in der Hand hatten, das Ermächtigungsgesetz wegen fehlender Zweitdrittelmehrheit zu Fall zu bringen! Von ihnen sprach zuerst der Prälat Kaas, nannte die »brennende Not« in Deutschland als Grund für das »Ja« seiner Fraktion und drückte die reichlich naive Erwartung aus, daß die dem Zentrum gegebenen Versprechungen – mündliche, wie sie es nun waren – auch eingehalten würden. Nach dieser Kapitulation war die Annahme des Gesetzes mit der erforderlichen Mehrheit gesichert. Auf Kaas folgte Dr. Mayer-Württemberg von der Staatspartei und erklärte gleichfalls die Annahme des Gesetzes durch sein »Grüppchen«, das sich wahrlich nach Zustimmung des Zentrums zumindest der Stimme hätte enthalten können, wenn man schon nicht den Mut aufbrachte, doch noch mit »Nein« zu votieren. In seiner Rede nutzte Dr. Mayer unnötigerweise die Gelegenheit, Hitler zu versichern, daß die »Fünf« in den großen nationalen Zielen, wie sie der Kanzler vertreten habe, durchaus konform gingen, worauf »Lachen rechts« einsetzte. So kuschten auch diese Männer (besser: Waschlappen) und ernteten – Heiterkeit.

Das Abstimmungsergebnis: 441 Stimmen für das Ermächtigungsgesetz, nur 94 dagegen, ein überwältigender Sieg für die Regierung, besser für Hitler. Der Reichstag hatte kapituliert, seine verfassungsmäßige Verantwortung aufgegeben, die Einschüchterungstaktik war glänzend gelungen. In weiten Berliner Kreisen schüttelte man entsetzt den Kopf. Würde es nach dieser vernichtenden Abstimmungsniederlage überhaupt noch selbständige Institutionen geben, die sich nicht dem Willen der Nazis unterordneten? In der Provinz waren sicherlich viele zufrieden, die Last der Verantwortung losgeworden zu sein. Zuvor hatten zu viele zu schlecht regiert, zu oft mußte ohne Sinn gewählt werden, jetzt hatte man Ruhe, brauchte nur einem Mann zu folgen, der bereit war, zu führen. – Das Ermächtigungsgesetz war im Grunde ein Unikum. Denn eine Not, die nicht durch Gesetzesvorlagen hätte gelindert werden können, bestand im März nicht, gab es doch inzwischen eine Mehrheitsregierung, die die zur Eindämmung der Arbeitslosigkeit und anderer wichtiger Wirtschaftsprobleme erforderlichen Gesetze nur vorzulegen brauchte, um sie vom Reichstag mehrheitlich verabschieden zu lassen. So ernst auch die Gesamtlage noch war, um ihrer Herr zu werden, bedurfte es keiner verfassungsändernden Gesetze. Das Ganze war ein Bluff der Regierung mit dem Ziel, die unbeschränkte, uneinschränkbare Macht auch »legal« zu erhalten, das noch halbfreie Parlament mit seiner Minderheitsopposition zu eliminieren und damit grünes Licht für weitere Ausschaltungen, auch »Gleichschaltungen« genannt, zu geben.

Die Wirkung der Abstimmung vom 23. März war außerordentlich. Im Inland stellte sich die gesamte Beamtenschaft auf die nun »legale« Hitler-Diktatur ein und um. Skrupel wegen Verfassungsverletzungen brauchte man nicht mehr zu haben, alle, auch Hitler, hatten ihren Eid auf die Verfassung geleistet, Befehle von oben konnten beruhigt befolgt werden, und sollte doch jemand Bedenken haben, so brauchte er nur zum altehrwürdigen Reichspräsidenten emporzublicken, der Hitler vertraute, ihn gewähren ließ. Ausländische Regierungen konnten nicht umhin, den Abstimmungssieg Hitlers als einen in der deutschen Geschichte einmaligen Vertrauensbeweis aufzufassen. Selbst wenn sie die völlige Widerrechtlichkeit des politischen Geschehens seit der Machtübernahme erkannten: Hitler war nun ihr ernst zu nehmender Gesprächspartner, solange sie nicht die Beziehungen zum Deutschen Reich auf Eis legen oder abbrechen wollten, und dies wollte niemand. Wie folgerichtig hatte Hitler gehandelt, als er (dem Schein nach) den Weg der Legalität einschlug und sich dem schwachen, eingeschüchterten Reichstag stellte! Mit der Erlangung einer Zweidrittelmehrheit durch Verhaftung einer größeren Zahl von SPD-Abgeordneten oder durch einen Geschäftsordnungstrick* hätte er nicht die gleiche Anerkennung erhalten. Auch wenn er weiterhin mit der Reichstagsbrand-Verordnung vom 28. Februar am Rande, wenn nicht außerhalb der Legalität regiert hätte, wäre er sofort in den Ruf eines absoluten, ruchlosen Diktators geraten, was er

* Nach der geänderten Geschäftsordnung des neuen Reichstags konnte der Reichstagspräsident bei etwaigem Fernbleiben von Abgeordneten diese auf die Dauer von sechzig Sitzungstagen ausschließen; sie galten bei Abstimmungen als – anwesend!

in einem so frühen Stadium – seit seiner Machtübernahme waren noch keine zwei Monate vergangen – nicht wünschen konnte.

Um so schlimmer das Versagen der Mittelparteien. Hätte das Ermächtigungsgesetz im Reichstag die Zweidrittelmehrheit verfehlt, was durchaus möglich war*, so wäre eine mit Notverordnungen weiterregierende Hitler-Regierung im In- und Ausland argwöhnisch beobachtet worden, hätte ihren Kredit schnell verspielen können, und dafür war es, wie gesagt, zu früh. – So verließ Hitler unter dem Gesang des »Horst-Wessel-Liedes« die Krolloper. Die Würfel waren gefallen. Dem großen Auflösungs- und Neuordnungsprozeß stand nichts mehr im Wege.

Die Machtausübung

Der nun folgende Gleichschaltungsprozeß betraf Parteien, Berufe, Gewerkschaften, kulturelle Einrichtungen, letzten Endes alle von den Nazis noch nicht beherrschten Organisationen. Er sollte gleichfalls dazu dienen, die bereits de facto gleichgeschaltenen Länder »legal« der Zentralverwaltung zu unterstellen. Das Ganze geschah mit verblüffender Schnelligkeit, fast handstreichartig; kein Wunder, daß dieses unerhörte Geschehen, die nunmehr offiziell angekündigte »Revolution von oben«, ruhig, fast gelassen, ohne irgendwelchen Widerstand einfach zur Kenntnis genommen wurde. Nun erfuhren die Deutschen (ohne jüdische Vorfahren) zudem, daß sie »Arier« seien, die der ethnologisch Gebildete eigentlich in Indien und Persien vermutete. In der fast viereinhalb Millionen Einwohner zählenden Reichshauptstadt wie in den Hansestädten mit ihren nichtnazistischen Mehrheiten besaßen diese »Erkenntnisse« und Parolen keine durchschlagende Zugkraft, wenn sich auch bei ihren Bekanntgaben im Rahmen der üblichen Massendemonstrationen stets genügend Teilnehmer einfanden. Berliner zeichneten sich besonders

* Hätten die 97 Abgeordneten der Mittelparteien – 74 vom Zentrum, 18 von der Bayerischen Volkspartei und fünf von der Staatspartei gegen das Ermächtigungsgesetz gestimmt, so wäre ein Ergebnis von 344 Ja-Stimmen gegen 191 Nein-Stimmen herausgekommen, also keine Zweidrittelmehrheit, für die bei 535 abgegebenen Stimmen 356 Stimmen erforderlich gewesen wären.

durch einen Mangel an tierischem Ernst aus, spürbar ihre ironisch gefärbte Indifferenz gegenüber einer nun einmal mit allen Machtmitteln ausgestatteten Regierung; wie viele mögen sich des Bismarck-Ausspruchs erinnert haben, wonach jeder Esel mit dem Ausnahmezustand regieren könne? Doch die meisten hielten nach wie vor Hitler und seine Regierung für eine Übergangserscheinung, verfügten nicht über hinreichende Phantasie, um sich jene Vorstellung zu eigen zu machen, wie sie in den Köpfen einiger Nazis bereits vor dem 30. Januar 1933 existierte oder sich dank des unerwartet schnellen Zusammenbruchs aller Gegner sehr bald herausbildete.

Man darf nie übersehen, daß im monarchischen wie republikanischen Deutschland ein Großteil der Bürger mit einem tiefverwurzelten Sinn für Ordnung auf allen Gebieten, Ehrlichkeit in der gesamten Verwaltung, Gesetzestreue bei Regierung wie Regierten aufgewachsen war. Diese Bürger erwarteten von Hitler und den Seinen, zumindest nach einer nicht allzu langen Übergangszeit, ein Gleiches, begriffen nicht die einmalige Unbedingtheit dieser Machtübernahme, die vollendete Brutalität der nachfolgenden Machtausübung. Überdies stieß man in weiten Teilen des Reiches noch immer auf ausgeprägtes Obrigkeitsdenken, ein Erbe aus kaiserlichen Zeiten, für dessen Ausmerzung die kurze Epoche der Weimarer Republik nicht ausreichte, zumal diese selbst mit Hilfe des Artikels 48 als Obrigkeit aufgetreten war. Der Vollständigkeit halber sei vermerkt, daß eine Minderheit ihre Hoffnung auf den (vermeintlichen) Einfluß des Auslandes, etwa der Sozialistischen Internationale, setzte, an die zahlreichen jüdischen Persönlichkeiten in Europa und Amerika dachte, die dem Antisemitismus der Naziregierung nicht gleichgültig gegenüberstehen würden und durch Boykottmaßnahmen den noch immer ausstehenden Wirtschaftsaufschwung in Nazideutschland hemmen konnten. So hieß es denn auch weiterhin: »Wait and see«, und mit der verbalen Beruhigungspille »So schlimm kann es nun auch wieder nicht werden« wartete man (vergeblich) auf die sehnlichst gewünschte Normalisierung, auf die Wiederkehr der guten alten Ruhe und Ordnung.

Diesen skeptisch Abwartenden stand selbstverständlich eine bedeutende Zahl von Opportunisten gegenüber, wie sie sich bei jedem Machtwechsel eiligst einstellt. Höchst begehrt natürlich die Mitgliedschaft bei der NSDAP, die noch während der zweiten Aprilwoche, also kurz nach der Annahme des Ermächtigungsgesetzes, eine Aufnahmesperre erließ. Nach dem Wahlsieg Hitlers galt es für die Schar der Überläufer, rasch noch auf den fahrenden Zug aufzuspringen, an der »nationalen Erhebung« möglichst aktiv teilzuhaben, die »Gunst« des »Führers« oder eines prominenten Nazis zu erringen, sich noch rechtzeitig mit einem Hakenkreuz zu schmücken. Für Überläufer von weit links war Vorsicht geboten. Gerissene suchten Unterschlupf beim Stahlhelm oder bei anderen rechtsgerichteten Kampforganisationen. Dies führte zu grotesken Folgen. Plötzlich, so las man in den Zeitungen, wurde der Stahlhelm in Braunschweig verboten (das Verbot wurde allerdings bald wieder aufgehoben), weil sich ihm »marxistische« Arbeiter *en masse* angeschlossen hatten. Nun befand sich der Stahlhelm sowieso in einer prekären Lage. Eine bedeutende Minderheit unter Führung von Oberstleutnant Duesterberg, 1932 noch weit rechts stehender Gegenkandidat von Hindenburg, erhob Einwendungen gegen Seldtes Unterwerfungskurs gegenüber Hitler und der SA, worauf Seldte im »Führerstil« den ihm gleichgestellten Duesterberg, bei dem sich zu allem Unglück auch noch eine jüdische Großmutter fand, »kameradschaftlich« seines Postens enthob und alsbald sich und seine Organisation der Sicherheit halber auch förmlich Hitler unterstellte, ein folgenschwerer Schritt, dem andere, noch gewichtigere folgten.

Es begann das große Parteisterben. Der Reichstagsabgeordnete Hugo, einst glühender Bewunderer meines Vaters und seiner Politik, meldete sich schon in der zweiten Aprilwoche bei Hitler zwecks Übertritt und brachte gleich die rheinisch-westfälische Wählerschaft der Deutschen Volkspartei mit. Diese Nachricht hat mich aufrichtig geschmerzt. Zwar versuchte der Parteiführer Dingeldey die Auflösung der Gesamtpartei zu verhindern, setzte sich auch mit knapper Mehrheit durch, aber bald wurde die Schließung der Büroräume unvermeidbar, und so ließ man sich bei Hitler nieder. Auch die Staatspartei löste sich auf, ein trauriges Ende der Liberalen; sie hatten seit langem verspielt, vertan. – Daß von den linken Parteien die Kommunisten verboten wurden, wen wunderte es? Die Sozialdemokraten, deren Presse weiter verboten blieb, taten sich schwer. Im Ausland befanden sich bereits Braun, Breitscheid und Hilferding, zweimal Reichsfinanzminister in den Zeiten der großen Koalition. In Berlin plädierten der frühere Reichstagspräsident Löbe, Parteiführer Wels sowie der mit Hitler vergeblich eine Verständigung suchende

Gewerkschaftsführer Leipart für einen Kurs der Legalität, des »Stillhaltens«, des notfalls vorsichtigen Ausweichens. Da aber die »Flüchtlinge« das Naziregime in ausländischen Zeitungen anprangerten, lieferten sie Frick alsbald den Vorwand zum generellen Verbot der Partei. Rechtliche Grundlage: die alte Reichstagsbrand-Verordnung vom 28. Februar!

Nicht viel anders im Ergebnis das Schicksal des Zentrums. Prälat Kaas war nach Rom gegangen, um sich dort den Konkordatsverhandlungen zu widmen. Politisch kläglich gescheitert, brachte er schlechte Nachrichten aus Deutschland mit. Was konnten die Zentrumswähler von einer Partei erwarten, die vor aller Augen Hitler die gesamte Macht im Staate überlassen hatte? Das Zentrum befand sich in einer völlig ungewohnten Oppositionshaltung, mit der man nichts anzufangen wußte. Widerstand von katholischer Seite erschien aussichtslos; Hitler und Goebbels waren selbst Katholiken, und beschwor nicht der »Führer«, wenn auch kein praktizierender Gläubiger, in fast allen an die Massen gerichteten Reden Gott und die göttliche Gnade? – Kaas, dies wurde in Berlin sehr schnell bekannt, riet dringlichst zu einer Politik der Beschwichtigung. Er fand Unterstützung beim »Außenminister« des Vatikans Eugenio Pacelli, einst Nuntius in Berlin, später als Papst Pius XII. wegen seiner Zuneigung zu Deutschland der »deutsche Papst« genannt. Beide setzten sich bei Pius XI., dem ehemaligen Kardinal Achille Ratti, für eine Verständigung mit Hitler ein und bewogen den alten, mit Recht widerstrebenden Papst zum Einlenken. Was war wichtiger: Ein Konkordat mit dem Reich, zu dem ein um äußere Anerkennung bemühter Hitler grundsätzlich bereit war, oder die künstliche Erhaltung einer morschen Partei, deren Anhänger in ihr kaum noch eine Alternative sahen? Also: *do ut des.* Die Kirche erhielt ihr erstes Reichskonkordat, und das Zentrum löste sich auf. Die Mehrzahl seiner Reichstagsmitglieder wurde fraktionslos, während sich einige schamlos bei der NSDAP als Hospitanten anmeldeten. Immerhin, es gab für die katholische Partei ein Pflaster auf die Wunde, und im übrigen dachten wohl die meisten an eine nahe, günstigere politische Zukunft. Taktik vor Überzeugung, für eine politische Gruppierung in Not vielleicht ein verständlicher Ausweg; aber auch für die Weltkirche?

Schon vor der offiziellen Auflösung des Zentrums am 5. Juli 1933 – ein gleiches Schicksal ereilte die bayerische Schwesterpartei einen Tag zuvor – sah es für den »schwarz-weiß-roten Block«, alias die Deutschnationalen und andere Rechtsgruppen, böse aus. Nun wurden sie, anfänglich als Mehrheitsbeschaffer benötigt, nicht mehr gebraucht und zu einem mehr oder weniger unbedeutenden Anhängsel degradiert. Ihre Absicht, Hitler zu »gängeln«, erwies sich nur allzu schnell als reine Illusion. Seldte war bereits ausgeschert, der alte Reichspräsident schwieg, empfing entgegen der ursprünglichen Verabredung Hitler auch ohne Papen, schien mit dem ehemaligen Gefreiten völlig *d'accord* und zeigte sich, wie man überall hören konnte, hocherfreut, wie nett ihn Hitler behandele! Kein Zweifel, die Tage von Hitlers einstigen Verbündeten waren gezählt. Was hatten diese Toren eigentlich erwartet? Etwa die Wiedereinführung der Monarchie, die Rückkehr zum altpreußischen Obrigkeitsstaat, in dem sie das Sagen haben würden? Wenigstens die Teilung der Macht? Die numerische Übermacht im Kabinett stand bestenfalls auf dem Papier, von politischer Gleichberechtigung konnte ebenfalls nicht mehr die Rede sein, und die große »Hoffnung« auf Hugenberg trog. Während seine Zuständigkeit in Fragen der Industrie und Landwirtschaft nach kurzen Anfangserfolgen durch Gleichschaltung von Wirtschafts- und Bauernverbänden unterminiert wurde, gärte es in der eigenen Partei, die sich nunmehr martialisch »Deutschnationale Front« nannte. Der rätselhafte, als Selbstmord deklarierte Tod des Fraktionsführers Oberfohren, kein unbedingter Anhänger Hugenbergs, verursachte Zweifel und Unruhe. Zwar wählte man zum Nachfolger einen »Hugenbergianer«, der blindlings dem vom »Chef« vorgezeichneten Kurs folgte, doch dieser Kurs führte zwangsläufig in eine ausweglose Isolierung. Schon wurden deutschnationale »Kampfringe«, bei denen angeblich »Marxisten« Schutz suchten, mittels der Verordnung vom 28. Februar aufgelöst, andere deutschnationale Verbände von Nazis angegriffen; Proteste bei Hindenburg blieben unbeantwortet. Am 27. Juni 1933 trat Alfred Hugenberg von seinen vier Ämtern im Reich und in Preußen zurück, die Koalition zerbrach de facto nach noch nicht einmal vier Monaten, für die »geniale« Rechte blieb – machtpolitisch gesehen – ein Scherbenhaufen zurück, wenn es auch im Kabinett Hitler weiterhin einige konservative Fachminister (Neurath, Graf Schwerin-Krosigk u.a.) gab. Den treffendsten Kommentar lieferte die noch nicht gleichgeschaltete *Frankfurter Zeitung;* dort hieß es lakonisch: »Im übrigen ist nichts geschehen, was nicht mit Sicherheit vorauszusehen war.« – Hugenberg zog sich bald aufs Land zurück. In seiner grenzenlosen Sturheit verteidigte er bis zum Lebensende seine Rolle als haßerfüllter Gegner der Weimarer Republik und Steigbügelhalter für Hitler. Der Totengräber des Deutschen Reiches starb sechsundachtzigjährig im Jahre 1951.

Gleichzeitig mit dem Parteisterben starben auch die Länder einen schnellen Tod. Berlin übernahm das Kommando; vor allem die süddeutschen Staaten, in denen nach wie vor keine nationalsozialistische Mehrheit vorhanden war, verloren ihr Eigendasein. Wie leicht ging dies dank des Ermächtigungsgesetzes! So wurden in allen Ländern »Statthalter« eingesetzt, »kleine Hitlers«, die – mit entsprechenden Vollmachten versehen – dafür zu sorgen hatten, daß sich Länder und Reich im politischen, sprich: nationalsozialistischen Gleichklang befanden, und die nun, wie der »Führer«, ohne Parlament, ohne jegliche Rücksicht auf bisherige gesetzliche Einrichtungen, die Regierungsgewalt übernahmen. Der große Coup: Für Preußen ernannte sich der Mann aus Braunau selbst, verkündete zugleich, er werde für das hohe Amt einen Vertreter bestellen, und ernannte für diese wichtige Machtposition Hermann Göring, nachdem ein anpassungsfähiger Papen pflichtgemäß um Entlassung gebeten hatte. Wie es in der *»Voss«* vom 11. April hieß, erwarteten den Vizekanzler zusätzliche diplomatische Aufgaben. Der Redakteur war offensichtlich ein Hellseher. Göring besaß nun endlich sein eigenes Machtrevier, durfte neben Hitler selbst regieren und behielt sich als erstes selbstherrlich die Ernennung der Staatsräte, sämtlicher Beamter, Universitätsprofessoren sowie Opern- und Theaterintendanten vor. Mit der Ernennung zum »Staatsrat«, wie es den armen Furtwängler traf, wollte der eitle, unbarmherzige Mann sich selbst schmücken, sich ein beifallklatschendes Publikum schaffen, vor dem er seine Ergüsse produzieren konnte, und überdies als Freund der Künste und Wissenschaften glänzen. Noch einmal Preußens Gloria durch den an Macht und körperlichem Umfang zunehmenden Göring? Wie sang die unvergeßliche Claire Waldoff: »Links Lametta, rechts Lametta, in der Mitte immer fetta.«

Von entscheidender Wichtigkeit die Ernennung der Beamten, die aufgrund eines neuen Beamtengesetzes Hitler wie seinem preußischen Statthalter zustand. Jede noch so sehr auf totale Macht besessene Regierung ist auf einen funktionierenden Beamtenapparat angewiesen. Kein Zweifel: Die Beamten im Reich wie in Preußen arbeiteten vorzüglich, taten ihre Pflicht, gleichgültig wer regierte; ihnen war es zu danken, daß die schwere Weltwirtschaftskrise ohne Zerbrechen des Staatsgefüges durchgestanden wurde. Viele hatten ihren Eid noch auf Wilhelm II. geleistet, jüngere den Treueeid auf die Weimarer Verfassung geschworen, aber auch unter ihnen war die Zahl überzeugter Republikaner nicht allzu groß. Auf sie und natürlich auf jüdische Beamte hatten es die Nazis abgesehen. Ein »Gesetz zur Wiederherstellung des Berufsbeamtentums« vom 7. April 1933 gab den Machthabern freie Hand, jeden politisch Verdächtigen, jeden »nichtarischen« Beamten (ausgenommen »Frontkämpfer« und solche, deren Väter oder Söhne im Ersten Weltkrieg gefallen waren) sofort mit zum Teil reduzierten Pensionen (in besonderen Fällen ohne jede Pension) zu entlassen, jeden verbleibenden Beamten nach Belieben zu versetzen, bisherige Pensionsregelungen abzuändern, also überall nach Willkür zu verfahren. Gleichzeitig legalisierte das Gesetz sämtliche seit der Machtübergabe erfolgten personellen Maßnahmen wie »Beurlaubungen« oder Entlassungen, die massenweise ohne rechtliche Handhabe verfügt worden waren. Mit der verleumderisch-scheinheiligen Titulierung des Gesetzes wurde das alte Beamtentum als parteiisch, moralisch verdorben, der Erneuerung bedürftig hingestellt. Ein jeder wußte, daß das Gegenteil der Fall war, daß von nun an nur noch eingeschüchterte Beamte ihren Dienst in ständiger Angst vor dem Hinauswurf leisten würden. Sollte man lachen oder weinen?

Nun gab es auch eine erste Definition des »Ariers«, er durfte zumindest keinen jüdischen Großelternteil haben. Ein Sturm auf Kirchenbücher und alte Urkunden begann, Familiengeschichte wurde Mode, und so mancher entdeckte mit Schrecken, daß er den »Test« nicht bestehen würde, mit oft unabsehbaren, grausamen Folgen. Deutsche Gründlichkeit führte alsbald zur lebhaft diskutierten Frage, wer noch als »Nichtarier« zu gelten habe, beispielsweise die Wenden? Als zur Familie der Slawen gehörig, konnte die Frage mit »Nein« beantwortet werden. Anders Ungarn und Finnen; sie seien zwar »Nichtarier«, aber die freundschaftlichen Beziehungen zu beiden Ländern seien zu berücksichtigen – also »Ehrenarier«? Und was war mit den »Askaris«, so fragte die *»Voss«* vom 20. April, jenen dunkelhäutigen Schutztruppen aus dem ehemals deutschen Ostafrika? – Zugleich wurde das »arische« Prinzip auch für Rechtsanwälte eingeführt, deren jüdischer Anteil in Berlin erheblich war. Wie viele um das Recht verdiente Juristen mußten ihre Tätigkeit aufgeben, unter ihnen Max Alsberg, einer der berühmtesten seines Fachs, der floh und Selbstmord verübte. Neue Listen zugelassener Anwälte wurden veröffentlicht. Laut »*Voss*« vom 10. April fehlten darin nunmehr die Enkel Eduard von Simons, jenes »nichtarischen« Mannes, der am 3. April 1849 als Präsident der Frankfurter Nationalversammlung dem preußischen König, Friedrich Wilhelm IV., die Kaiserkrone antrug, am 18. Dezember 1870 in Versailles Wilhelm I. die Bitte des norddeutschen Reichstages um Annahme der Kaiserwürde überbrachte und mit seiner Ansprache dem Kronprinzen – dem später nur 99 Tage regierenden Kaiser Friedrich III. – »helle Tränen entlockte«, wie dieser in seinem Tagebuch vermerkte.

Auch in der Kultur vollzog sich ein rapider, schreckenserregender Wandel. Viele der Großen, die entscheidend jene kulturell in der Tat »goldenen« zwanziger Jahre mitgeprägt hatten, verschwanden mehr oder minder lautlos. Fast jeden Tag konnte man aus der Zeitung entnehmen, wer die Berliner Kulturszene verließ und verlassen mußte. Max Reinhardt, Leopold Jessner, sein großer Rivale vom Staatlichen Schauspielhaus, Viktor Barnowski, der Leiter des Lessing-Theaters, nahmen ihren Abschied, Fritz Kortner, Elisabeth Bergner, Grete Mosheim und viele andere folgten. Neben Bruno Walter durften auch Otto Klemperer und später Erich Kleiber nicht mehr dirigieren, von den in Berlin ansässigen Komponisten verließen Arnold Schönberg, Ernst Toch, Alexander von Zemlinsky und später auch Paul Hindemith (wegen seiner jüdischen Frau) die Stadt. Gewaltig die Einbuße in der literarischen Szene; ebensogroß der Verlust an weltbekannten Malern, Bildhauern, Architekten. Ein ungeheuerlicher Exodus von Künstlern und Wissenschaftlern fand statt; unter dem Jubel fanatischer Nazis, sicherlich einer verbohrten Minderheit, kam es zu einer Selbstverarmung des deutschen Volkes, wie sie in diesem Ausmaß in der Geschichte einmalig war. – Am 10. Mai 1933 eine fast unglaubhafte, von Goebbels & Co. inszenierte, mit Reden von radikalen Studenten und Professoren begleitete Bücherverbrennung Unter den Linden. Fast sträubt sich heute noch die Feder bei dem Gedanken, daß sich unter den angeblich jüdisch-bolschewistischen Autoren die Namen Thomas und Heinrich Mann, Arthur Schnitzler, Arnold und Stefan Zweig, Hugo von Hofmannsthal, Fritz von Unruh, Franz Werfel, Carl Zuckmayer, Hermann Hesse und vieler anderer befanden. Selbst Bücher von Heinrich Heine und anderen verstorbenen

Schriftstellern gingen in Flammen auf. »Das deutsche Volk auf dem Marsch zurück in den Urwald«, wer konnte diesen Kommentar von Emigranten nach einem solchen wohlorganisierten Exzeß, der den meisten Berlinern die Schamröte ins Gesicht trieb, verübeln?

Es hat nicht an Protesten gefehlt. In einem »Offenen Brief« wandte sich Wilhelm Furtwängler an Goebbels, sein Brief wurde zusammen mit Goebbels' Antwort im Wortlaut veröffentlicht. Der große Dirigent lehnte einen Trennungsstrich zwischen jüdischen und nichtjüdischen Künstlern ab, plädierte statt dessen für einen Trennungsstrich zwischen guter und schlechter Kunst, zwischen Künstlern von hoher Qualität und solchen, »die – selbst wurzellos und destruktiv – durch Kitsch, trokkenes Virtuosum und dergleichen zu wirken suchen«, und kam zu dem Schluß: »Es muß klar ausgesprochen werden, daß Männer wie Walter, Klemperer, Reinhardt *u.s.w.* auch in Zukunft in Deutschland mit ihrer Kunst zu Worte kommen müssen.« Doch Goebbels ließ in seiner Antwort nur Kunst zu, die »verantwortungsbewußt, gekonnt, volksnahe und kämpferisch« sei. Die bisherige »l'art pour l'art«-Kunstauffassung lehnte er ab. Dann die durch nichts bewiesene Behauptung, es seien »wirklich deutsche Künstler in den vergangenen vierzehn Jahren zum Schweigen verurteilt worden«. Wer wohl? Natürlich drängt sich auch heute noch die Frage auf, ob Furtwängler auf diese völlig negative, vom künstlerischen Standpunkt sinnlos-einseitige Antwort hin hätte Konsequenzen ziehen sollen. Die meisten würden damals einen Rücktritt des weltberühmten Dirigenten wohl als überzogene Reaktion angesehen haben. Aber was hätten die Nazis getan, wenn sich sämtliche »arischen« Dirigenten mit einem zurückgetretenen Furtwängler solidarisch erklärt hätten? Was wäre wohl geschehen, wenn sämtliche Professoren auch nur *einer* Fakultät in einer ähnlichen Situation ein Gleiches getan hätten? Aber nichts dergleichen geschah, wie immer aus vielfachen Gründen, als da sind: *propter invidiam,* Mißgunst, Egoismus, aber auch berechtigte Angst, die eigene Stellung zu verlieren. (Auf Furtwängler trafen diese Gründe natürlich nicht zu.) Ich habe viele lautstarke Privatproteste gehört, wie überhaupt die Zahl überzeugter Nazianhänger in der Berliner Professorenschaft und generell in den sogenannten gebildeten Kreisen äußerst gering war. Fügen, sich anpassen, schweigen, so lautete die Parole vieler hochanständiger Nazigegner, die in ihrer Gesinnung stark, aber in ihren Abwehrmöglichkeiten zu schwach waren, um die sich überstürzende Riesenwelle aufzuhalten. An den Schluß seines Briefes an Goebbels setzte Furtwängler einen »Appell im Namen der deutschen Kunst, damit nicht Dinge geschehen, die vielleicht nicht mehr gutzumachen sind«. Doch diese »Dinge« geschahen in der Kunst, der Wissenschaft, der Erziehung und in vielen anderen Gebieten. Noch blieben Handel und Industrie, blieb das für die wirtschaftliche Gesundung wichtige Geschäftsleben mehr oder weniger unberührt. Aber böse Anzeichen für kommende Dinge gab es bereits Ende März 1933, als die Nazis zum Boykott jüdischer Geschäfte für den 1. April aufriefen, diese Maßnahme allerdings sogleich auf einen Tag begrenzten. Die Begründung: Greuelnachrichten in ausländischen Zeitungen über das brutale, antisemitische Vorgehen der Nazis, der SA und befreundeter Organisationen, verfaßt von jüdischen Emigranten, die bewußt »Falschmeldungen« (!) verbreiten würden. Nun mußten jüdische Geschäftsinhaber in Berlin und anderswo alte, bereits ins Ausland geflüchtete Freunde inständig bitten, sich in ihren Berichten zurückzuhalten. Der 1. April verlief übrigens in der Reichshauptstadt völlig ruhig, man kaufte unbehelligt in jüdischen Geschäften; allerdings mußte man erst überhaupt herausfinden, welche als »arisch« oder »nichtarisch« galten.

Hitlers Antisemitismus war, genau wie der »Führer« selbst, ein ärgerlicher Import aus dem sonst hochgeschätzten Österreich, insbesondere seiner Hauptstadt Wien; dort erklärte um die Jahrhundertwende der bekannte antisemitische Bürgermeister und Führer einer christlich-sozialen Partei, Karl Lueger, wer Jude sei, bestimme er. Hitler hatte sich in seiner Jugend – siehe *Mein Kampf* – von Lueger stark beeinflussen lassen, diesen die Massen geschickt führenden, lange um Anerkennung und Ruhm ringenden Politiker offenbar als Vorbild genommen, dessen spezifischen Antisemitismus jedoch zur allgemeinen, haßerfüllten Ablehnung des gesamten Judentums gesteigert. Im Vielvölkerstaat der Doppelmonarchie fehlte es nicht an Deutschsprechenden, die sich als Minderheit empfanden und glaubten, ihre Rechte – besser: Vorrechte – gegenüber Tschechen, Polen, Slowaken und anderen Volksgruppen wahren zu müssen. Diese Abwehrhaltung galt auch den zahlreichen Polen jüdischen Glaubens, die seit langem in Wien lebten. Von ihnen malte Hitler in seinem Buch ein schreckliches Bild, lastete ihnen »körperliche Unsauberheit« wie »moralische Schmutzflecken« an und sprach ihnen jedwede »Artverwandtschaft« mit dem deutschen Volke ab. Hitlers blinder Antisemitismus Wiener Ursprungs zielte nun auch auf Deutsche jüdischen Glaubens oder jüdischer Herkunft, die, sei Jahrhunderten in Deutschland ansässig, sich politisch zu einem großen Teil eher der rechten Mitte, wenn nicht den Konservativen verbunden fühlten. Patrioten waren sie alle – viele blieben es in der Emigration. Eine Ausnahme bildete die kleine zionistische Bewegung, die die Gründung eines eigenen jüdischen Staates in Palästina propagierte und Deutschland lediglich als Gastland ansah. Zu ihr gehörte überraschenderweise der Schriftsteller Jakob Wassermann. Als man ihn zweifelnd fragte, ob er sich wirklich in dem damals doch recht fremden Jerusalem niederlassen wolle, antwortete er: »Nun, der neue Staat würde dann doch einen Botschafter nach Berlin senden.«

Es genügt, an Albert Ballin zu denken, den Generaldirektor der »Hapag« in Hamburg, der bestürzt über den verlorenen Ersten Weltkrieg Selbstmord verübte, an Walther Rathenau, der, verzweifelt über die drohende Totalniederlage 1918, ähnlich wie Hitler am Ende des Zweiten Weltkrieges zum aktiven, kämpfenden Widerstand gegen den vordringenden Feind aufrief, an die Begeisterung, mit der die jüdischen Mitbürger 1914 ins Feld zogen und sich dort auszeichneten. – Als die Nazis später die deutschen Juden aus dem Lande vertrieben, nahmen sie ihnen (neben allen anderen Enteignungen) auch noch ein Viertel ihres Vermögens aufgrund der sogenannten »Reichsfluchtsteuer«, die ein später als »Nichtarier« eingestufter hoher Beamter, der Staatssekretär im Reichsfinanzministerium Zarden, angeraten und entworfen hatte. Diese Steuer, als wahrhaft patriotische Maßnahme konzipiert, sollte die Flucht deutschen Kapitals ins Ausland während der Weltwirtschaftskrise verhindern oder zumindest erschweren. Nun wurde sie schändlicherweise gegen die Leidensgenossen des Urhebers benutzt. Mit seinem antisemitischen Wahnbild, Ergebnis einer fast krankhaft übersteigerten Phantasie, hat Hitler die deutsche Geschichte und die seines Heimatlandes wie kein zweiter besudelt.

Es wäre ungerecht, wollte man alle Deutschen als »würdige« Nachfahren von Hof- und Domprediger Stoecker (1835 – 1909), des bekannten antisemitischen Parteiführers, oder der diversen kleinen und kleinsten antijüdischen Gruppierungen bezeichnen, die vornehmlich am Ende des 19. Jahrhunderts von sich reden machten. Wie in anderen Ländern konnte man hier und da unterschwellig antisemitische Tendenzen vorfinden, die während der zwanziger Jahre einen absoluten Tiefpunkt erreichten. Nirgendwo existierten Clubs oder Vereinigungen, die – wie es in den USA der Fall war – Juden grundsätzlich nicht aufnahmen. In jeder Partei – auch bei den Konservativen – gab es jüdische Mitglieder. Nun appellierte Hitler mit dem Motto »Die Juden sind unser Unglück« an das Böse in den Menschen, wies ihnen einen Weg, eigene Minderwertigkeits- oder Schuldkomplexe zu überwinden, für die eigenen Fehlschläge andere verantwortlich zu machen. Überdies diente ihm das Judentum im In- und Ausland als willkommener Sündenbock für alles Negative in der Vergangenheit, aber auch als potentieller Verursacher künftiger Schwierigkeiten oder etwaiger Rückschläge. »An allem sind die Juden schuld«, so sang man 1932 in der »Katakombe«, einem Berliner Kabarett, nach der Musik der »Habanera« aus Bizets »Carmen« und lachte sich gesund. Übrigens bestand dieses in der Kantstraße befindliche Kleintheater auch noch Jahre nach der Machtübergabe. In ihm boten Werner Finck und andere vollendetes Kabarett, in dem es so frech zuging, daß man jeden Augenblick den Eintritt der Gestapo und die Verhaftung von Aufführenden und Zuhörern erwartete.

Rückblickend hat die mangelnde Einsicht des »Führers«, sein insbesondere von Rosenberg ideologisch untermauerter Rassenwahn, den Ausgang des Zweiten Weltkrieges entscheidend bestimmt. Des öfteren äußerten sich prominente jüdische Bürger, sie hätten eine gewisse prozentuale Einschränkung, beispielsweise bei der Zahl der jüdischen Rechtsanwälte und Ärzte, akzeptiert, vor allem in Berlin, wo bei diesen Berufen jüdische Mitbürger gegenüber ihren »arischen« Kollegen ein verhältnismäßig starkes Übergewicht besaßen. Wäre eine solche Regelung allgemein eingeführt worden, wer weiß, ob nicht zahlreiche jüdische Deutsche im Lande geblieben und sich mit dem Hitler-Regime abgefunden hätten. Nicht alle waren überzeugte Demokraten, manche (die ich kannte) hätten einer gemäßigten Staatsdiktatur mit Hitler an der Spitze unter den gegebenen Umständen ihre Billigung nicht versagt. Wäre es dann nicht Hitler möglicherweise gelungen, die Atombombe zuerst in Händen zu haben? Aber sein antisemitischer Rassenwahn obsiegte. Eines der ersten Opfer war Albert Einstein, der aus dem Lande verjagt und dessen Vermögen beschlagnahmt wurde.

Der von den Nazis über Deutschland »verhängte« Antisemitismus hat zu manchen merkwürdigen Begebenheiten und Reaktionen geführt, von denen mir drei besonders in Erinnerung sind. Als die »Darmstädter und Nationalbank« (»Danat«) im Juli 1931 ihre Kassen schließen mußte (eine zweite Berliner Großbank, die »Dresdner«, folgte wenige Tage später), bedeutete dies verständlicherweise eine Katastrophe von kaum zu schilderndem Ausmaß für alle anderen Banken, auf die natürlich ein »run« einsetzte, für die gesamte daniederliegende Wirtschaft, die mit ihren Kreditwünschen von den Banken abhängig war, und insbesondere für die Regierung Brüning, die sich aufgrund der Weltwirtschaftskrise in höchster Not befand. Prominenter Direktor und Geschäftsinhaber der »Danat« war Jakob Goldschmidt, in Berlin wohlbekannt und hochgeschätzt, ein erfolgreicher »Selfmademan«, dessen phantastischer Aufstieg an die Spitze der Bank, die dank seines Wirkens im Berliner Bankwesen eine Spitzenstellung einnahm, in Zeitungen und Zeitschriften mehrfach die Spalten füllte. Während der Krise verbreitete Goldschmidt Optimismus, ermunterte Freunde und Bekannte zu Aktienkäufen, erklärte wie der amerikanische Präsident Hoover, die »prosperity« sei »around the corner« – und dann dieser in der deutschen Bankgeschichte einmalige, verheerende Zusammenbruch mit nationalen wie internationalen Folgen. Niemand wäre verwundert gewesen, hätten die Nazis diesen Anlaß benutzt, um erneut den jüdischen Kapitalismus und nun einen seiner herausragendsten Vertreter anzuklagen, zu diffamieren, mit dem Hinweis »Da seht ihr's« den verderblichen Einfluß der Juden vor einer mit Recht erregten Bevölkerung anzuprangern. Welch' grandiose Gelegenheit! Doch nichts dergleichen; die Nazis schwiegen, nirgendwo die erwartete Empörung, kein antisemitischer Aufschrei. Jakob Goldschmidt verließ Berlin, konnte einen Großteil seiner wertvollen Sammlungen mitnehmen, lebte später in New York, wo er sich wiederum beruflich betätigte, als patriotisch empfindender Deutscher vor dem Unsinn der bedingungslosen Kapitulation und des »Morgenthau-Planes« warnte, sehr bald nach Kriegsende Verbindungen mit Deutschland aufnahm und bei einem Abendessen, das er deutschen Wirtschaftspersönlichkeiten in New York gab, mitten in seiner Begrüßungsansprache, vom Herzschlag getroffen, starb. Während viele Bankkollegen Goldschmidts, von den Nazis verfolgt, ein böses Ende nahmen, blieb er von deren Haß verschont. Der ehemalige »Chef« der »Danat« galt als gewitzt und als Mann von vielen Beziehungen. Gab es bei den Nazis so etwas wie Bestechlichkeit?

Ein ganz anderes Erlebnis: Fritz Kreisler, der berühmte österreichische Geiger, lebte in Berlin, wo er eine prächtige Villa in Grunewald besaß. Auch er durfte – als »nichtarisch« geltend – in Deutschland nicht mehr auftreten, auch er, so hätte man vermuten können, würde bald die Stadt verlassen haben. Doch nein, wider Erwarten blieb er noch Jahre in der Nazi-Hauptstadt, konzertierte im Ausland und kehrte anschließend zurück. Als der »gleichgeschaltete« Deutschland-Sender eine Schallplattensperre gegen Aufnahmen von Toscanini, Bodansky und neun andere Musiker verhängte und Toscanini daraufhin mit einer Absage in Bayreuth drohte, schrieb Kreisler Anfang April 1933 einen Brief an den großen italienischen Dirigenten und beschwor ihn, doch nach Bayreuth zu kommen. »Ich bin«, so Kreisler, »der Überzeugung, daß, wenn sich die jetzige Gefühlswelle in Deutschland ausgelaufen hat, Deutschland und seine Führer an die Lösung der innen- und außenpolitischen Probleme mit Vernunft und Ordnungssinn herangehen werden.« Später wurde ein weiterer Brief Kreislers veröffentlicht, in dem er sich erneut dafür einsetzte, der »jungen deutschen Regierung« keine Schwierigkeiten zu bereiten. Meine Mutter und ich unterhielten freundschaftliche Beziehungen zu dem wunderbaren Musiker und seiner Frau Harriet, einer geborenen Amerikanerin, die erfolgreich darüber wachte, daß ihr Mann, der nur allzu gerne »jeute« nicht sein gesamtes Vermögen verspielte. Bei einem Luncheon zu Hause, an dem auch die beiden Kreislers teilnahmen, saß ich neben Harriet, und wir kamen sogleich auf das fast alle Geselligkeiten beherrschende Gesprächsthema, die unselige Machtausübung der Nazis. Ich erwartete von meiner Tischnachbarin, schon im Hinblick auf die merkwürdige Situation ihres Mannes (dessen Briefe mir damals nicht bekannt waren), Zustimmung zu meinen kritischen Anmerkungen. Doch überraschenderweise »fauchte« sie mich geradezu an, sie sei es satt, immer wieder Angriffe gegen das Nazi-Regime zu hören, dieses ewige Geschimpfe sei nicht am Platze, man solle doch Hitler und seine Regierung gewähren lassen. Ich habe später in der Emigration beide Kreislers in New York wiedergesehen. Doch kam es zu keinem Kontakt mit Harriet; denn nun gehörte sie zu den extremsten Deutschenhassern in der Stadt.

Dies war trotz seines Protestes nicht der Fall bei Arthur Bodansky, dem hochbedeutenden Dirigenten an der New Yorker Metropolitan Oper. Schon seit 1915 betreute der 1877 in Wien geborene Musiker das deutsche Repertoire dieses weltberühmten Institutes. Sein plötzlicher Tod im November 1939 bedeutete nicht nur für die »Met« einen schweren Verlust. Als ich seine Witwe besuchte, erzählte sie mir viel von ihrem Mann, der früher auch in Berlin dirigiert hatte und sich der deutschen Musik eng verbunden fühlte. Anfangs hatte Bodansky, der wie sein Nachfolger, der blutjunge Erich Leinsdorf, als »nichtarisch« galt, das Nazigeschehen mit verhaltenem Ärger verfolgt, ohne mit seiner Frau viel darüber zu sprechen. Als sich aber die schlimmen Nachrichten mehrten, hörte Frau Bodansky eines Tages, wie ihr Mann im ersten Stock mit der Faust so fürchterlich auf den Tisch schlug, daß das ganze Haus erzitterte und sie voller Besorgnis nach oben stürzte, um sich nach dem Grund dieses bei Bodansky seltenen Wutanfalls zu erkundigen. Seine Antwort: »Das Allerschlimmste bei diesen gottverfluchten Nazis ist, daß man nun selbst nicht mehr Antisemit sein kann!« – Auch Bodansky hätte bei mehr Einsicht und der von Kreisler prophezeiten Vernunft auf seiten der Nazis sich sicherlich nicht geweigert, auch wieder einmal in Deutschland zu dirigieren.

An die von Fritz Kreisler – und mit ihm von Millionen Deutschen – erhoffte Wiederkehr von »Vernunft und Ordnungssinn« war jedoch im Zeichen einer von den meisten falsch eingeschätzten Hitler-Revolution nicht zu denken. Hitler auf dem Wege zur Alleinherrschaft, eine sich deutlich abzeichnende Perspektive. Die angebliche jüdisch-marxistische Verschwörung gegen Deutschland, der sein Kampf galt, spielte schon bei seinem mißglückten Putsch vom 8./9. November 1923 eine entscheidende Rolle. Daß er nun, die Macht in Händen haltend, diesen Kampf weiterverfolgen würde, mußte nicht nur den Lesern von *Mein Kampf* offenkundig sein. Ein anderes, noch kaum wahrnehmbares Ziel: Aus dem »faulen«, »bequemen«, in alten, monarchisch-republikanischen Denkweisen verhafteten Bürgertum, das zuvor zu einem großen Teil der demokratischen Idee gehuldigt hatte und nun zu ihm hinströmte, sollten »charakterfeste«, Partei und Staat verschworene Männer und Frauen werden; doch ein solches Generationsproblem erforderte Zeit.

Konnte Hitler, so mußte man sich damals fragen, überhaupt noch Einhalt geboten werden? Sicherlich hätte der Reichspräsident Einfluß nehmen können. Aber Hindenburg hatte sich von der Vergangenheit abgewandt. Nicht nur ließ er alle Klagen und Proteste, auch von konservativer Seite, gegen das Unrechtsregime Hitlers ungehört, er gratulierte vielmehr dem »Führer« zu dessen Geburtstag am 20. April 1933, sandte ihm sein Bild im Silberrahmen mit Widmung und schrieb: »Ich gedenke in aufrichtiger Dankbarkeit der großen vaterländischen Arbeit, die Sie geleistet haben und die noch vor Ihnen liegt. Ihnen treu verbunden in dem Willen, unser Volk und Vaterland aus der Zeit der Not wieder aufwärts zu führen, mit kameradschaftlichen Grüßen ...« So billigte der Reichspräsident bisherige und künftige Untaten Hitlers und seiner Regierung, hielt diesmal Treue, wo Treue nicht angebracht war, stufte sich zum »Kameraden« des »böhmischen Gefreiten« herab und bedankte sich noch einmal für den »Tag von Potsdam«.

Bestimmt hat diese Gratulation im deutschen Bürgertum, besonders da, wo sich Zweifel erhoben, großen Eindruck hinterlassen. Aber Hindenburg sprach nicht unbedingt für die organisierte Arbeiterschaft, nach wie vor kein leichter Brocken für des »Führers« Machtgelüste. Auch hier griff Hitler zum bewährten Mittel der *circenses,* der Spiele im großen Stil. Er, der Führer einer »Arbeiterpartei«, konnte selbstverständlich in so kurzer Zeit nicht auch *panem,* das Brot, herbeischaffen. Noch war die wirtschaftliche Situation trotz des deutlichen Abflauens der Weltwirtschaftskrise nicht hinreichend stabilisiert, die Zahl der Arbeitslosen nur mäßig gesunken. – Der erste Mai stand bevor, an dem sich Arbeitnehmer und Arbeitgeber stets besonders schroff gegenüberstanden. Kein Feiertag, vielmehr eine Gelegenheit für Arbeiterdemonstrationen gegen den »Kapitalismus«, für mehr Rechte der Arbeitnehmer, mehr soziale Sicherung, Forderungen, für die sich insbesondere die Gewerkschaften stark machten. Hingegen betrachteten die Arbeitgeber den ersten Mai wie ein gewöhnliches, leider mit ärgerlichen Kundgebungen verbundenes Datum.

Nie hätte die Weimarer Republik es gewagt, den ersten Mai zum Staatsfeiertag zu proklamieren. Anders Hitler. Was scherten ihn die alten Querelen zwischen Arbeitgebern und Arbeitnehmern; Hauptsache: Wo konnte er die mit der Idee des Klassenkampfes operierenden »Marxisten« tödlich treffen? Sein Rezept: den Gegner mit der eigenen Waffe schlagen, und dies bedeutete, selbst den ersten Mai zum Staatsfeiertag zu erklären, aber ihn so zu gestalten, wie er es wollte, und nicht wie die verhaßten Marxisten. So rief Hitler in Berlin die Arbeiterschaft zusammen mit der gesamten Bevölkerung auf das riesige Tempelhofer

Feld (in anderen Städten fanden ähnliche Massenfeiern statt), erklärte mit großem Pathos den alten Klassenkampf, der so oft an diesem Tage symbolisch ausgetragen wurde, für beendet und nutzte die Gelegenheit, nun auch die bisher vernachlässigte Arbeiterschaft für sich und seine Ziele zu gewinnen. Seine mit gewohnter Eloquenz vorgetragene Rede, in der er selbstverständlich zuerst die berühmten »vierzehn Jahre der Schmach und Schande« als an allem schuldig deklarierte, enthielt erstmalig ein aus den Schubfächern früherer Regierungen von Brüning bis Schleicher stammendes Konglomerat von Arbeitsbeschaffungsplänen, wobei auch der Bau von Autobahnen erwähnt wurde, allerdings ohne jede Konkretisierung dieser Projekte; dies war nur allzu verständlich, weil das höchst schwierige Finanzierungsproblem völlig offen war. Dafür gab Hitler die Einführung der Arbeitsdienstpflicht bekannt, fand goldene Worte für die große Volksgemeinschaft aller Berufe und Klassen, die sich nun einmütig zusammenfänden, ob sie Arbeiter, Bauern oder Bürger seien, ob sie ihr Brot mit »Geist, Stirn oder Faust« verdienten. Wiederum gelang es Hitler, der am Ende seiner demagogisch-brillanten Rede Gottes Segen erbat, die Massen zu gewinnen, mehr noch, sie in eine Art Glückszustand, fern der Wirklichkeit zu versetzen, fast zu hypnotisieren, eine Hochstimmung zu erzeugen, die sich auch in den begeisterten Berichten der Zeitungen, der Radiokommentatoren, der Teilnehmer selbst manifestierte. Die Arbeiter konnten stolz und zufrieden sein. Endlich der erste Mai als bezahlter Staatsfeiertag, Arbeitsruhe, ein Schlag für die Arbeitgeber. Also waren die Nazis doch eine Arbeiterpartei, vielleicht würde nun der »sozialistische« Teil des von Gregor Strasser und Gottfried Feder vertretenen antikapitalistischen Programms in Angriff genommen, die uralte Auseinandersetzung mit den Arbeitgebern zugunsten der Arbeiterschaft entschieden werden. Die Arbeiter jubelten Hitler zu, ihr Jubel war echt an diesem ersten Mai 1933, aber auch nur an diesem.

Denn das dicke Ende folgte auf dem Fuße. Nach einem längst zuvor ausgeheckten Plan besetzten am Tage darauf SA- und SS-Verbände sämtliche Gewerkschaftsbüros, mißhandelten und verhafteten die Mehrzahl der alten Gewerkschaftsbosse und errichteten »Nationalsozialistische Betriebszellen«. An Widerstand war allein schon im Hinblick auf die auseinanderbrechenden Sozialdemokraten nicht zu denken; nun hißten auch die christlichen Gewerkschaften und andere Arbeitnehmer-

Gruppierungen die weiße Flagge. Wieder ein gelungener Handstreich, diesmal nach außen hin ohne Zutun der Regierung, die den Anschlag vorbereitete und später ihren gesetzlichen »Segen« durch Schaffung der »Deutschen Arbeitsfront« gab. Die Ära Robert Ley begann, eine Ära freundlicher Lobpreisungen des Arbeiterstandes, wortreicher Versicherungen, später besonderer Vergünstigungen wie »Kraft durch Freude«. In Wirklichkeit waren die Arbeitnehmer entmachtet, die erwähnten »Betriebszellen« wurden abgelöst, an ihre Stelle traten »Treuhänder«, die für Ruhe und Ordnung, aber auch für den Arbeitsfrieden zu sorgen hatten. Mit anderen Worten, keine Lohnstreiks, keine Lohnerhöhungen, keine selbständigen Initiativen der Arbeitnehmer mehr, während die zwar auch »gleichgeschalteten« Arbeitgeber, deren »Treuhänder« jedoch aus den eigenen Reihen kamen, alles in allem freie Hand sowohl in ihren Betrieben wie in ihren Planungen behielten. Ein weiterer, entscheidender Sieg Hitlers, auch innerhalb seiner Partei. Der große Verlierer trotz eines zusätzlichen bezahlten freien Tages war am Ende die Arbeitnehmerschaft, auf die Knie gezwungen durch eine »Arbeiterpartei«, wie sich die Nationalsozialisten verlogen bezeichneten.

Der 30. Januar 1933 und das Ausland

Als Hitler die Macht übernahm, fand er dank der langjährigen Bemühungen Weimarer Regierungen ein Deutschland ohne Besatzungstruppen und ohne Reparationsverpflichtungen vor, besaß somit weit mehr Spielraum als seine Vorgänger. Nicht zu Unrecht hat er einmal das Scheitern seines Putsches vom November 1923 als »großes Glück« bezeichnet. Damals ein ausgeblutetes Deutschland mit einer völlig wertlosen Währung, die Franzosen an Rhein und Ruhr, jederzeit in der Lage und willens, ihre Besetzung zu perpetuieren und, wenn nötig, zu erweitern. Von einer Übernahme der Macht wäre keine Rede gewesen, denn unter den gegebenen Umständen mußte es jeder deutschen Regierung an wirklicher Macht fehlen. Unendlich mühsam der Weg zu neuer Stabilität im Innern wie im Verhältnis zum Ausland, insbesondere zu Frankreich, ein Weg, der schließlich, begleitet von Schimpfkanonaden der Nazis, zu einer eigenen deutschen Friedenspolitik führte, zu den Locarno-Verträgen mit den Westmächten, zum Berliner Vertrag mit der Sowjetunion. »Die Außenpolitik macht den Staatsmann«, verkündete Goebbels in einer Rede Anfang Juni 1933, gab aber einer »gefestigten Innenpolitik« die Priorität. In der Tat wollte Hitler, beim Regierungsantritt ohne außenpolitisches Programm (wie auch ohne Pläne für die Wirtschaft), von einem Primat der Außenpolitik nichts wissen. Zuerst die volle Macht im Innern, dann würde man außenpolitisch schon weitersehen. So ließ er über Jahre hinaus das Auswärtige Amt mehr oder weniger unangetastet; für den Außenminister von Neurath und seine »Weihnachtsmänner«, wie er dessen Mitarbeiter in der Wilhelmstraße despektierlich nannte, zeigte er bestenfalls wohlwollende Indifferenz.

Immerhin hatte Hitlers Deutschland keine gute ausländische Presse; die krasse Verletzung der Menschenrechte, die im Völkerbund keineswegs geringschätzig abgetan wurde, vor den Nazis fliehende »nichtarische« wie »arische« Politiker und Journalisten, Hunderte von »in Schutzhaft« genommenen Gegnern der Nazis, Toscaninis definitive Absage an Bayreuth, der stürmische Empfang, den Tausende von Holländern Bruno Walter bei seiner Ankunft in Amsterdam bereiteten, und nicht zuletzt die Bücherverbrennung in Berlin riefen in vielen europäischen wie amerikanischen Kreisen, vor allem in der Presse, Unruhe, Erregung und Empörung hervor; lediglich Mussolini ordnete für seinen angehenden »Kollegen« freundliche Kommentare an. Im britischen Unterhaus kam es zu deutlichen Mißfallenskundgebungen; Sir Austen Chamberlain, Mitunterzeichner des Locarno-Paktes, in der zweiten Hälfte der zwanziger Jahre um einen schnellen Abbau der Kriegsfolgen bemüht, meinte nun, dieses neue Deutschland mache es sehr schwer, über die Revision von Teilen des Versailler Friedensvertrages – wie oft hatte er hierüber mit Briand und meinem Vater gesprochen – weiterzuverhandeln. In Frankreich verstärkte sich die Angst vor der bereits in Versailles zugesagten Abrüstung.

Nachdem der Boykott jüdischer Geschäfte vom 1. April die schlechte Auslandspresse nicht eben zum Schweigen gebracht hatte, schien es Hitler doch geraten, vor dem äußerlich noch intakten, wiederum in der Krolloper tagenden Reichstag eine große »Friedensrede« zu halten. In jener Zeit ließ er sein Buch *Mein Kampf* in Millionenauflage drucken und verteilen, in dem er seine über die Revision des Versailler Vertrages weit hinausgehenden Ziele mit verblüffender Offenheit dargelegt hatte. Aber weder In- noch Ausländer wollten ihm glauben. Daß er noch Anfang Mai in einem für die englische Öffentlichkeit bestimmten Interview neben den üblichen Friedensbeteuerungen und der Versicherung, keine Ausdehnung nach Übersee anzustreben, erklärte: »Unser Schicksal ist an den Osten unserer Grenze gekettet«, schien gleichfalls niemanden zu stören. Die auf einer hinteren Seite der *»Voss«* vom 5. Mai bekanntgegebene Verlängerung des »Berliner Vertrages« wurde natürlich in Polen mit größter Aufmerksamkeit registriert. Doch hatte Hitler schon am Tage zuvor dem polnischen Gesandten in Berlin eine »leidenschaftslose Überprüfung« des deutsch-polnischen Verhältnisses zugesagt, und so sprachen beide Seiten von einer entspannten Atmosphäre.

»Ohne Leidenschaftlichkeit« in der Außenpolitik – dies war auch der Tenor der großen Reichstagsrede Hitlers vom 17. Mai. Da er vorerst an keine außenpolitischen Initiativen dachte, konnte es keine besonderen Emotionen geben. Im übrigen hätten Hitlers Ausführungen bei Weglassung der gewohnten nationalsozialistischen Phrasendrescherei inhaltlich auch von den Außenministern der Weimarer Republik gebilligt werden können. Über die Rüstungsgleichheit bestand seit langem Einigkeit. 1928 hatte bereits der meinen erkrankten Vater vertretende Reichskanzler Hermann Müller im Genfer Völkerbund den französischen Außenminister Briand zu einer überraschend aggressiven Rede gereizt, als er den Westmächten in der Frage der Abrüstung Doppelzüngigkeit vorwarf. Hitlers Versicherung, keine Regierung werde eine Vereinbarung beseitigen, wenn sie nicht durch eine andere ersetzt werden könne, seine Erkenntnis, Krieg sei ein untaugliches Mittel, um »an die Stelle des Schlechten von Heute das Bessere von Morgen zu setzen«, ein Krieg könne nur »das europäische Gleichgewicht noch tiefer erschüttern und noch mehr Keime des Unfriedens und Hasses säen«, möglicherweise zu einem »kommunistischen Chaos« führen, all dem konnten Rathenau, Stresemann, Brüning wie auch die Sozialdemokraten zustimmen. Ob sie allerdings Hitlers pathetischer Feststellung: »Den Krieg verbietet auch die Ideologie des Nationalsozialismus« gleichfalls zugestimmt hätten, braucht hier nicht weiter untersucht zu werden. Hingegen allgemeines Einverständnis, als Hitler sich gegen eine »Germanisierung« wandte und sogar leugnete, diesen Begriff zu kennen. Schließlich Hitlers Bereitwilligkeit, jedem Nichtangriffspakt beizutreten, da »Deutschland nicht an Angriff denkt«!

Im Reichstag riesiger Widerhall und »Heil-Rufe«, alle, auch die noch verbliebenen Sozialdemokraten, stimmten der vorgelegten Billigungsresolution zu. Jubel auch im Lande. Daladier, der französische Ministerpräsident, beeindruckt – im Gegensatz zu den meisten Pariser Pressestimmen. In der Londoner *Times* sprach man vom »Staatsmann Hitler«, von einer Besserung der Atmosphäre, während der *Daily Telegraph* etwas nüchterner meinte, eine Rede allein könne das verlorene Vertrauen nicht vollständig wiederherstellen. Immerhin wurden auf Initiative von Mussolini Verhandlungen zum Zwecke des Abschlusses eines »Viermächtepaktes« eingeleitet, der auch in Rom paraphiert, aber nie ratifiziert wurde.

Wie leicht ließ sich doch das Ausland einlullen! Trotz aller Friedensschalmeien enthielt die Rede Hitlers eine handfeste Drohung: Sollte nämlich die auch in Völkerbundkreisen anzutreffende Diffamierung des Naziregimes anhalten, so würde Deutschland den Völkerbund verlassen. Aber wer nahm diese Drohung ernst? Wer erkannte Hitlers Taktik, seine geschickten Beschwichtigungsversuche, seinen geheuchelten Friedenswillen und all seine schönen Beteuerungen? Sicherlich war dies nicht leicht, und noch immer hieß es überall: »Wait and see«. Es wäre gelogen, wollte ich mich etwa ausnehmen. Aber mußten ausländische Regierungen, ausländische Vertreter, die in Berlin das Geschehen genau beobachten konnten, sich nicht fragen, ob ein Mann, der seine politischen und sonstigen Gegner im eigenen Land so schändlich behandelte, nicht noch viel schlimmer verfahren würde, wenn es sich einmal um ausländische Gegner handeln würde? Und wie verfuhr Hitler, der Mann aus Braunau, mit seinem eigenen, dem österreichischen Volk? Dort versuchten die Nazis sogleich Fuß zu fassen, das Land ohne formellen »Anschluß« zu nazifizieren, allmählich zu übernehmen. Aber der österreichische Kanzler Dollfuß leistete Widerstand, es kam zum Verbot der aufsässigen NSDAP sowie der österreichischen SA und SS, worauf Hitler kurzerhand über seine Heimat eine Grenzsperre verhängte. Wer nach Österreich wollte, mußte für ein Visum die damals horrende Summe von tausend Mark bezahlen und machte sich überdies verdächtig!

Die Gelassenheit im Ausland und im Berliner diplomatischen Corps war erstaunlich. Insbesondere der französische Botschafter François-Poncet (die angelsächsischen Botschafter wechselten zu jener Zeit) zeigte sich beeindruckt von Hitler und seinen Massenkundgebungen, vielleicht auch von Görings überall veröffentlichter Versicherung, Deutschland werde nie einen Angriffskrieg gegen Frankreich führen, beide Nationen müßten einen »gemeinsamen« Weg gehen. Seltsam, wie Hitler drinnen und draußen verkannt wurde. Noch immer überwog jene fatale westliche Mentalität, man könne sich nach 1918 wieder zur Ruhe begeben, und alles bliebe beim alten. Nur wenige begriffen oder wollten begreifen, daß ein solcher Weltkrieg, dazu noch verbunden mit der russischen Revolution, tiefgehende Veränderungen in der gesamten Welt hervorrufen mußte, daß ein Hitler, bei Kriegsende völlig unbekannt, nach seiner Machtübernahme sich kaum auf den eingefahrenen Gleisen bewegen würde.

Für eine außenpolitische Initiative Hitlers war es zu früh. Soweit sich außenpolitische Schritte als absolut notwendig erwiesen, galten sie gleichzeitig, wenn nicht vornehmlich, innenpolitischen Zwecken. Das am 30. Juli abgeschlossene Konkordat mit der Kurie vergrößerte unzweifelhaft das weltpolitische Ansehen der neuen deutschen Regierung. Wenn die katholische Kirche glaubte, mit einem Hitler paktieren zu können, der bereits Tausende von politischen Gegnern hinter Schloß und Riegel gebracht hatte, unter dessen Regime für große Geister wie Albert Einstein, Paul Klee, George Grosz, Otto Dix, Heinrich Mann, Arnold Schönberg kein Platz mehr war, so gab sie damit ein unmißverständliches, mit ihren eigenen Grundsätzen im Widerspruch stehendes Signal zugunsten des Naziregimes. Daß beide Seiten sich beim Konkordatsbeschluß stark von Opportunitätsüberlegungen leiten ließen, war bei Hitler und seinem Unterhändler von Papen verständlich, bei der Kurie unverzeihlich. Ihre Aufgabe wäre es schon damals und weit mehr noch in den folgenden Jahren gewesen, Hitler und seine Anhänger in Acht und Bann zu tun. Eine Weltkirche kann sich eine »Appeasementpolitik« nicht leisten, ohne selbst schweren Schaden zu nehmen. Die Kirche als moralische Anstalt gerät ins Zwielicht, wenn sie, statt Frevler laut anzuklagen, sich mit ihnen zusammensetzt und einen Vertrag aushandelt. Die deutschen Protestanten, die in ihrer großen Mehrheit unter Führung des Hitler untertänigen Reichsbischofs Müller das verbrecherische Treiben der Nazis lautstark und vorbehaltslos unterstützten, haben offensichtlich diese ihre schmähliche Vergangenheit auch heute noch nicht ganz bewältigt mit der Folge, daß sie nun oftmals ins andere Extrem fallen. Aber auch die katholische Kirche, deren oberster Repräsentant ihr zusätzlich Schaden zufügte, indem er bei der Besetzung Roms durch deutsche Truppen – sicherlich aus ehrenwerten Gründen – in der Vatikanstadt blieb, statt ins Exil zu gehen, darf sich nicht beklagen, wenn ihr Verhalten während der zwölf Nazi-Jahre in der Geschichte eine negative Beurteilung erfahren hat. Denn noch weniger als der einzelne Mensch kann sich eine Kirche gegenüber den schlimmsten Verletzungen der *humanitas* passiv verhalten, »um Schlimmeres zu verhüten«. – Es tut mir innig leid, dies niederschreiben zu müssen. Zwischen Nuntius Pacelli, dem späteren Papst Pius XII., und meinen Eltern bestand eine sehr warme persönliche Verbindung. Der Papst, der 1950 meine Mutter in Privataudienz empfing, schrieb zwei Jahrzehnte zuvor bei seinem Abschied aus Berlin, wie viel es ihm bedeute, gerade während der Stresemann-Jahre in der Reichshauptstadt gewirkt zu haben.

Inzwischen nahm die Zahl der Flüchtlinge aus Deutschland zu, nachdem die Sozialdemokratische Partei schlicht verboten und ihr Vermögen beschlagnahmt worden war. Kein Wunder, daß viele SPD-Mitglieder zusammen mit der immer größeren Zahl jüdischer Emigranten im Ausland Alarm schlugen und die schlimmen Verstöße der Nazis gegen die Menschenrechte (wie man heute sagen würde) anprangerten. Nun gab es für solche Anschuldigungen wie für eine etwaige Rechtfertigung ein in der ganzen Welt geachtetes Forum: den Völkerbund in Genf. Deutschland, seit Herbst 1926 Mitglied, durch Verleihung eines ständigen Ratssitzes als Großmacht anerkannt, hatte sich des Völkerbundes oft genug und nicht ohne Erfolg bedient, wann immer es um den Schutz der deutschen Minderheiten in Polen und anderen Ländern ging. Jahr um Jahr vermochte die deutsche Delegation in Genf eine gewichtigere Rolle zu spielen, die Chance zu nutzen, um sich vor der Weltöffentlichkeit Gehör zu verschaffen. Zusätzlich gaben die viermal im Jahr stattfindenden Ratssitzungen dem deutschen Außenminister die unerhört wichtige Möglichkeit persönlicher Fühlungnahme. Gewiß, der Völkerbund war – ähnlich wie heute die UN – ohne entscheidende militärische Macht, wurde deswegen – im Gegensatz zur Haltung der meisten westlichen Länder – in weiten Kreisen Deutschlands geringschätzig abgetan, galt überdies als Produkt von Versailles; aber dennoch: Die internationale Bedeutung eines Auftritts vor der Vollversammlung mit der Möglichkeit einer weltweiten moralischen Wirkung blieb unleugbar.

So nahm es nicht wunder, daß die Nazis der kommenden Herbsttagung des Völkerbundes nicht ohne Sorge entgegensahen und neben Außenminister von Neurath keinen Geringeren als Goebbels nach Genf sandten. Er sollte das neue Deutschland als friedensliebende Nation verkaufen, die sich gegenüber Juden und innenpolitischen Gegnern fair und gemäßigt verhalte. Geschickt gab der Propagandaminister anfängliche Übergriffe zu, versicherte dann aber, jetzt sei alles ruhig und geordnet. Doch auf dem Genfer Parkett überzeugte er nicht und kehrte enttäuscht nach Berlin zurück. Hitler schäumte. Als die Westmächte ihre Abrüstung respektive eine deutsche Aufrüstung um vier Jahre verschieben wollten, verließ die deutsche Delegation die Abrüstungskonferenz und fünf Tage (14.10.1933) später den Völkerbund. Die Nachricht schlug wie eine Bombe ein, nicht nur in Genf, sondern auch in Berlin, zumal Hitler, wie zuvor, mit diesem Schritt einen innenpolitischen Zweck verfolgte. Er löste den Reichstag auf, verband mit der Neuwahl eine Art Plebiszit, wozu ihm ein Gesetz vom 14. Juli 1933 die Möglichkeit gab. Die Neuwahl, selbst eine Farce, da ein anderes Gesetz gleichen Datums (»Gegen die Neubildung von Parteien«) den Einparteienstaat eingeführt hatte. Dafür durfte nun die Regierung nach eigenem Gutdünken das Volk »befragen«, ob es mit der einen oder anderen Maßnahme, die die Regierung »beabsichtige«, einverstanden sei. Neue deutsche »Demokratie«, der Gipfel der Verlogenheit! Zwölf Jahre später erlebte man einen anderen aufrechten »Demokraten«: Jossif Wissarionowitsch Stalin.

In Berliner Kreisen schüttelte man den Kopf, belächelte Hitlers neues »demokratisches Verständnis«, wies auf die »splendid isolation« hin, in die der glorreiche »Führer« sich und Deutschland hineinmanövriert hatte. Viele stimmten mit »Nein«, nach wie vor zeigten sich die Großstädte »widerspenstig«. Trotz des populären Völkerbundaustritts, der tollen Propaganda (Hitler im Berliner Sportpalast: »Lieber sterbe ich, als daß ich etwas unterzeichne, was nicht erträglich ist ...« *»Voss«* vom 25.10), trotz der Appelle aller Berufsgruppen und der Kirchen (nun natürlich auch der katholischen), trotz des Eingreifens Hindenburgs, der am Tage vor der Wahl zu einem »Ja« aufrief, lagen die Ergebnisse in Berlin, Hamburg, Bremen und anderen größeren Städten wesentlich unter dem Durchschnitt von 95 Prozent. (In Charlottenburg, wo ich meine Stimme abgab, votierten 76,6 Prozent mit »Ja«.) Alles in allem ein äußerst geschickter »Coup«, den Hitler gelandet hatte: Nur noch ein zur Akklamation bestimmter Ein-Parteien-Reichstag (die gleichzeitig aufgelösten

Länderparlamente starben eines sanften Todes, indem ein Termin für Neuwahlen nicht mehr genannt wurde!), die gebilligte Isolation eines Volkes, das, wie es hieß, weitere »Demütigungen« ablehnte.

Hitlers auf die Innenpolitik zielender Auszug aus Genf hätte leicht ein Spiel mit dem Feuer werden können, wenn sich die Regierungen in Paris, London, Warschau und anderen verbündeten Ländern, aber auch ein wegen der Bedrohung Österreichs nachdenklich gewordener »Duce«, zu einem einheitlichen Vorgehen (»Bis hierhin und nicht weiter«) aufgerafft hätten. Das isolierte Reich war trotz allen Nazi-Gebrülls militärisch (noch) ein schwaches Land. Mit seiner in Versailles zugebilligten Berufsarmee von hunderttausend Mann, ohne Flugzeuge, ohne modernste Waffen, befand sich Hitler in einer hoffnungslosen Lage, insbesondere wenn eine Bedrohung sowohl von Frankreich als auch von Polen ausgegangen wäre. Jetzt war die Gelegenheit günstig, sich Respekt zu verschaffen, mit Berlin Fraktur zu reden. Deutschland war eingekreist, Paris und Warschau konnten gemeinsam einen erheblichen, entscheidenden Druck ausüben. Im Gegensatz zu 1923 war Hitler nunmehr realistisch genug, sich vorerst nicht auf außenpolitische Abenteuer einzulassen. Schon eine Teilmobilmachung in Frankreich und Polen hätte mit Sicherheit Wirkung gezeigt. Viele in Paris und in Berlin erwarteten irgendwelche Gegenmaßnahmen von alliierter Seite; mir sind solche Überlegungen und Gedanken noch gut in Erinnerung. Aber statt zu handeln, wurde im Westen debattiert und nach einem Ausweg gesucht. Hitlers geschickter Vorschlag einer deutschen Armee von 300 000 Mann – für die Engländer eine denkbare Verhandlungsgrundlage, für die Franzosen nicht akzeptabel (was Hitler wußte) – vergrößerte die herrschende Unsicherheit in den westlichen Hauptstädten und verhinderte jede Initiative, wenn eine solche überhaupt geplant war. Statt dessen handelte Hitler – in einer völlig unerwarteten, überaus kühnen Weise.

Der deutsch-polnische Nichtangriffspakt vom 26. Januar 1934 mit einer Gültigkeitsdauer von zehn Jahren verpflichtete beide Staaten, sich über alle sie betreffenden Fragen unmittelbar zu verständigen und auf jede Gewaltanwendung zu verzichten. Eine Riesenüberraschung für die Welt, insbesondere für alle Deutschen. Bisher galt die deutsche Außenpolitik, vor allem die der Weimarer Republik, vorrangig einer Verständigung mit den Westmächten, um später im Einverständnis mit Paris und London den seit langem erkannten Schwachpunkt von Versailles, nämlich die deutsche Ostgrenze, zugunsten des Reichs zu ändern. Stets wurde daher ein »Ost-Locarno« abgelehnt. Hätte sich mein Vater hierzu entschlossen, er wäre vermutlich gelyncht worden. Die Aufgabe von Straßburg war ihm von einem großen Teil des Bürgertums aufs schwerste verübelt, von den Nazis als Verrat bezeichnet worden. Eine Aufgabe von Danzig wäre, selbst wenn er sie gewollt hätte, niemals durchsetzbar gewesen. Als ich ihn einmal auf die in Paris immer wieder geforderte deutsche Garantie der deutsch-polnischen Grenze ansprach, wies er einen solchen Gedanken energisch von sich. Nun gab Hitler mit einem Federstrich sämtliche deutschen Revisionswünsche auf, die mein Vater schon mit Briand und Chamberlain eingehend und mehrfach erörtert hatte. Zugleich übernahm der »Führer« die Außenpolitik, denn auch Neurath gehörte zu den »Revisionisten« (vielleicht eingedenk des *Sunday-Express*-Interviews Hitlers vom 12. Februar 1933, in dem er noch die Rückgabe des Korridors verlangt hatte). Zum erstenmal jedenfalls errang Hitler einen außenpolitischen Erfolg ersten Ranges, sprengte mit dem deutsch-polnischen Pakt die Einkreisung und demonstrierte den angeblichen Friedenswillen der Nazis in einer noch kurz zuvor für unmöglich gehaltenen Weise.

Was hatte sich auf der polnischen Seite ereignet, um eine solche Wende herbeizuführen? Männer machen eben doch Geschichte! In Polen regierte Marschall Pilsudski, Staatschef und Oberbefehlshaber der polnischen Armee; ihm war 1920 »Das Wunder an der Weichsel« im russisch-polnischen Krieg zu danken gewesen. Pilsudski kämpfte während des Ersten Weltkrieges zuerst auf seiten der Österreicher gegen die Russen, wurde aber 1917 in Magdeburg gefangengehalten, weil er eine Verschwörung gegen die Mittelmächte angezettelt hatte. Dennoch erwies er sich als Freund des deutschen Militärs; nach einer Begegnung mit ihm in Genf Ende 1928 zeigte sich mein Vater sehr beeindruckt von dem Verständigungswillen des polnischen Marschalls. Interessant, daß Briand meinen Vater geradezu ermunterte, mit Pilsudski über eine Revision der deutschen Ostgrenze zu sprechen, was jedoch nicht geschah, da mein Vater es nicht für richtig hielt, gleich bei der ersten Begegnung mit der Tür ins Haus zu fallen. Pilsudski erzählte damals mit erstaunlicher Begeisterung von seinen Magdeburger Gefängnistagen und schien diesen Ausflug in die Vergangenheit zu genießen. Mein Vater, der aus Gesundheitsgründen nie gedient hatte, fand es nicht ganz leicht, mit dem immer wieder in alten Anekdoten schwelgenden Marschall ein echtes politisches Gespräch zu führen, mit ihm vor allem die Frage der deutschen Minderheiten in Polen eingehend zu besprechen. Pilsudski meinte, alles dies lasse sich problemlos regeln, und zeigte sich, ohne in Einzelheiten zu gehen, den Deutschen gegenüber äußerst zugänglich.

Diktatoren empfinden nicht selten füreinander Hochachtung, wenn nicht Sympathie. Pilsudski, kein geborener Politiker, war offensichtlich von Hitlers Machtübernahme und schnellem Aufstieg beeindruckt, hoffte, in ihm einen Verbündeten gegen Rußland zu gewinnen, hatte schon Ende 1932 einen damals wenig beachteten Wechsel im polnischen Außenministerium vollzogen, anstelle des mehr westlich orientierten Ministers Zaleski den konservativen, zur Pilsudski-Clique gehörenden Oberst Beck ernannt, der seinen Vertrauten Josef Lipski als Gesandten nach Berlin schickte. Ich habe mich später einmal mit Lipski über die Gründe für das Zustandekommen des deutsch-polnischen Paktes unterhalten. Polen, so sagte er, sei schon 1925 tief enttäuscht gewesen, als Briand in Locarno keine gleichwertige Grenzgarantie für die polnische Westgrenze durchgesetzt habe. Frankreichs spätere unentschlossene Haltung gegenüber Hitler, das »Maginot-Denken« der auf Verteidigung bedachten Franzosen, auf der anderen Seite Hitlers antikommunistische Parolen und die Hoffnung, im deutschen Diktator einen echten Verbündeten gegen das so verhaßte Moskau zu erhalten, seien die Hauptgründe gewesen, das traditionell enge Bündnis mit den Franzosen zu lockern und dafür Hitlers Zusage einer Respektierung der deutsch-polnischen Grenze zu erhalten. »Ihr Vater, der Reichspräsident, alle Reichsregierungen,« so sagte Lipski dem Sinne nach, »vor allem Seeckt und die Reichswehr wollten, wenn nötig auch gewaltsam, eine Revision der Grenze. Dank Hitler bahnt sich nun eine Verständigung an.« Als ich dem Gesandten erzählte, wie mein Vater noch in seinen letzten Lebenstagen sich um eine deutsch-polnische Verständigung – als ersten Schritt auf handelspolitischem Gebiet – bemüht, noch kurz vor seinem Tode wegen der deutschnationalen Opposition gegen die Einfuhr polnischen Schweinefleisches geradezu verzweifelt gesagt habe, »ich erlebe das polnische Schwein nicht mehr«, gab es bei Lipski nur ungläubiges Kopfschütteln. Was ich dem Gesandten nicht sagte, war dies: Kurz vor seinem Tode hatte mein Vater ein sehr wichtiges Revirement im Auswärtigen Amt vorgesehen und mir mehrfach davon erzählt. Die entscheidende Veränderung betraf den Staatssekretär Carl von Schubert; ihm war die Leitung der deutschen Botschaft in Rom zugedacht. An seine Stelle sollte der bisherige deutsche Gesandte in Warschau Ulrich Rauscher treten, mit dem mein Vater eine Annäherung an Polen versuchen wollte, ohne allerdings von der Möglichkeit einer friedlichen Revision der deutschen Ostgrenze in späterer Zukunft abzugehen.*

Nun geschah etwas, das noch kurze Zeit zuvor undenkbar erschien. Im Hitlerreich gab es das herzlichste Willkommen für Polen, für Land und Leute. Hitler befahl, und Goebbels eröffnete eine Propagandaschlacht für die lieben Polen. Lipski hätte Doyen des diplomatischen Corps werden können, wenn diese Position nicht traditionsgemäß der Nuntius, also der Vertreter der katholischen Kirche, innegehabt hätte. Polnische Künstler, Tanzgruppen aus Warschau, wurden mit Jubel begrüßt, Jan Kiepura, der berühmte polnische Tenor, sang im Anschluß an ein Gastspiel in der Staatsoper Unter den Linden noch außerhalb der Oper vor einer begeisterten Menge, Huldigungen an die polnische Kultur waren an der Tagesordnung, von der Danzig, der Korridor oder deutschsprachige oberschlesische Städte plötzlich gestrichen waren. Der kurz zuvor noch weithin benutzte Ausdruck »Polnische Wirtschaft«, Synonym für mehr oder weniger chaotische Verhältnisse, verschwand. Auf der anderen Seite einige freundschaftliche Bezeugungen der polnischen Regierung; mochten auch fromme katholische Polen den deutschen Nazis mißtrauen, der Papst selber hielt sie für vertrauenswürdig, hätte sonst kein Konkordat mit der Hitler-Regierung abgeschlossen. – Im Ausland stiftete der Pakt mit Warschau größte Verwirrung. Durfte man Hitlers wiederholten Versicherungen, er wolle nur den Frieden, vielleicht doch glauben? Wie konnte er etwas aufgeben, was die Alliierten, sicherlich zu einem sehr viel späteren Zeitpunkt, am ehesten konzediert hätten? Nun war die alte, nach Versailles aufgebaute »Achse« Paris-Warschau nicht mehr intakt, die Unsicherheit noch mehr gewachsen, und erneut schien es keine eindeutige Antwort auf die Frage zu geben: »Quo vadis, Germania?«

* Bei einem zufälligen Telefonat im Frühjahr 1987 bestätigte mir Professor Theodor Eschenburg das beabsichtigte Revirement im Auswärtigen Amt und sagte, Rauscher habe ihm selbst von seiner in Aussicht genommenen Ernennung zum Staatssekretär des Auswärtigen erzählt.

In einem einzigen Jahr hatte Hitler die gesamte Macht an sich gerissen, unter dem Jubel eines Großteils der Bevölkerung die »Nationale Revolution« verkündet, den Reichspräsidenten praktisch in den Ruhestand versetzt, Reichstag, Länder, Länderparlamente entmachtet, Berufsorganisationen, Gewerkschaften, Kirchen, alle höheren Beamten etc. »gleichgeschaltet« und eine Diktatur errichtet, die ihm und seinen Gefolgsleuten uneingeschränkte Gewalt über Tod und Leben verschaffte. Außenpolitisch war es ihm gelungen, die seit Versailles bestehende Umklammerung Deutschlands zu lösen. Alles in allem ein ungeheurer, von niemandem, wohl auch nicht vom »Führer« selbst erwarteter Durchbruch.

Wie konnte dies geschehen? Zwei extreme Ansichten sollen zunächst erörtert werden. Die eine besagt, die Deutschen selbst seien das erste Opfer Hitlers gewesen; er habe sie überrollt, versklavt, ohne jedwede Möglichkeit ihrerseits, sich zur Wehr zu setzen. Hieran ist nur richtig, daß Hitler bereits während des ersten Monats seiner Kanzlerschaft aufgrund der berüchtigten Notverordnungen vom 6. und 28. Februar die Macht in Händen hatte. Aber er beschränkte ihre Ausübung bewußt auf eine allerdings haarsträubende Manipulation der anstehenden Wahlen zum Reichstag, war klug genug, nicht sofort alle sich theoretisch bietenden Chancen auszunutzen. Keine »Politik der kleinen Schritte«, doch hütete sich der »Führer« ebenso vor zu großen Schritten. Wie er in *Mein Kampf* dargelegt hatte, sollten sich alle neuen Maßnahmen in stets wohlüberlegten Grenzen halten; nie durfte eine für sich genommen Anlaß zu Protesten oder gar zum Widerstand geben.

Die andere Ansicht hört man noch heute. »Was wollen Sie«, wurde mir zum Beispiel bei einem Vortrag in Israel vor einigen Jahren gesagt, »Hitler war unvermeidlich, mußte früher oder später an die Macht kommen.« Er habe lediglich gebracht, was die Deutschen schon immer wollten, Autorität, Ausrichtung auf ein Ziel, Disziplin, Brutalität gegen Andersdenkende. Deutsche seien eben für eine Demokratie, für die Freiheit nicht geschaffen, nur so lasse sich das rasante Ende aller demokratischen Einrichtungen erklären. – Auch diese Ansicht erscheint nicht akzeptabel. Die von vornherein wegen ihrer aufgepfropften Staatsform auf tönernen Füßen stehende »ungeliebte Republik« mit ihren wirtschaftlichen Zusammenbrüchen, der furchtbaren Bürde von Versailles und einer jahrelangen Aushöhlung und Unterwanderung ihrer Verfassung durch reaktionäre Kräfte bot einem Volksverführer mit dem Negativ-Charisma eines Hitlers außerordentliche Möglichkeiten zur Aufhetzung der Massen, zu populären Klagen und Anklagen. Wenn unter solchen Umständen die Nazis bei den letzten freien Wahlen im Juli und November 1932 – und nur diese zählen – erst 37 Prozent und dann nur noch 32 Prozent der Stimmen erzielten, so stellen diese Ziffern der deutschen Wählerschaft eher ein positives Zeugnis aus, widerlegen die Behauptung von der logischen Notwendigkeit des Hitlerregimes aufgrund des deutschen Charakters, die wie jede Generalisierung vom Übel ist.

Wie immer findet man die wohl beste Antwort in der Mitte. Gerade die Geschichte unseres Jahrhunderts lehrt, daß eine relativ starke, zur Durchsetzung ihrer Ziele festentschlossene Minderheit genügen kann, um an die Macht zu kommen. Einmal in ihren Besitz gelangt, wird sie bestrebt sein, sich die eroberte Macht in kürzester Zeit vollständig anzueignen. Auch der »Duce« war Repräsentant einer Minderheit, als er den Marsch auf Rom antrat. Ähnliches gilt nach 1945 für die Ostblockstaaten, deren kommunistische Minderheiten bei freien Wahlen wohl heute noch in der Minderheit bleiben würden. Hitler aber gab das eklatanteste Beispiel: Gleichfalls Führer einer Minderheit, überrumpelte er die träge Masse Andersdenkender, überschwemmte Freund und Feind mit Reden, Aufmärschen und Feiern, versetzte bei seinen verbalen Beschwörungen zuerst sich selbst, dann seine Zuhörer in Ekstase und entließ Tausende, nicht selten Zehntausende in einer Hochstimmung, wie sie nur eine meisterlich herbeigeführte Massenpsychose erzeugen kann. Daß junge Menschen auf der Suche nach neuen Idealen dem »Führer« zuflogen, ihre Eltern mit dem »Hitler-Bazillus« ansteckten, darf nicht wundernehmen. Fast durchweg politisch ungeschult, von konservativ-reaktionären Lehrern oftmals falsch informiert, wenn nicht sogar aufgehetzt, sahen sie in Hitler einen Heilbringer, glaubten an die versprochene heroische Erneuerung des deutschen Vaterlandes, hielten Übergriffe, soweit sie überhaupt in der Lage waren, diese wahrzunehmen, für temporär. Wer offenen Auges das erste Hitlerjahr erlebte, kann jene Hochstimmung in weiten Teilen der Jugend noch am ehesten verstehen. Ihr Vorrecht: Radikalität um eines Ideals willen. 1914 gingen blutjunge Freiwillige bei Langemarck unter dem Gesang der deutschen Nationalhymne in den Tod. 1933 jubelten junge Menschen Hitler zu, vermochten nicht zu erkennen, daß sie Schaden nahmen an ihrer Seele.

Weder ein »Opfer« Hitlers noch für ein Hitlerregime prädestiniert, ließ sich das deutsche Volk zu einem großen Teil vom »Führer« schlichtweg überrumpeln. Nach *Wahrigs Deutsches Wörterbuch* bedeutet »überrumpeln«: »überraschen und verblüffen«. In der Tat, mit der »Vaterfigur« Hindenburg als Aushängeschild gelang Hitler ein Überraschungs- und Verblüffungseffekt sondergleichen, der ihm nach dem 30. Januar 1933 in kürzester Zeit die völlige Machtergreifung ermöglichte. Auch am 30. Januar 1934 waren sich die wenigsten darüber im klaren, daß ihnen keine Freiheitsrechte mehr zustanden. Noch spürten sie die Ketten kaum, die immer enger um sie gelegt werden sollten. In der Presse konnte man noch ab und zu über Aktivitäten deutscher Künstler jüdischen Glaubens lesen. Als der berühmte Schauspieler und Komiker Max Pallenberg, der in Deutschland nicht mehr auftreten durfte, Mitte Juni 1934 mit dem Flugzeug verunglückte, bildete sein Tod die Überschrift einer Berliner Abendzeitung. Die meisten jüdischen Geschäfte existierten vorerst weiter. Überdies hoffnungsvolle Anzeichen für eine weitere wirtschaftliche Besserung. Im September war laut »*Voss*« (vom 8.9.33) die Zahl der Arbeitslosen auf etwa vier Millionen zurückgegangen, ein Erfolg, der auch einer Regierung Schleicher zugute gekommen wäre. Denn auf dem Gebiet der Arbeitsbeschaffung war bisher nichts grundlegend Neues geschehen, mit dem Bau der Autobahnen wurde erst später begonnen. Wohl aber erweiterte sich der »Silberstreifen« am Horizont der Weltwirtschaftskrise, und Hitler trug hierzu bei, indem er erst einmal der Privatinitiative freien Lauf ließ und damit die Doktrinen des »linken« Flügels seiner Partei über den Haufen warf.

So fanden die Verführungskünste des »Führers« Widerhall und Wirkung. Allerdings nicht überall. In Berlin erzählte man sich einen die Stimmung kennzeichnenden Witz. Jemand ruft einen Freund an, falsche Verbindung, es meldet sich jemand anders. »Oh, da habe ich falsch gewählt«, entschuldigt sich der Anrufende. »Wem sagen Sie det, det ham wa alle« die treffende, typisch berlinerische Antwort. Doch »mitgefangen, mitgehangen« – an diese alte Volksweisheit dachten im Lande nur wenige. Und wer hätte Hitler die Macht noch nehmen oder zumindest ein Gegengewicht aufrechterhalten können?

Der 30. Juni 1934

Oase Berlin

Isa Vermehren, einst hochbegabte Schauspielerin und Kabarettistin, später Klosterschwester mit Lehrauftrag, erzählte vor einiger Zeit in einem Fernsehinterview, wie sie, noch nicht siebzehnjährig, wegen Verweigerung des »Hitlergrußes« aus ihrer Heimatstadt Lübeck nach Berlin kam, um »in der Anonymität der Großstadt unterzutauchen«. Bei der bereits erwähnten »Katakombe« sang sie vor, wurde sofort engagiert und brauchte vorerst aus ihrer Anti-Hitler-Gesinnung kein Hehl zu machen. In der Tat, trotz fortschreitender Gleichschaltung konnte man in der Reichshauptstadt noch einigermaßen frei atmen, befand sich meist unter Gleichgesinnten, das heißt ausgesprochenen Gegnern des NS-Regimes; Berlin blieb noch auf Jahre eine Oase in der Wüste des sich überall rasch ausbreitenden Hitlerismus. Es hat damals keine einzige Geselligkeit gegeben, bei der mir nicht offen, später hinter vorgehaltener Hand, gesagt wurde, einen wie anderen Verlauf die Dinge genommen hätten, wäre mein Vater am Leben geblieben. Ein Gleiches galt bei ausländischen Empfängen; der sich zu Lebzeiten meines Vaters ganz natürlich ergebende Kontakt mit zahlreichen Diplomaten hielt auch später an, und ich wurde oftmals Zeuge negativer Äußerungen über Hitler, seinen Regierungsstil, seinen Rassenwahn. Selbst in der italienischen Botschaft gab es Kopfschütteln, und österreichische Vertreter erwiesen sich bals als ärgste Feinde ihres ehemaligen Landsmannes, man sprach von der »Rache für Königgrätz«. In einem Punkt waren sich alle einig: Dieses Naziregime konnte nicht von langer Dauer sein!

Damals arbeitete ich bei einem Bankhilfsinstitut, das sich »Tilgungskasse für gewerbliche Kredite«, abgekürzt »Tilka« nannte und von der Reichsbank gegründet worden war, um den Banken bei der notwendigen Abschreibung von alten Forderungen gegen inzwischen sanierte Unternehmen zu helfen. Von den drei Direktoren lehnten zwei Hitler strikt ab, während der dritte, ein völlig unpolitischer jüngerer Bankfachmann, der Partei, wohl aus Opportunitätsgründen, angehörte. Jedenfalls störte er, mit dem ich öfters Tennis spielte, das ausgesprochen nazifeindliche Betriebsklima nicht im geringsten. Vom Prokuristen hörte man die neuesten Hitler-Witze, begrüßte sich mit einem besonders betonten »Guten Morgen«, dann begann die »Morgenandacht«, bei der ein jüdisches Mitglied der Bank – nach dem Zweiten Weltkrieg deutscher Generalkonsul in Palermo – über laufende Bank- und Wirtschaftsereignisse berichtete. Ging es zu einem der beiden Anti-Nazi-Chefs, so wurde nach Besprechung der Sachfragen eingehend »politisiert«, glücklicherweise gab es keine »Wanzen«, sonst wären wir alle sehr bald im Gefängnis gelandet.

Daß ich mich während meiner Freizeit der Musik widmete, verstand sich von selbst. Vor allem besuchte ich Furtwänglers Konzerte, nach wie vor ein – auch von den Nazis nicht antastbares – Labsal. Noch im Februar 1934 programmierte Furtwängler Mendelssohns Sommernachtstraum-Musik und dirigierte bald darauf die Uraufführung von Paul Hindemiths drei Vorspielen zur Oper »Mathis der Maler«. Obwohl der deutsche Komponist, vor allem bei älteren Musikfreunden – übrigens völlig zu Unrecht –, als schlimmer »Avantgardist« galt, gab es einen Riesenerfolg. Nie zuvor wurde Hindemith so beklatscht wie bei den Konzerten am 11. und 12. März 1934. Daß er sich wieder der Tonalität, allerdings seiner eigensten Prägung, zugewandt hatte, bemerkten die minutenlang applaudierenden Abonnenten wohl am allerwenigsten; gewiß galt ihr Beifall der großartigen Musik, die inzwischen zum Repertoire aller führenden Orchester gehört, darüber hinaus aber besaß er ostentativen Charakter, richtete sich gegen die Nazis, insbesondere ihre schändliche Kulturpolitik, ihren Antisemitismus (Hindemith verließ später Deutschland wegen seiner »nichtarischen« Frau), gegen Goebbels, der Hindemith als »atonalen Geräuschmacher« bezeichnete. Sehr bald nach der »Machtübernahme« schien sich der Musikgeschmack des Berliner Publikums drastisch geändert zu haben. Wurde selbst Furtwängler noch in den zwanziger Jahren nach Aufführungen von Strawinskys »Sacre du Printemps« und weit mehr noch nach der von ihm dirigierten Uraufführung von Schönbergs »Orchestervariationen« (Opus 31) ausgepfiffen und ausgezischt, so konnte man nunmehr ziemlich sicher sein, daß jedes zeitgenössische Musikwerk, besonders wenn es »dissonant« klang, einen Riesenerfolg haben würde. Die Zahl solcher Kompositionen wurde unter dem Druck der Nazis natürlich geringer. Immerhin erinnere ich mich an die Erstaufführung von »Lulu-Exzerpten« von Alban Berg durch Erich Kleiber mit der Staatskapelle (zuerst ertönte ein »Heil-Mozart«-Ruf eines einzelnen, dann immenser Beifall), an stürmisch beklatschte Werke von Prokofieff, die von Furtwängler dirigierte »Musik für Saiteninstrumente, Schlagzeug und Celesta« von Bartok und an eine, wie ich glaube, von Ansermet geleitete Wiedergabe von »Sacre du Printemps«, der demonstrativer Riesenapplaus folgte. »So mußte es kommen, daß ausgerechnet die Nazis Strawinsky zu seinem Recht verhelfen«, dies der Kommentar in der alten Philharmonie.

Dagegen verschwanden Hindemiths Werke aus dem Repertoire. Der »deutscheste« unter den sogenannten Neutönern mußte »büßen«. Gegen ihn setzte eine Kampagne kleiner, minderwertiger Nazimusiker ein, die ihn als »entartet« und »undeutsch« denunzierten. Als Furtwängler dies hörte, schrieb er erbost einen Artikel für die *Deutsche Allgemeine Zeitung,* wies darauf hin, daß Hindemith in die Nachfolge von Brahms und Reger einzureihen sei, sprach von »gewissen Kreisen«, die diesen deutschen Komponisten zu diffamieren versuchten. Die gewissen Kreise schlugen zu. Vergeblich hatte der Chefredakteur der *DAZ* Furtwängler vor der Veröffentlichung dieses Artikels gewarnt. Aber der Dirigent bewies Mut und mußte gleichfalls »büßen«. Die Betroffenheit in Berlin war gewaltig, als am 5. Dezember 1934 auf Seite eins der Presse kommentarlos berichtet wurde, Furtwängler habe seine Ämter bei den Berliner Philharmonikern und der Staatsoper niedergelegt. Keine Gründe, keine Nachfolger wurden genannt. Niemand traute sich in der Öffentlichkeit zu protestieren, die Presse, soweit sie überhaupt noch eine eigene Meinung auszusprechen wagte, war verstummt. Man las nur, daß die Berliner Philharmoniker unter einem wenig bekannten Dirigenten Stange einen Beethovenzyklus spielen würden. Die Philharmonie, die Philharmoniker ohne Furtwängler? Kaum glaubhaft die Unverfrorenheit von Goebbels & Co. Aber diesmal täuschten sie sich. Es ging nicht ohne Furtwängler, man holte ihn zurück, und nun besaßen die Spitzen der Nazis, Hitler und Goebbels voran, erneut die Unverfrorenheit, dem großen deutschen Dirigenten bei seiner Rückkehr von der ersten Reihe der alten Philharmonie aus zuzujubeln und sein Wiedererscheinen als eigenen Erfolg zu buchen. Mußte Goebbels im Falle Furtwängler eine Niederlage einstecken, so war – allerdings Jahre später – Göring an der Reihe. Ihm unterstand die Staatsoper Unter den Linden, und dort durfte erstaunlicherweise noch immer Leo Blech, »Nicht-Arier«, dirigieren. (Göring hielt es offenbar mit dem bereits erwähnten Wiener Bürgermeister Lueger, der selbst bestimmte, wer Jude sei; vielleicht auch ging es ihm einfach darum, seine Autorität und Unabhängigkeit als preußischer Ministerpräsident zu betonen.) Allerdings durfte Blech, als Strauss- und Wagner-Dirigent besonders berühmt, nicht mehr deutsche Opern leiten! Doch für Puccini, Verdi, Bizet war er »zugelassen«. Aber was geschah? Wenn Leo Blech am Pult erschien, gab es regelmäßig solche Beifallsstürme und Bravorufe, daß der so stürmisch begrüßte Dirigent sich schließlich umwandte, um, noch immer beifallumtost, mit der Musik zu beginnen. Der demonstrative Charakter dieser Begrüßung konnte auf die Dauer niemandem, auch nicht Goebbels, verborgen bleiben. Er und Göring standen sich alles andere als gut, waren auch auf künstlerischem Gebiet Konkurrenten. Kein Wunder, daß sich Goebbels lebhaft beklagte, in der Preußischen Staatsoper, einem Göring unterstehenden Haus, würden Anti-Nazi-Demonstrationen stattfinden. Leo Blech konnte nicht bleiben, die Berliner hatten ihn in die Emigration hinausgeklatscht! 1937 verließ er Deutschland, dirigierte vor allem in Stockholm und Riga, bis er 1949 ins westliche Berlin zurückkehrte und dort noch einige Jahre, wiederum an der Oper, dirigierte.

Konnte man auf dem Umweg über die Musik seinen Protest, seine Haßgefühle gegen die Nazis wenigstens vorübergehend abreagieren, in der Politik erwies sich jegliche in die Öffentlichkeit dringende Opposition als unmöglich. Gegensätze innerhalb der längst zerstörten, ad absurdum geführten »Harzburger Front« gab es insofern, als man offensichtlich wegen der Nachfolge Hindenburgs uneinig war. Während Hitler sich wohlweislich nicht festlegen wollte, lebten in den konservativen Kreisen um Papen erneut Bestrebungen nach Wiedereinführung der Monarchie auf. Mein Onkel Kurt von Kleefeld, Mitglied des Union-Clubs, in dem viele Mitglieder der »Alten Garde« verkehrten, erzählte mir wiederholt von den zum Teil amateurhaften Überlegungen, wie man zum gewünschten Ziel gelangen könne. Aber schon wegen eines Kandidaten herrschte Unstimmigkeit. Sollte etwa Wilhelm II., dessen 75. Geburtstag, wie man hörte, auf ausdrücklichen Befehl von oben nicht in der Presse gefeiert wurde, wieder den Thron besteigen? Oder der Kronprinz, der sich in fast penetranter Weise bei Hitler beliebt zu machen versuchte? Vielleicht sein Bruder, der SA-Führer August Wilhelm, der wohl auf Röhm setzte? Am ehesten hätte man an Prinz Louis Ferdinand denken können, der auch zur Debatte stand, aber vermutlich den Thron nicht ohne Zustimmung seines Großvaters angenommen hätte.

Doch wozu dieses Possenspiel? Viele glaubten, daß Hindenburg, der schließlich seinem Kaiser die Flucht nach Holland angeraten hatte, sich tatsächlich nur als dessen Statthalter empfand und die erstbeste Gelegenheit nutzen würde, um die Wiedereinführung der Monarchie durchzusetzen. Eine solche bot sich am 30. Januar 1933. Wäre ihm, dem damals 83jährigen, eine neue deutsche Monarchie wirklicher Herzenswunsch gewesen, er hätte sie bei der Ernennung Hitlers zum Kanzler zur Bedingung machen können, er allein wäre in der Lage gewesen, die Reichswehr auf dieses Ziel einzuschwören; aber der Marschall tat nichts dergleichen. Noch ein Jahr nach der Machtübernahme hätte eine Einheitsfront Hindenburg-Papen-Blomberg zugunsten einer Monarchie bei gleichzeitigem Rücktritt des Reichspräsidenten möglicherweise – sicher ist es keineswegs – einem Hohenzollern zur Thronbesteigung verholfen. Hitler befand sich, was nur wenige wußten, in einem wachsenden Spannungsverhältnis zu Röhm und der SA und hätte vielleicht einer solchen, zum Handeln entschlossenen Einheitsfront nachgeben müssen. Man braucht nur an Italien zu denken, wo König Viktor Emanuel während des Zweiten Weltkrieges Benito Mussolini im Zeichen der drohenden Niederlage des Landes verwies, und alles ist gesagt.

In Wirklichkeit aber lagen die Dinge völlig anders. Hindenburg dachte keineswegs an einen Wandel zu seinen Lebzeiten; Papen, der nun merkte, wie ihm die Felle fortschwammen, war nicht einmal imstande, den Reichspräsidenten zu veranlassen, wenigstens in einem politischen Testament dem deutschen Volk die Wiedereinrichtung der Monarchie nahezulegen, und Blomberg lehnte eine Monarchie rundweg ab. Seine Ernennung zum Reichswehrminister erwies sich als verhängnisvoll. Nicht nur, weil er Hindenburg Hitlers Berufung zum Kanzler empfahl, sondern weil er, von Hitlers Charisma fasziniert, jede Eigenständigkeit gegenüber dem »Führer« verlor. Sehr bald hieß er in Berlin der »Konnersreuther«, so genannt nach der berühmten, tiefgläubigen Therese Neumann aus Konnersreuth, die alljährlich die Wundmale Christi empfing und dieser ihrer »Stigmata« wegen unzählige Menschen zu einer Pilgerfahrt nach dem kleinen Ort in der bayerischen Oberpfalz lockte. Blomberg, emotionell offensichtlich nicht sehr stabil, von Erlebnissen leicht beeinflußbar, unterwarf sich schnell Hitler und seiner Doktrin und war nach kurzer Zeit bereit, sogar gegen die eigene, bessere Einsicht zu handeln, wenn es der »Führer« befahl. Von der Reichswehr hatte Hitler also nichts zu befürchten, dies die betrübliche Gewißheit in der Reichshauptstadt. Selbstverständliche Voraussetzung: Das Militär erwartete auch von Hitler die Beibehaltung jener Unabhängigkeit, wie sie die Weimarer Republik ihrer im Versailler Vertrag erlaubten »Profi-Armee« von hunderttausend Mann, geführt von größtenteils monarchisch gesinnten Offizieren, hatte gewähren müssen. Solange Hindenburg lebte, war dies beschlossene Sache. Doch der Zustand des 86jährigen Reichspräsidenten verschlechterte sich zusehends; Anfang Juni 1934 begab er sich nach Neudeck, und allgemein nahm man an, daß er nicht mehr nach Berlin zurückkehren würde.

War der »Status« der Reichswehr irgendwie in Frage gestellt? Wenn überhaupt, von wem? Etwa durch Röhm und seine SA, die in Hunderten von feierlichen Schwüren ihrem Idol Adolf Hitler ewige, unverbrüchliche Treue gelobt hatten? Kaum zu glauben. Röhm, Duzfreund des »Führers«, spielte allerdings in der Millionenstadt Berlin, die auch flächenmäßig zu den größten der Welt gehörte, nicht dieselbe Rolle wie in der Provinz, wo die SA weitaus größere Entfaltungsmöglichkeiten besaß. Ihre furchtbaren Mordtaten vor und nach der Machtübernahme, ihre Gewaltaktionen zu allen Zeiten, das grobe, brutale Auftreten ihres »Stabschefs« fanden bei den Berlinern weit weniger Beachtung als der wortgewaltige »Führer«, der intellektuell beeindruckende Goebbels oder der rachsüchtige, prahlerische, sich immer mehr dem Prunk ergebende, aber auch den Humor anstachelnde Göring. Daß Hitler und seine Gefolgsleute dennoch in Röhm und seinen auf viereinhalb Millionen geschätzten, teilweise schwerbewaffneten SA-Leuten eine potentielle Gefahr erblickten, sollte man bald erfahren.

Am 3. Oktober 1929 starb Reichsaußenminister Gustav Stresemann. Mit ihm wurden viele Hoffnungen der Weimarer Republik zu Grabe getragen. *Oben:* Der Trauerzug am Brandenburger Tor; rechts im Hintergrund der Reichstag. *Unten:* Dem Sarg Stresemanns folgen von links: Reichstagsvizepräsident von Kardorff, Reichspräsident von Hindenburg, Reichskanzler Hermann Müller; davor die beiden Söhne Wolfgang und Hans-Joachim Stresemann.

Titelseite des »Simplizissimus« vom 25. September 1932: Von links nach rechts: Hugenberg, ein Vertreter der Sozialdemokraten, Reichskanzler von Papen, Reichspräsident von Hindenburg, Reichswehrminister von Schleicher, Adolf Hitler und ein Repräsentant der Katholischen Kirche, zugleich der Zentrumspartei.

MACHTÜBERGABE – MACHTÜBERNAHME. *Oben:* Der Feldmarschall und der »böhmische Gefreite«, von Hindenburg erst nach langem Drängen seiner Umgebung zum Reichskanzler ernannt, auf dem Weg zu einer Kundgebung am 1. Mai 1933. *Unten:* Der brennende Reichstag in der Nacht vom 27. auf den 28. Februar 1933 – ein willkommener Vorwand für Hitler, sich schon vor der Wahl vom 5. März mittels Paragraph 48 der Weimarer Verfassung weitreichendste Machtbefugnisse anzueignen.

PROMINENTE OPFER DES 30. JUNI 1934. *Oben:* Trügerischer Gleichschritt. Hitler und Duzfreund Röhm bei einer Ehrung der »Gefallenen der Bewegung«; zehn Monate später gehörte auch der Stabschef der SA zu diesen »Gefallenen«, als er auf »Führer-Befehl« ermordet wurde. *Unten:* General von Schleicher (links), letzter Reichskanzler vor der »Machtübergabe«, auf Anordnung Hitlers gleichfalls ermordet; hier im Gespräch mit François-Poncet, dem Botschafter Frankreichs, jener »auswärtigen Macht«, die laut völlig haltloser Nazi-Behauptung in ein Anti-Hitler-Komplott verwickelt war.

»HEIL HITLER!« *Oben:* Hohe katholische Würdenträger entbieten den »deutschen Gruß« anläßlich der Rückkehr des Saarlandes im Januar 1935. Neben ihnen von links Reichsstatthalter Bürckel, Reichsinnenminister Frick und Propagandaminister Goebbels. *Unten:* Auch die französischen Sportler erheben die Hand zum Hitler-Gruß beim Einzug in das Berliner Olympiastadion im August 1936.

DER »FÜHRER« MARSCHIERT. *Oben:* Besetzung der linksrheinischen Gebiete am 7. März 1936, diesmal noch zu Pferde. *Mitte:* Hitler-Rede im »Heim ins Reich« geholten Wien am 15. März 1938. *Unten:* Deutscher Einmarsch im tschechischen Brünn am 16. März 1939, diesmal bereits mit Tanks.

NEVILLE CHAMBERLAINS »GROSSE« STUNDEN. *Oben links:* Gnädig empfängt Hitler am 22. September 1938 in Bad Godesberg den britischen Premierminister, der als prominenter Verfechter der »Appeasement-Politik« gilt. *Oben rechts:* Nachdem man in München Hitler das Sudetenland überlassen hatte, verkündet Chamberlain in London, ein Stück Papier schwenkend, »Peace for our time«, eine der größten Fehleinschätzungen dieses Jahrhunderts. *Unten:* Trauer und Verzweiflung im von den Nazis Mitte März 1939 besetzten Prag.

HITLERS VERBÜNDETE.
Oben: Der »Führer« begrüßt den »Duce« am 29. September 1938 in München. Auch Mussolini führte sein Land ins Verhängnis, wurde aber noch rechtzeitig von dem italienischen König Viktor Emanuel III. abgesetzt.
Unten: Die Erzfeinde finden zusammen, wenn auch nur auf kurze Zeit, um sich die leichte Beute zu teilen. Der Hitler-Stalin-Pakt in der amerikanischen Karikatur (siehe Seite 240).

Die »zweite Revolution«

Solange Hitler in der Opposition stand, ließ er die ungezügelte SA (Sturm-Abteilung) und ihren »Chef« Ernst Röhm gewähren, verkündete, wenn SA-Männer wegen ihrer Untaten vor Gericht standen, lautstark seine Solidarität; gerne nahm er am 30. Januar 1933 den großen Fackelzug entgegen, den ihm eine erwartungsvolle SA darbrachte. Was erwartete sie? Vor allem dies: im Sturm an die Macht, die eigenen Leute an möglichst viele Machtpositionen innerhalb und außerhalb der Regierung bringen, »Rache« an den beiden Hauptfeinden üben, also an Marxisten und der Reaktion, zu der man einen großen Teil des »gesitteten« Bürgertums wie der Reichswehr zählte. Nun glaubten sie grünes Licht für weitere Untaten zu erhalten, jene Raufbolde, Rabauken, jene im Leben gescheiterten Dunkelmänner, die, auf Saalschlachten gedrillt, vor Morden, Fememorden, Gewalt nicht zurückschreckten, sich militärisch gebärdeten, mit Kommando, Stab und Gefolgschaft ein politisches Ersatzheer zu bilden trachteten. Doch sie mußten mitansehen, wie sich ihr oberster Führer zu einer Koalition mit der ihnen verhaßten Reaktion einließ, anfänglich einlassen mußte, aber dann, als er deren Vertreter abgeschüttelt hatte, keineswegs die Straße für die langersehnte »Nacht der langen Messer« freigab, sondern im Gegenteil mehrfach die Revolution als beendet erklärte und nach wie vor der Reichswehr den Vorrang einräumte. Hitler und seine Anhänger sonnten sich in ihrer vorgeblich »legalen Revolution«, aber die rauhen SA-Männer, an der Spitze ihr »Stabschef«, ein etwas primitiv denkender, aber mit großem Organisationstalent begabter, von ebenso großen politisch-militärischen Ambitionen erfüllter, einst der Reichswehr angehöriger Mann, blieben außerhalb des maßgeblichen Geschehens, auch wenn Röhm pro forma ins Kabinett als Minister ohne Portefeuille berufen wurde. Millionen Landsknechte, die Knüppelgarde des »Führers«, murrten, begehrten auf, ließen immer deutlicher erkennen, daß sie sich auf die Dauer nicht mit Worten allein abspeisen lassen würden. Wie die Geschichte uns lehrt: Eine erfolgreiche Revolution führt früher oder später zur Auseinandersetzung mit den eigenen Revolutionären. Röhm wäre sicherlich ein späterer Zeitpunkt genehmer gewesen, denn niemals hätte er sich gegen ein Zweigespann Hindenburg-Hitler durchsetzen können.

Doch Hitler dachte anders. Während 1918/19 Berlin wichtigster Austragungsort solcher Auseinandersetzungen war, als Noske den kommunistischen Aufstand blutig niederschlug, spielte sich diesmal das Hauptgeschehen außerhalb der Reichshauptstadt ab. Zunächst ein Ablenkungsmanöver: Noch Mitte Juni 1934 trafen sich Hitler und Mussolini in Venedig, ein Treffen, das nur noch nach heftigem Drängen des »Führers« zustande kam, bei dem Hitler auf den Deutsch verstehenden »Duce« stundenlang einredete, sehr nervös wirkte und einen seltsam konfusen Eindruck hinterließ. Selbstverständlich brach die deutsche Presse in ein Jubelgeschrei aus, sprach von weltbewegenden Ergebnissen und breiten Übereinstimmungen, aber in Berlin sickerte sehr schnell das Debakel der Zusammenkunft in der Lagunenstadt durch. Kaum war Hitler zurück, als sich urplötzlich eine Redeflut über das deutsche Volk ergoß; fürchterliche Warnungen wurden ausgestoßen. Außer Hitler, der in Gera am 17. Juni erstmals redete, sprachen auch sein Stellvertreter Heß, Göring, Goebbels, Frick und Ley, wandten sich gegen Miesmacher (eine Wortschöpfung des Propagandaministers), Nörgler und Kritikaster, vor deren Existenz die breite Öffentlichkeit nicht die geringste Ahnung besaß. Man zählte ein ganzes Dutzend solcher, stets mit Treueschwüren endenden, Warnrufe. Zuerst Rudolf Heß: »Wehe dem, der dem Führer die Treue bricht«; interessant auch sein Hinweis, das Ausland versuche erneut, Deutsche durch Deutsche zu bekämpfen. Göring: »Sollte eines Tages das Maß voll sein, dann schlage ich (!) zu!« Auf einer ähnlichen Linie bewegte sich Goebbels, der fünf Reden hielt: »Die Faust der Nation wird jeden niederschmettern, der auch nur den leisesten Versuch der Sabotage unternimmt.« – Irgend etwas stimmte nicht, was konnte es sein? Auffallend, daß Goebbels auch das »feige und korrupte Bürgertum von 1918« erwähnte, vom »Feind in Mauselöchern« sprach, »der sich nicht dauernd verkrochen habe«, während Göring sich strikt gegen eine Restauration der Monarchie aussprach und Angriffe gegen die »Ewig-Gestrigen« richtete. Sollten etwa die so Titulierten an »Sabotage« oder sogar an eine Veränderung des Staatsgefüges gedacht haben?

Geradezu sensationell und auch heute noch etwas mysteriös die berühmte Papen-Rede in Marburg, ebenfalls vom 17. Juni. Ihr Thema: »Die Ziele der deutschen Revolution«; ihr Verfasser: Edgar Jung, ein zur Umgebung des Vizekanzlers gehörender konservativer Schriftsteller. Laut *Deutsche Allgemeine Zeitung (DAZ)* vom 17. Juni sollte diese Rede von 12.15 bis 13.50 Uhr über den Reichssender gehen, eine weitere Übertragung über den Deutschlandsender war für Montagnachmittag vorgesehen. Papens Ausführungen erwiesen sich als gewaltige Überraschung. Denn der Vizekanzler wandte sich mit außergewöhnlicher Schärfe gegen Auswüchse der Naziherrschaft, gegen die nivellierende Gleichschaltungspraxis, gegen ungezügelten Radikalismus, verurteilte die Idee einer Dauer-Revolution, forderte Hitler auf, sich von schlechten Ratgebern zu trennen, und plädierte für ein besseres Regime, also wohl für eine Monarchie, ohne diese jedoch beim Namen zu nennen. Besonders beachtlich die Bemerkung, man solle nicht jedes Wort der Kritik als Böswilligkeit auslegen und verzweifelnde Patrioten nicht zu Staatsfeinden stempeln. Ich erinnere mich besonders gut an diese beiden Sätze und glaube mit Bestimmtheit, damals einen kurzen Auszug der Papen-Rede in der Montagsausgabe der *DAZ* (vom 18.6.) gelesen zu haben. Als ich jetzt in den Bibliotheken nachlas, fand ich zu meiner Überraschung weder in der *DAZ* noch in anderen Berliner Zeitungen einen Hinweis auf Papens sensationelle Ausführungen. Sicher ist, daß Goebbels in aller Eile die Rundfunkübertragungen unterband und die Veröffentlichung der Marburger Rede zu verhindern suchte. Wie dem auch sei, man konnte fast sagen: Tout Berlin sprach über diesen kühnen Vorstoß des Vizekanzlers, war von seinem Mut beeindruckt und fand Worte der Anerkennung dafür, daß er aussprach, was so viele dachten und fühlten.

Großes Rätselraten bis heute, was Papen zu seiner höchst ungewöhnlichen, höchst gefährlichen Attacke veranlaßt hatte. Der Zufall wollte, daß zu jener Zeit der englische Historiker John Wheeler-Bennett sich in Berlin aufhielt, um Material für sein Hindenburg-Buch *The Wooden Titan* (»Der hölzerne Titan«) zu sammeln. Hauptquelle für ihn war natürlich »Sohn« Papen, mit dem er in ständigem Kontakt stand. Aber er suchte auch mich auf, um sich über das Verhältnis zwischen dem Reichspräsidenten und meinem Vater eingehend zu unterhalten. Wir trafen uns mehrfach, und so kamen wir auch auf die Marburger Rede zu sprechen. Wheeler-Bennett sagte, auch er sei sehr erstaunt gewesen und habe Papen deswegen angesprochen. Dessen Antwort (dem Sinne nach): »Ich bin schließlich für Hitler verantwortlich, ich habe ihn hineingebracht, also habe ich auch das Recht, Kritik zu üben, wo Kritik angebracht ist.« Eine recht naive Begründung, aber der englische Historiker berichtete, daß Papen mit großem Ernst und einer gewissen Erregtheit gesprochen habe. Also eine »aufrührerische Rede« um ihrer selbst willen, ohne an »Aufruhr« zu denken, wie es dem Charakterbild des leichtsinnigen »Brandstifters« entsprach. Nur daß er diesmal keinen Brand legte. Oder hatte er Unterstützung aus Neudeck erwartet?

Heute ist bekannt, daß Papen nach Marburg seinen Rücktritt anbot, daß Hitler, um Zeit zu gewinnen, mit ihm eine gemeinsame Reise zu Hindenburg verabredete, diese Vereinbarung (natürlich) nicht hielt und alleine nach Neudeck fuhr mit der Begründung, er wolle dem Reichspräsidenten Bericht über Venedig erstatten. Ob und inwieweit das Thema »Marburg« in Neudeck eine Rolle gespielt hat, ist nicht klar ersichtlich. Die Öffentlichkeit erfuhr selbstverständlich nichts, und Papen fungierte vorerst weiter, als ob nichts geschehen sei. Am 25. Juni erschien in vielen Zeitungen ein Bild von Papen mit Zylinder und Handschuhen, neben ihm ein grinsender Goebbels im Regenmantel, bei einer Rennveranstaltung in Baden-Baden. Drei Tage später begrüßte Papen in Vertretung des »Führers« eine Reihe prominenter Auslandsdeutscher, verneinte jede Spekulation über innere Zwistigkeiten und endete seine Rede mit den üblichen Lobeshymnen auf Hitler. Kurz zuvor hatte der Vizekanzler vor rund zweitausend Frauen aus dem (damals noch nicht wieder eingegliederten) Saarland gesprochen und seine Ansprache mit einem »Sieg-Heil auf Deutschland, Hindenburg und Hitler« beschlossen. – Die Marburger Rede also offensichtlich ein Schuß ins Leere! Vermutlich war sich der Redner gar nicht bewußt, welchen Zündstoff Edgar Jungs Vorlage enthielt. So mußte der politisch isolierte Vizekanzler auf die Dauer mit schlimmsten Folgen rechnen, zumal sich Neudeck in Schweigen hüllte. Vorerst begnügte sich Hitler mit der Verhaftung von Jung, was in Berlin sofort bekannt wurde. Nicht bekannt wurde ein vergeblicher Interventionsversuch Papens beim »Führer«, der sich schlicht verleugnen ließ!

Die vielen alarmierenden Warnungen der gesamten Nazi-Prominenz während der zweiten Junihälfte hatten zur Folge, daß eine Mitteilung vom 8. Juni über eine Erkrankung Röhms und eine notwendige Kur des an Rheuma leidenden SA-Stabschefs in Vergessenheit geraten war. Erkrankungen gehören zum Alltag. Merkwürdig allerdings die zur gleichen Zeit veröffentlichte Nachricht, daß die gesamte SA – immerhin viereinhalb Millionen Männer – im Juli einen wohlverdienten Urlaub antreten werde. Röhms Mannen empfanden sich als eine Truppe mit quasi militärischem Auftrag; eine solche Truppe geht nicht geschlossen in die Ferien. Was würde man sagen, wenn die gesamte Armee in ein und demselben Monat Urlaub erhielte? Die Mitteilungen über Röhms Erkrankung wie über die »Urlaubsgewährung« erschienen weder unter »Kleine Nachrichten« noch an prominenter Stelle, wurden daher nicht groß beachtet, zumal es an ergänzenden Bulletins über den Gesundheitszustand des Stabschefs fehlte.

Am 30. Juni, einem Sonnabend, verließ ich das Tilka-Büro Unter den Linden gegen 13 Uhr und fuhr mit dem Bus nach Hause zur Bismarckstraße 99. Besonderheiten im Straßenbild bemerkte ich nicht; lediglich eine große Reihe haltender Panzerwagen auf der Charlottenburger Chaussee, Nähe Technische Universität, fiel mir auf. Der Tag verlief ruhig. Doch am nächsten Morgen Riesenüberraschung: »Hitler greift durch« die Balkenüberschrift der *DAZ*, seitenlange Berichte von einer rechtzeitig entdeckten Revolte der SA in Verbindung mit einer Verschwörung des Generals von Schleicher, in die sogar eine ausländische Macht verwickelt sei. Der »Führer« überfällt höchstpersönlich seine »getreuen« SA-Spitzen in früher Morgenstunde, reißt ihnen die Achselstükke ab und brüllt den schlaftrunkenen, noch ein »Heil, mein Führer« stammelnden Stabschef an. »Röhm, du bist verhaftet.« Der Schauplatz: Bad Wiessee, wohin sich die SA-Gewaltigen – sicherlich gutgläubig – auf Hitlers Anordnung zwecks allgemeiner Aussprache mit dem »Führer« begeben haben; eine »Nacht der langen Messer« offenbar im ganzen Reich, aber nicht von unten nach oben, sondern umgekehrt, eine »zweite Revolution« von oben, von Hitler befohlen, gründlichst vorbereitet und vollauf geglückt. Jetzt erinnerte ich mich an eine Äußerung von Heß, die auch über die Sender gegangen war: »Es gibt keine zweite Revolution ohne Befehl Hitlers.« Hitler hatte also befohlen, hatte selbst Hand angelegt. Mit Entrüstung verkündete er seine »Entdeckung«, daß es in der SA-Elite Homosexuelle gab – eine allgemein bekannte Tatsache –, spielte die Rolle des »Saubermannes« und erließ einen Erschießungsbefehl für alle Verhafteten, erlaubte lediglich Röhm, sich selbst umzubringen. (Röhm lehnte ab und wurde einen Tag später erschossen.) Und Göring teilte noch am 30. Juni der Presse mit, er habe einen vom Führer erhaltenen Auftrag – einen weiteren Mordbefehl – eigenhändig »erweitert«!

Völlig verblüfft besorgte ich mir noch die *Börsenzeitung*, die ich früher wegen ihrer demokratischen Haltung jahrelang abonniert hatte, bis sie sich auf die Seite der Nazis schlug und oftmals versuchte, den *Völkischen*

Beobachter noch zu übertreffen. Schlagzeile der *Börsenzeitung*: »Die Erlösung«. Meine Verblüffung wuchs. Von wem wurden wir erlöst? Leider nicht von Hitler, wohl aber, so stand es geschrieben, von einem furchtbaren Feind, dem übermächtigen Zusammenschluß von SA, Röhm, Schleicher und einer »auswärtigen« Macht, die bei den guten Beziehungen Schleichers zum Westen nur Frankreich sein konnte. Diesen Verrätern war in allerletzter Sekunde der »Erlöser« zuvorgekommen. Blut mußte fließen, auch das des »Hauptdrahtziehers« Schleicher, der bei seiner Verhaftung einen »blitzartigen Überfall« versucht haben sollte, der zu seinem Tode führte, ebenso zu dem seiner Frau, die sich angeblich zwischen ihren Mann und das Verhaftungskommando warf.

Großes Entsetzen? Nein. Wer Hitlers Wege vor und insbesondere nach seiner Kanzlerschaft verfolgte, durfte sich über diese seine »zweite Revolution«, begleitet von Massenmorden und brutalem, hinterhältigem Vorgehen auch gegen seine eigenen Mitstreiter, nicht wundern. Und erneut stellte sich heraus: Wie leicht hat es doch ein Diktator, seine echten oder vermeintlichen Gegner zu vernichten! Schnell erfindet er eine »Verschwörung«, schlägt zu, tötet den Feind und heimst noch Lorbeeren für seine verruchte Tat ein. Nicht nur die Geschichte unseres Jahrhunderts ist voll von solchen angeblichen Verschwörungen.

Großes Entsetzen dagegen in der amerikanischen Botschaft, wo ich am 1. Juli spätnachmittags zu einem Cocktail eingeladen war. Die Aufregung und Empörung kaum zu beschreiben, die wildesten Gerüchte zirkulierten, zumal es an glaubwürdigen Nachrichten fehlte. Man befürchtete chaotische Zustände, rechnete mit einem eventuellen Bürgerkrieg, vermochte sich nicht vorzustellen, wie sich die Millionentruppe der SA, die überall Freunde besaß, so einfach eliminieren lasse, hielt die Beteiligung einer auswärtigen Macht für eine lächerliche Lüge und befand sich in höchster Besorgnis um Freunde und Bekannte, von denen niemand wußte, ob sie noch lebten. Auch ich zählte offenbar zu den »Betroffenen« und wurde mit großer Erleichterung begrüßt. (Kurze Zeit danach traf ich Bekannte im Hotel Eden, die sich besonders freuten, mich zu sehen, da sie gehört hatten, ich sei ebenfalls verhaftet.) Alles, so erklärten die Amerikaner, hänge nun davon ab, wie sich der Reichspräsident verhalten werde. Auf Hitlers Befehl hin wurde gemordet, Görings Mordliste, dies erfuhr man alsbald, enthielt noch mehr Namen als die des »Führers« – würde der »Alte« in Neudeck, der sich dank seiner Marschallswürde stets als Vorgesetzter »seiner« Generäle betrachtete und der nach Weimarer Verfassung formell Oberbefehlshaber der Armee war, diese Morde billigen? Sicherlich nicht, dies die überwiegende Meinung in der Botschaft. Und was dann? Mußte Hindenburg nicht der Reichswehr den Befehl geben, Hitler und seine Mordgesellen zu verhaften und wegen ihrer Verbrechen vor Gericht zu stellen? Eine Chance, den ganzen Nazispuk zu beenden? – Europäer neigen zum Pessimismus, und ich konnte, nach meiner Meinung befragt, meinen europäischen *background* nicht abschütteln.

Ob Hindenburg damals schon so krank und verfallen war, daß er keine Übersicht mehr hatte, erscheint zweifelhaft. Fest steht, daß er noch Tage zuvor, auf einen Stock gestützt, das Königspaar von Siam in Neudeck zu einem offiziellen Staatsbesuch empfing, also jedenfalls nicht bettlägerig war; dies ergab sich aus Bildern in den Zeitungen und in der »Ufa-Wochenschau«. Mit ziemlicher Sicherheit ist jedoch anzunehmen, daß er die volle Wahrheit nie erfahren hat, einfach deswegen, weil niemand wagte, sie ihm zu sagen. Vermutlich hielt es Hindenburgs Umgebung für opportun, Hitlers Lügenversion vorzutragen, auf daß man sich ja in Zukunft der Gnade des »Führers« erfreuen könne. Denn der Lebenszeit des alten Mannes waren, nun deutlich erkennbar, Grenzen gesetzt. – Schon am 2. Juli veröffentlichten die Zeitungen Glückwunschtelegramme Hindenburgs an Hitler und Göring. Beiden dankte der Reichspräsident für ihre Taten (besser Untaten), die er somit vor der ganzen Welt mit seinem Namen, seiner Stellung und letzten Endes auch mit seiner Ehre deckte. Von anschließenden Feiern und Trinkgelagen in Allenstein hörte man gerüchteweise in Berlin und wunderte sich über nichts.

Der Propagandaminister verstand sein Geschäft. Geradezu bewundernswert, wie es Goebbels & Co. gelang, einen Großteil der Bevölkerung hinters Licht zu führen, ihr den Zustand allgemeinen Aufatmens zu suggerieren, dies trotz keinerlei vorangegangener »Atemnot«. Erstaunlich, wie die überwundene, fast tödliche Gefahr, in der man angeblich geschwebt hatte, in den Tagen nach dem 30. Juni weiterhin als Schreckgespenst in allen Farben ausgemalt, wenn möglich, noch gesteigert wurde, wie Presse und Radio einhellig ein Komplott beschrieben, das nie existiert hatte. Die »SA-Revolutionäre«, die man teilweise aus den Betten holte, wußten bis zum bitteren Ende nicht, was sie verbrochen hatten. Einer von ihnen war im Begriff, eine Hochzeitsreise auf einem Schiff anzutreten, und hielt seine Verhaftung für einen – Scherz! Für die Verwicklung einer »auswärtigen« Macht stichhaltige Beweise vorzulegen, versuchte man erst gar nicht, erging sich in dunklen Andeutungen und beließ es bei der Wiederholung dieser verleumderischen Erfindung, die einzig und allein dazu dienen sollte, Unruhe und Mißtrauen zu wecken nach dem Motto: »Irgend etwas wird schon dran sein.«

Die Wahrheit über Schleichers Ende ergibt sich aus einer vor einem Notar abgegebenen eidesstattlichen Versicherung einer Hausangestellten des Generals, die den Hergang der Ermordung beschreibt*: Schleicher, am Schreibtisch sitzend, im gleichen Zimmer seine mit einer Handarbeit beschäftigte Ehefrau. Es klingelt an der Gartentür, fünf Männer erscheinen, dringen ins Arbeitszimmer ein, fragen: »Sind Sie General von Schleicher?« Die Antwort lautet: »Ja«, darauf verschiedene Schüsse, die Schleicher tödlich niederstrecken, die Angestellte stürzt schreiend heraus, wohl um Hilfe zu holen, und hört von draußen weitere Schüsse, die der Ehefrau gelten und auch sie töten. – Andere Berliner Opfer: der mit Schleicher befreundete General von Bredow, Papens Mitarbeiter Edgar Jung, der Verfasser der Marburger Rede, der Privatsekretär des Vizekanzlers Herbert von Bose sowie Ministerialdirektor Klausener, Leiter der Polizeiabteilung im Preußischen Innenministerium, der am 20. Juli 1932 für energischen Widerstand gegen die Absetzung der Preußischen Regierung Braun-Severing durch Papen plädiert hatte und nun Leiter der Katholischen Aktion im Bistum Berlin war. In München rächte sich Hitler am einstigen Ministerpräsidenten von Kahr, der ihn 1923 beim Putsch gegen die Reichsregierung im Stich gelassen hatte; auch Gregor Strasser, der langjährige Kampfgenosse Hitlers aus alter Zeit, wurde getötet. Ein weiteres Opfer: der Münchener Musikkritiker Dr. Willi Schmid, den die Nazi-Mordgesellen mit dem SA-Gruppenführer Wilhelm Schmidt verwechselt hatten. Beide wohnten in demselben Haus. Die Zahl der Getöteten steht wohl auch heute nicht fest. Die von Hitler in seiner langen Rechtfertigungsrede vom 13. Juli angegebene Zahl von 77 Opfern ist unrichtig. Man darf annehmen, daß mindestens doppelt so viele Menschen ermordet wurden.

Zyniker werden argumentieren, daß es keine Revolution ohne Blut-

* Siehe Friedrich-Karl von Plehwe: *Reichskanzler Kurt von Schleicher,* München 1983, S. 293/4.

opfer gibt, also wozu die Aufregung? Ja, man kann sogar sagen, daß die Zahl der Toten im Vergleich zu anderen Revolutionen gering erschien. Aber hat es je eine Revolution gegeben, bei der die Revolutionäre einander bestätigten, daß ihre Morde rechtens waren? So geschehen im »Dritten Reich«. Auf Antrag des Justizministers (!) Gürtner klopften alle Minister dem Kanzler auf die Schulter und erklärten, er habe »rechtens« gehandelt, ja Gürtner verstieg sich zu der Behauptung, es sei Hitlers »Pflicht« gewesen, die Mordbefehle zu erlassen. Schließlich wurde sogar, wie es wohl der deutschen Mentalität entsprach, ein Gesetz veröffentlicht, das die Massenmorde »legalisierte«. Sein einziger Paragraph: »Die zur Niederschlagung hoch- und landesverräterischer Angriffe am 30. Juni, 1. und 2. Juli vollzogenen Maßnahmen sind als Staatsnotwehr rechtens.« (Gesetz vom 3. 7. 1934.) Nicht nur dem Juristen sträubt sich die Feder. Denn »Notwehr« und »Staatsnotwehr« sind seit Bestehen des Strafgesetzbuches feststehende Begriffe. Lag echte Notwehr vor, so bedurfte es keines Gesetzes, um die Vorgänge am und nach dem 30. Juni zu rechtfertigen.

Nichts kennzeichnet die Verlogenheit des Ganzen mehr als das Bestreben der Sünder nach »Legalisierung«. Es zeigt aber auch ihre Angst vor einem Gerichtsverfahren; noch gab es genug Richter, die ihr Amt objektiv und gewissenhaft versahen – erinnert sei nur an den Freispruch von Dimitroff im Reichstagsbrandprozeß. So beschlossen Hitler und sein Kabinett, das gültige Recht usurpierend, sich selbst freizusprechen. Damit hörte Deutschland endgültig auf, ein Rechtsstaat zu sein. Den Abgesang lieferten Göring in einer Ansprache am 12. Juli vor preußischen Staatsanwälten, wo er erklärte: »Es kann nur *eine* Rechtsauffassung gelten, und zwar die, die der Führer selbst festlegt« (!), und Hitler selbst, der, von den Ereignissen doch wohl aufgewühlt, fast zwei Wochen lang schwieg, um dann am 13. Juli in einer Verteidigungsrede vor dem Reichstag pathetisch auszurufen: »In dieser Stunde [der angeblichen Meuterei] war ich verantwortlich für das Schicksal der deutschen Nation und damit des deutschen Volkes oberster Gerichtsherr.«

Wenn von einer Verschwörung die Rede sein konnte, dann waren es Hitler und seine Helfershelfer, die sich gegen die SA unter Röhm und gegen alte persönliche Feinde verschworen hatten. Dies wurde sofort im Ausland erkannt. Sicherlich imponierte erst einmal die Schnelligkeit des Überfalls auf Gegner, von denen nicht ein einziger Schuß abgegeben wurde. Selbstverständlich berichteten die Zeitungen, daß Hitler die Macht fest und ungefährdet in Händen halte. Aber wer mit so schamlosen Lügen eigene Morde zu verdecken sucht, muß auf negative ausländische Kommentare gefaßt sein. Für diese bestand in Berlin, wo man sofort wußte, »was Sache war«, größtes Interesse. Ein *run* auf ausländische Zeitungen in deutscher Sprache setzte ein. Was tun, um die Wahrheit zu verschleiern? Wenige Tage nach dem sogenannten »Röhm-Putsch« Verbot der wichtigsten Schweizer Zeitungen, der *Basler Nachrichten* und der *Neue Zürcher Zeitung,* auf volle sechs Monate! Die *London Times* zu verbieten, wagte man offenbar nicht. Dort wurde bereits am 3. Juli von »mittelalterlichen Methoden« der Hitler-Regierung gesprochen, von Ereignissen, die beigetragen hätten, die Kluft, die Deutschland von anderen europäischen Staaten trenne, noch zu vergrößern. Dann wörtlich: »Soweit Regierungsmethoden und die Achtung des menschlichen Lebens und der menschlichen Freiheit betroffen sind, hat Deutschland für den gegenwärtigen Augenblick aufgehört, ein moderner europäischer Staat zu sein.« Die Schlußfolgerung: Deutschland sei in die Zeit Richards III. zurückgekehrt!

Darob, wie zu erwarten, große Verärgerung in der geknebelten deutschen Presse. Selbst die relativ gemäßigte – soweit dies überhaupt noch möglich war – *DAZ* schrieb von »Hysterie« in der britischen Presse. Immerhin war die *DAZ* wenigstens um einige wenige zitierbare Kommentare bemüht. Daß sie Hitlers Coup pries, bereits am 1. Juli von einem in die »Geschichte der deutschen Revolution eingemeißelten Datum« schrieb und Görings Aktion als von »soldatischer Treue und festem Willen« geprägt und »vom Vertrauen des Führers getragen« bezeichnete, war ärgerlich genug. Doch ihr Plädoyer für eine »saubere Zukunft« ließ aufhorchen, ebenso die folgende Bemerkung am nächsten Tage (2.7.): »Die Revolte ist niedergeschlagen . . . Aber das ist nicht alles. Alles aber ist die Wiederherstellung der Grundsätze von Sitte, Anstand und Ehre überall dort, wo diese Grundsätze Schaden gelitten haben.« Karl Silex, der Verfasser, und mit ihm sehr viele Leser seiner Zeitung wußten sehr wohl, wer diese Grundsätze frivol und zum weiteren Schaden des deutschen Ansehens verletzt hatte und sich deswegen auch noch mit Lob und Beifall überschütten ließ. Wie nannte er sich frevelhaft: »Des deutschen Volkes oberster Gerichtsherr«!

Und die Reichswehr, die eigentliche »Siegerin« des 30. Juni? Sie verstand nicht die Gunst der Stunde zu nutzen. Kein Zweifel, ihr waren Röhm und die SA ein Dorn im Auge. Erstmals seit den »ruhigen« Tagen der Weimarer Republik erhob eine paramilitärische Organisation Anspruch auf Kompetenzen, wie etwa die Landesverteidigung, die bisher der Reichswehr vorbehalten waren. Mit Argusaugen verfolgten Blomberg und sein engster Berater, Generalmajor von Reichenau, neuer Chef des Ministeramtes, die immer unverhüllteren Bestrebungen der SA, gleichberechtigt mit der Reichswehr deren Aufgaben mit zu übernehmen, womöglich eine Verschmelzung beider Truppen herbeizuführen. »General Röhm« ante portas? Für den »Führer« mehr als eine ärgerliche Angelegenheit. Denn auf die Dauer ließ sich die von ihm so gerne verfolgte Taktik, die eine Seite gegen die andere auszuspielen, nicht durchhalten. Schließlich mußte er sich unter dem wachsenden Druck der beiden – für ihn gleichwertigen – Kräfte entscheiden; wie und wann dies geschah, blieb der Öffentlichkeit natürlich verborgen.

Hitler, niemals der »Friedensfürst«, als der er sich ausgab, daher auf Macht nach außen erpicht (schon sehr früh hatte er Blomberg die Einführung der allgemeinen Wehrpflicht im Prinzip zugesagt), konnte, zur Entscheidung gedrängt, nur auf »Profis« bauen und entschied entsprechend. Die Entscheidung fiel ihm um so leichter, als Blombergs Übernahme des Reichswehrministeriums sowieso das Ende der überparteilichen Haltung der Armee bedeutet hatte, die immer mehr von echten Nazis infiltriert wurde. So verwunderte es nicht, daß der »Konnersreuther« nach der Liquidierung der SA-Spitzen dem »Führer« dankte, weil er »mit soldatischer Entschlossenheit die Verräter und Meuterer selbst angegriffen und niedergeschmettert« habe. Daß dabei zwei hochverdiente Generäle, einer von ihnen Blombergs Vorgänger im Amt, umgebracht wurden, schien den Absender der Dankadresse wie den Chef seines Ministeramtes nicht weiter zu stören. Es war ihnen – und der Reichswehr – gelungen, außerhalb der Ereignisse des 30. Juni zu bleiben und dennoch ihr Ziel zu erreichen. Dies genügte. Blomberg und Schleicher standen sich, wie man allgemein hörte, persönlich schlecht. Also *vae victis!* Daß Ehrgefühl und Moral es geboten hätten, den gewaltsamen Tod zweier prominenter Generäle untersuchen zu lassen, Aufklärung über die Mörder zu fordern, war wohl zuviel verlangt. Statt dessen machten sich Blomberg und Reichenau Hitlers Version zu eigen, duldeten also nicht nur Schleichers und Bredows Anschwärzung als Hoch-

und Landesverräter, sondern wurden zum Mitvertreter der Anklage, unterdrückten überdies Forderungen untergebener Offiziere, die die Untaten nicht einfach zu akzeptieren bereit waren. Als strafrechtlich relevant konnte ein solches Verhalten nicht gewertet werden; aber von einer schweren moralisch-menschlichen Mitschuld muß man auch heute noch sprechen.

Fast genauso schlimm der Mangel an Weitblick, und dies gilt gleichermaßen für andere hochgestellte Generäle, denen es entweder an Initiative fehlte oder die sich damit entschuldigten, es hätten keine Befehle vorgelegen. Am 30. Juni befand sich Hitler in einer äußerst prekären Situation. Auf die SA konnte er sich nicht mehr stützen, die SS (Schutz-Staffel), bisher eine Unterabteilung der SA, war erst im Aufbau begriffen und trotz laufender Verstärkung keineswegs Herr der Lage. Daher hatte es die Reichswehr in der Hand, die Regierungsgewalt selbst zu übernehmen, Mörder ihrer Bestrafung zuzuführen, eine reine Weste zu behalten und Deutschlands Ansehen in der Welt wiederherzustellen. Eine Aktion der Armee, mit oder ohne Hindenburg, auch mit oder ohne Blomberg-Reichenau, lag in der Luft; aber man wartete vergeblich. In dem bereits erwähnten, streng konservativen Union-Club hieß es, wie mir mein Onkel erzählte: »Was wollen Sie denn, die Reichswehr hat Hitler fest in der Hand, und das genügt vollkommen.« So hatte man es schon einmal, bald nach dem 30. Januar 1933, gehört. In Wirklichkeit nahm die umgekehrte Entwicklung ihren Anfang. Denn dadurch, daß Blomberg und Reichenau trotz der Vorfälle des 30. Juni bedingungslos zu Hitler hielten, machten sie sich und die ihnen unterstellten Offiziere und Soldaten immer mehr vom »Führer« abhängig, wurden seine von ihm kaum noch geachteten Komplizen; unter solchen Umständen konnte ihr Sieg über die SA nicht von allzu langer Dauer sein. Sie sind in die Geschichte als politische und, weit schlimmer, menschliche Versager eingegangen.

In politischer Hinsicht gilt dies auch von der französischen Regierung. Sehr bald wurde bekannt, daß die »auswärtige konspirative Macht« niemand anders als der gewiegte französische Botschafter in Berlin François-Poncet war, der – entsprechend seiner Aufgabe – Beziehungen zu Röhm und Schleicher unterhielt, allerdings mit der »Verschwörung« nicht das geringste zu tun hatte. Die mindeste Reaktion der französischen Regierung wäre die Abberufung ihres Botschafters gewesen; ein solcher Schritt hätte damals großen Eindruck hinterlassen. Noch galt Frankreich als stark und mächtig. Aber man beließ es bei einem lahmen Protest, und dies konnte Hitler nur ermutigen. – Wer sich übrigens mit großer Wahrscheinlichkeit auch seinen Teil gedacht hat, war Stalin. Ihm mußte das brutale Vorgehen Hitlers, sein Nichtzurückschrecken vor Blutopfern, imponieren. Mit einem solchen ihm, Stalin, offensichtlich verwandten Diktator ließe sich gegebenenfalls reden.

Am meisten interessierte das Schicksal Papens, der von der Bildfläche verschwunden schien. Gehörte sein Name nicht ganz oben auf die Todesliste? Schließlich war er der eigentliche »Frondeur«, der als einziger Änderungen im politischen System öffentlich verlangt hatte. Sein *ghostwriter* Edgar Jung büßte diese Rede mit dem Tode; Papens Privatsekretär erlitt das gleiche Schicksal. Der Mantel war gefallen, mußte nun auch der Herzog nach? Doch Papen erhielt lediglich Hausarrest, erschien nicht bei der Reichstagssitzung am 13. Juli und wäre wohl »gefallen«, wenn nicht Rücksicht auf Hindenburg und dessen besonders ins Gewicht fallende »Dankadresse« im Vordergrund der Überlegungen Hitlers und Görings gestanden hätte. Hitler hatte seinen Vizekanzler längst durchschaut. Auch wenn man das 1940 erschienene Buch Rauschnings über seine »Gespräche mit Hitler« *cum grano salis* zitieren sollte, so klingen des »Führers« Äußerungen über Papen und die Seinen während der kritischen Zeit um den 30. Juni durchaus glaubwürdig: »Sie irren alle, sie unterschätzen mich ... sie dachten, ich würde es nicht wagen, ich wäre zu feige. Sie sahen mich schon in ihren Schlingen zappeln ... sie hielten mich für ein Werkzeug.«* Nun ließ *er* Papen zappeln.

Wenige Monate später, als der ehemalige Vizekanzler in anderer Mission längst die Reichshauptstadt verlassen hatte, erzählte sein Sohn bei einer Geselligkeit in einer ausländischen Botschaft, wie es um die Familie Papen zu jener Zeit gestanden hatte. Der »Hausarrest« wurde fast durchweg im Keller von Papens (ehemaligem) Amtsgebäude verbracht. Denn man wußte nicht, ob Hitlers oder Görings Schergen nicht doch noch im Blutrausch auch den aufsässigen Vizekanzler und seine Familie töten würden. So durchlebten Papen und seine Angehörigen angsterfüllte Tage und Wochen im Keller, versorgten sich durch Freunde so gut es

* Hermann Rauschning, *Gespräche mit Hitler,* Zürich/Wien/New York 1940, S. 148.

ging, erfuhren die schrecklichen Nachrichten über das angerichtete Blutbad, wußten nicht, ob und wann es ein Ende finden würde, und waren daher stets auf das Schlimmste gefaßt. Wie sollte es weitergehen? Schließlich mußte man früher oder später wieder »auftauchen«, das Kellerdasein beenden. Am 26. Juli heftiges Klopfen an der Kellertür. Gebrüll: »Aufmachen!« Kamen die Henker? Natürlich wurde nicht geöffnet, und das Klopfen hörte auf. Am nächsten Tag wiederholte sich das Pochen an der Tür, am dritten das gleiche. Immer dringlicher die Rufe von draußen. Was blieb übrig? Irgendwann mußte man doch aufmachen. Also beschloß die Familie, sich in das Unvermeidliche zu fügen und zu öffnen. Wer stand draußen? Aufgeregte SS-Leute, Boten vom »Führer«. »Aber Herr von Papen, warum melden Sie sich nicht, warum lassen Sie uns nicht herein? Der Führer will Sie dringlichst sprechen, Sie sollen sofort nach Bayreuth kommen.« – Größte Erleichterung, statt Hinrichtung Aufrichtung, statt Beil »Heil«! Der Führer rief sicherlich nicht, um Papen erschießen zu lassen. Was war geschehen?

Die »Kellerkinder« wußten nicht, daß der österreichische Bundeskanzler Dollfuß, von österreichischen Nazis schwer verwundet, am 25. Juli gestorben war. Weltweite Empörung, alle zeigten auf Hitler und seine Mordgesellen vom 30. Juni. Ob es sich um ein Komplott zwischen österreichischen und deutschen Nazis gegen den gleichermaßen verhaßten Wiener Bundeskanzler handelte, ließ sich mit Sicherheit nicht beweisen; aber nach dem 30. Juni lag eine entsprechende Vermutung nahe. Wer einmal mordet, dem glaubt man seine Unschuld beim folgenden Mord nicht. Dollfuß, der autokratisch ohne Parlament regierte und nichts von den Nazis, mit denen er seit langem in Streit lag, wissen wollte, nun also ein weiteres Opfer des Nazi-Terrors. Schnellstens distanzierte sich Hitler von solch' ruchbarem Geschehen, verjagte den deutschen Gesandten in Wien, der den Tätern freies Geleit zugesichert hatte, angeblich ohne in Berlin deswegen um Erlaubnis gefragt zu haben, und suchte nun einen Nachfolger, dessen politische Vergangenheit nicht allzu suspekt, der auch international akzeptabel war. Die Wahl fiel – mit Recht – auf den streng katholischen, durch seine Marburger Rede glänzend legitimierten, im Kabinett nunmehr untragbaren Vizekanzler, der dank seines Namens, seiner weitreichenden Beziehungen, einen großartigen »Sühneprinzen« abgab und das schwer gestörte deutsch-österreichische Verhältnis einigermaßen in Ordnung bringen konnte. Gleichzeitig ließ sich Hitlers böse angekratztes »Image« in der Welt etwas restaurieren; der »Führer« rückte äußerlich von den österreichischen – seinen eigenen – Mörderfreunden ab, schlug zwei Fliegen mit einer Klappe und sah sich in Wien würdig vertreten.

Daß Papen dem Ruf Hitlers folgte, ist unentschuldbar. Man kann seine tiefe Angst begreifen, mit ihm die unendliche Erleichterung spüren, daß er noch einmal davongekommen war, und dennoch: Der Autor seiner Marburger Rede hatte wegen ihres Inhalts mit dem Tode büßen müssen, und es war der »Führer«, der die Verantwortung für diesen Rachemord trug. Papens Bloßstellung durch Hitler hätte nicht fürchterlicher ausfallen können. Wie vermochte der so desavouierte Vizekanzler überhaupt dem Kanzler gegenüberzutreten? Daß Papen den Tod von Jung – und natürlich auch von Bose – an Hitler selbst nicht rächen konnte, vermutlich auch nicht wollte, ist noch irgendwie verständlich. Daß er den Mörder seiner eigenen Umgebung »auf Befehl« aufsuchte, mag am ehesten verzeihlich sein; aber daß er nach allem, was geschehen war, auch noch eine neue Position annahm, ist unverzeihlich, charakterlich zutiefst beschämend, wirkt fast wie ein zweiter Mord an den Toten, die ihn umgaben. Mörder sind Mörder, gehören in eine besondere Kategorie. Wer von ihren Mordtaten, wenn auch nur mittelbar, betroffen ist, wie im Falle Papens, und sich dennoch bewußt in ihren Dienst stellt, sie sogar nach außen zu vertreten bereit ist, sinkt moralisch so tief wie seine Auftraggeber, erscheint daher im deutschen Geschichtsbild als prominenter Repräsentant jener üblen rechtsgerichteten Clique, die für den Zusammenbruch des Reichs, insbesondere den moralischen, genauso verantwortlich ist wie Hitler und seine Gefolgsleute.

Papen kannte das Dilemma des »Führers«, wußte spätestens nach dem Zusammentreffen mit Hitler in Bayreuth, daß sein Leben nicht mehr bedroht war, daß sich Hitler nach der Dollfuß-Affäre keine weiteren Morde leisten konnte, vor allem nicht an seinem Ex-Vizekanzler, und ging dennoch nach Wien, später als Botschafter nach Ankara. »Sehr verehrter Herr von Papen«, so hieß es in einem veröffentlichten »Führer«-Brief, in dem Hitler dem zuvor unter Hausarrest gestellten Vizekanzler eine Sondermission nach Wien für eine begrenzte Zeit anbot, verbunden mit einer Papen sicherlich höchst beglückenden Sonderregelung, wonach der neue deutsche Vertreter in Wien allein dem »Führer« unterstehen würde. »Ihr sehr ergebener Adolf Hitler«, so die Schlußfloskel, die diesmal keine sein mußte; denn Hitler hatte allen Anlaß zur – bestimmt schnell vorübergehenden – »Ergebenheit«. Daß man in der Eile vergaß, das Agrément bei der österreichischen Regierung einzuholen, sei der Vollständigkeit halber angemerkt. – Die deutschen Zeitungen rühmten Papens Mission als grandiose Entscheidung des »Führers«, dessen bewegende Versöhnungsgeste in der ganzen Welt anerkannt werde. Ein Blick allein in die italienischen Zeitungen bewies das Gegenteil. Morde werden nicht ganz so schnell vergessen.

Die »Rettung« Papens hat sicherlich den schwerkranken Reichspräsidenten noch zu erfreuen vermocht, obwohl bei ihm immer häufiger Dämmerungszustände auftraten. Am 2. August wurde sein Tod im Rundfunk mitgeteilt. Ich rief vom Büro aus meine Mutter an, um sie zu informieren, fand kaum eine Reaktion, wie sie übrigens auch die Nachricht von Hitlers Ende mit Stillschweigen, ohne irgendwelche Emotionen entgegennahm. Zu tief ihre, auch von der Familie geteilte, Abneigung gegen einen Reichspräsidenten, der meinem Vater in den letzten Jahren das Leben unnötig schwer gemacht hatte. Nun war der »treue« Hindenburg verschieden, stand niemandem mehr im Wege, konnte niemanden mehr beschützen; sein höchstes Amt, das er längst nicht mehr ausgeübt hatte, war nun wirklich vakant. Eine herrliche Gelegenheit für Hitler, Goebbels und die Naziobersten, um eine gewaltige Totenehrung in Szene zu setzen, die natürlich auch die Ehrenden selbst ins rechte Licht rücken sollte. Der deutsche Held par excellence, die erhabene deutsche Vaterfigur, der weitblickende Reichspräsident, der den richtigen Mann zum Kanzler berief, ein große Taten und Tugenden in sich vereinigender deutscher Mann wurde gepriesen und erhielt ein gewaltiges Grabmal in der Nähe von Tannenberg. Heute ruhen der Marschall und seine Frau in der Marburger Elisabeth-Kirche.

Ein Blick in die Zeitungen. Überall auf der ersten Seite ausschließlich Gedenkbilder und -artikel für den Verstorbenen, wie es sich durchaus gehörte. Aber was stand auf Seite zwei? – Schon am Abend vor Hindenburgs Tod hatte das Kabinett ein Gesetz beschlossen, wonach das Amt des Reichspräsidenten mit dem des Kanzlers vereinigt wurde, übrigens mit der prachtvollen, geradezu Humor verratenden Begründung, Hindenburg sei so »einzig« als Reichspräsident gewesen, daß es keine weiteren Nachfolger geben könne! So fiel dem doch erheblich angeschlagenen Hitler nun auch formell die gesamte Macht zu. Noch am gleichen Tage, an dem Hindenburg die Augen schloß, wurde die Reichswehr auf den »Führer« vereidigt. Dieser Eid auf einen Mörder beziehungsweise einen Anstifter zum Mord (die Anstiftung wird im Strafgesetzbuch wie die Tat selbst bestraft) wurde nicht nur allgemein geleistet, sondern zu einem großen Teil auch ernst genommen. Es ist bekannt, daß später bei Attentatsplänen auf Hitler das Problem des Eides, insbesondere des Eidbruchs, immer wieder eine äußerst gravierende Rolle gespielt hat. Als ob der Eid auf einen Verbrecher irgendeinen Wert besäße, als ob man sich nicht jederzeit von ihm lossagen könne! Auf Hitler schworen sie alle, Armee, Beamte und die unzähligen Nazi-Verbände und -organisationen, in denen die Jugend, fast sämtliche Berufe, Frauen, Kirchen, Sportler, fast jeder, der das Säuglingsalter überschritten hatte, zusammengefaßt waren. Nun hieß es: »Ein Volk, ein Führer«, und über dem »Führer« stand niemand mehr.

Jetzt durfte auch das Volk nachträglich eine Entscheidung billigen, die weder durch das Ermächtigungsgesetz noch durch irgendwelche Notverordnungen gedeckt und daher rechtsunwirksam war – eine weitere Abstimmung ohne Alternative. Es setzte ein widerlicher, angeblich von echter Demokratie zeugender Wahlkampfrummel ein, riesige Wahlversammlungen, in denen Hitler und andere Nazi-Größen so taten, als ob man um Zustimmung für die Vereinigung der beiden höchsten Staatsämter kämpfe. Am 19. August zählte man die Stimmen (niemand weiß, ob es sich um eine ehrliche Zählung handelte) und feierte einen neuen Sieg, der erstaunlicherweise keineswegs so ausfiel wie erwartet: Zum einen geringere Wahlbeteiligung, dann in fast allen größeren Städten Ziffern erheblich unter dem Durchschnitt von 89,3%, wie das amtliche Wahlergebnis lautete. Einige wenige Beispiele*: Berlin 81,5%, Berlin-Charlottenburg, wo ich wohnte, 69,6%, Hamburg 79,5%, Köln 74,2%, Bremen 71,8%, München 79,4%, Frankfurt am Main 76,5%. Interessant, daß die Nazis fast überall kleinere oder größere Verluste erlitten, insbesondere in katholischen Bezirken (z.B. Köln-Aachen: November 1933 89,3%, August 1934 81,8%; Koblenz-Trier: November 1933 93,3%, August 1934 87,5%) deutliche Rückgänge zu verzeichnen hatten. Darauf

* Vgl. Karl Dietrich Bracher u.a., *Die nationalsozialistische Machtergreifung*, Bd. 1, a.a.O., S. 486ff.

erklärte der »Führer« in einem Aufruf den siegreichen Abschluß des Kampfes um die Macht, allerdings müsse der Kampf um sein »teures Volk«, also die Nichtwähler und diejenigen, die mit »Nein« gestimmt hatten, seinen Fortgang nehmen. Schon im September verkündete Rudolf Heß beim Nürnberger Parteitag das »Gesetz der Totalität« als oberstes Prinzip nationalsozialistischer Politik. Totalität vorerst im Innern. Aber würde eine solche geballte Macht auf die Dauer an den Grenzen des Reichs haltmachen?

*

Erneut stellt sich die Frage: Wie konnte es geschehen? Nicht warum Verbrecher einander umbrachten, sondern wie es möglich war, einer Mehrheit des deutschen Volkes das blutige Märchen vom 30. Juni 1934 glaubhaft zu erzählen. Ich habe in den vergangenen Jahren mehrfach vor allem Berliner Zeitungen aus jenen Wochen nachgelesen und wundere mich nicht, daß der von Goebbels und seiner Propagandamaschine zusammengekochte Brei zumindest für den oberflächlichen, opportunistisch denkenden Durchschnittsbürger beim ersten Kosten durchaus schmackhaft erschien. Wer konnte schon anfangs ahnen, daß es sich bei den vielen, zum Teil in allen Einzelheiten beschriebenen Meldungen um die reinste Unwahrheit – nicht einmal um Halbwahrheiten – handelte? Besonders beeindruckend die Nachricht, daß der »Führer« höchstpersönlich eingriff, natürlich mit dem beispiellosen Erfolg, den jeder Diktator stets hat, dazu die angenehme Mitteilung, daß alles bereits vorüber sei und der Bürger sich beruhigt ins Bett legen könne. Sicherlich ein »Blitz aus heiterem Himmel«, aber der Himmel war dank Hitler wieder heiter. Erneut eine geglückte Überrumpelung weiter Kreise, die es sich bequem machten, nicht viel nachdachten, der »Obrigkeit«, wer immer es auch war, vertrauten und sich dem politischen Schlaf hingaben.

Demgegenüber erstaunlich, wie viele verblüffte Berliner trotz der völligen Einseitigkeit der Berichterstattung sehr bald annähernd herausbekamen, was sich in Wirklichkeit abgespielt hatte. Unruhe, weil Einzelheiten nicht gleich bekannt wurden, wie offene Empörung, weil Unschuldige ums Leben gekommen waren, machten sich überall breit. Eine bedeutende, unabhängige Führungspersönlichkeit aus der Reichswehr wäre in der Reichshauptstadt an der Spitze eines Anti-Hitler-Putsches nicht chancenlos gewesen. Aber es fand sich niemand, und so hielt die Berieselung der Bevölkerung mit lügnerischen Behauptungen an, im schönsten Einklang mit Hitlers schon in *Mein Kampf* geäußerter Ansicht, es müßten Lügen solange wiederholt werden, bis sie jeder glaubt. Die wenigsten hatten wie ich das Glück, während der dreißiger Jahre regelmäßig mit ausländischen Diplomaten und Journalisten zusammenzukommen. Trotzdem schien es mir angesichts des geradezu phänomenalen Lügengewebes der Nazis empfehlenswert, die *London Times* zu abonnieren, um nicht unversehens Opfer trickreicher Nazi-Meldungen zu werden. Überraschenderweise funktionierte die Zustellung mit wenigen Ausnahmen bis zu meiner Emigration 1939.

Am Ende des vorigen Kapitels wurde gefragt: Wer konnte Hitler nach Ablauf eines Jahres noch die Macht nehmen oder wenigstens ein Gegengewicht schaffen? Die Antwort: Allein das Militär. Ein hervorragender Anlaß bot sich nach dem 30. Juni 1934, als die Reichswehr, wie dargelegt, Oberwasser hatte. Hitler war hinsichtlich seiner innen- wie außenpolitischen Ziele völlig auf sie angewiesen, Röhm, der »Obermohr«, und seine SA hatten ihre Schuldigkeit längst getan, konnten, ja mußten gehen, da ihre Wünsche und Absichten mit denen der Reichswehr konkurrierten. Daher die blutrünstige Entscheidung des »Führers«, die Entmachtung seiner ehemaligen Miliz, aus der sich eine deutlich erkennbare Überlegenheit der Reichswehr ergab, die diese hätte ausnutzen müssen. Damals wäre es den Generälen durchaus möglich gewesen, zumindest die Wahl eines neuen Reichspräsidenten nach Hindenburgs Ableben durchzusetzen. Doch die Chance, das »Führer«-System durch die Errichtung beziehungsweise Erhaltung einer Kontrollinstanz zu begrenzen, wurde nicht genutzt, man muß hinzufügen: schmählich vertan. Statt dessen glückte dem nach der Mordorgie des 30. Juni deutlich geschwächten Hitler ein weiteres Überrumpelungsmanöver, indem er auch die Position des Reichspräsidenten übernahm. Durch ihre Passivität, Blombergs »Konnersreuther« Ergebenheit, haben die prominenten Generäle der Reichswehr, unter ihnen General von Fritsch, der sich großer Beliebtheit in der Armee erfreute, historische Schuld auf sich geladen. Hitler konnte nun ungestört sein diktatorisches Mordregime weiter ausbauen, bis 1938 Blomberg und Fritsch in die Wüste geschickt wurden, sieben Jahre später das »Dritte Reich« zerbrach. Wie heißt es bei Schiller in seinem Gedicht »Resignation«: »Die

Weltgeschichte ist das Weltgericht«, Worte, die einst an der Wand des Fraktionszimmers der Deutschen Volkspartei standen; sie sollen besagen: Jenseits aller menschlichen Schwächen, der Begrenztheit menschlichen Handelns, muß eine sittliche Idee leben und obwalten.

Nun hatten die Nazis allen denkenden, nachdenklichen Bürgern ihr wahres Gesicht gezeigt. Konnte man während der Anfänge des NS-Regimes manchen schwärmerischen Patrioten, insbesondere der Jugend, »mildernde Umstände« zubilligen, so scheiden sich nach dem 30. Juni 1934 die Geister. Wer weiterhin offenen Auges aus sogenanntem »reinen Idealismus« Hitler und seinen Mordgesellen folgte, konnte Unkenntnis oder Unschuld für sich nicht mehr in Anspruch nehmen. Die »Karenzzeit« für Wohlverhalten gegenüber der nationalsozialistischen Revolution war jedenfalls für Menschen mit wachem Verstand abgelaufen. Wer es in der Hand hatte, Sühne zu fordern und Bestrafung durchzusetzen, kann von einer moralischen Mitschuld nicht mehr freigesprochen werden. Hitler mit seinen blutbefleckten Händen blieb jeden Beweis für eine Revolte, sei es von seiten der SA, sei es von seiten der »Unzufriedenen« und »Ewiggestrigen« oder des »Drohnenvölkchens«, wie er seine einstigen Koalitionspartner nannte, schuldig. Seine Schuld, seine Verbrechen standen klar vor Augen, fast ausnahmslos dem Ausland, aber auch einer keineswegs geringen Zahl von Deutschen, die nicht mit Blindheit geschlagen waren. Soweit sie sich in untergeordneten Stellungen befanden, kann man ihnen eine Mitschuld nicht anlasten. Andere in führenden Positionen, die mehr wußten, haben sich an ihrem Vaterland schwer versündigt, vermochten sich nach dem Zusammenbruch vor ihren Söhnen und Enkeln nicht zu rechtfertigen. Dies gilt in Sonderheit für Blomberg und seine Generäle, die vor dem »Führer« dienerten, sich selbst degradierten, jeden Anstand, jede Ehre und überdies jeden Einfluß verloren. Das deutsche Volk, in seiner Gesamtheit keineswegs unschuldig, hätte dennoch ein besseres Militär verdient gehabt.

Der 7. März 1936

Im Spätherbst 1934 starb mein Onkel Kurt von Kleefeld an einem Gehirnschlag während eines Rennens in Karlshorst, bei dem sein Pferd »Die leichte Isabell« startete. »Tod eines Rennmannes«, so lautete am nächsten Tag die Überschrift eines Nachrufes in der *B.Z. am Mittag.* Noch am Abend zuvor waren wir zusammen gewesen, er, der nur 54 Jahre alt wurde, sprach von Zukunftsplänen, die in Richtung Südafrika gingen, wo er geschäftliche Verbindungen angeknüpft hatte. Obwohl er verschiedene Aufsichtsratsposten bekleidete, gab es für ihn in Deutschland kaum noch Chancen. Natürlich unterhielten wir uns auch über Hitler und die Zukunft. Während In- und Ausländer nach wie vor das baldige Ende des Naziregimes voraussagten, man sich nur über den Zeitpunkt des Kollapses uneinig war, sagte mein Onkel schon damals: »Glaube mir, Hitler kann nur noch durch einen verlorenen Krieg gestürzt werden.« Ich habe oft, vor allem in der Zeit der Emigration, an diese Prophezeiung gedacht.

Der »Führer« befand sich in der Tat innenpolitisch auf Erfolgskurs. Die Arbeitslosigkeit sank zunehmend, der am 30. Juli 1934 neu ernannte Reichswirtschaftsminister, Hjalmar Schacht, Finanz- und Wirtschaftsexperte par excellence, aber auch ein Mann von gleichgroßer Charakterschwäche, legte nicht nur alsbald einen Plan für ein wirtschaftlich autarkes Deutschland vor, den er in den kommenden Jahren rücksichtslos durchsetzte, er sorgte auch für eine sich weiterhin frei entfaltende Wirtschaft, trotz der formellen Einbindung der verschiedenen Wirtschaftszweige in eine selbstverständlich von der Partei kontrollierte Reichswirtschaftskammer. Die deutschen Industrieführer konnten sich die Hände reiben. Die Arbeiterschaft nunmehr ohne Rechte; statt Tarifhoheit durfte sie sich zu Wasser und zu Lande vergnügen, einstige »sozialistische« Verheißungen waren begraben wie ihre ehemaligen Verkünder Gregor Strasser, Ernst Röhm und andere. Noch einmal eine Periode des »Hochkapitalismus«, der freien Markt- und Preisabsprachen, von denen die Großbetriebe profitierten. Und die Währung blieb stabil.

Hätte sich Hitler auf innenpolitische Konsolidierung – verbunden mit einem großen wirtschaftlichen Aufschwung – konzentriert, wären ihm auf die Dauer auch in der Außenpolitik fast automatisch bedeutende Erfolge in den Schoß gefallen. Aber seine Innenpolitik diente ausschließlich einer aggressiv ausgerichteten Außenpolitik mit weitreichenden Zielen. Noch mußte er sich zurückhalten, insbesondere nach der Ermordung von Dollfuß. Doch diese Zurückhaltung war lediglich taktischer Natur. Menschen vergessen schnell, auf ihre Vergeßlichkeit konnte sich auch Hitler verlassen. – Die »Schmach der vierzehn Jahre« hatte er innenpolitisch – von seinem Standpunkt aus gesehen – getilgt, dabei eine große Blutschuld auf sich geladen. Aber zur »Schmach« gehörte auch und vor allem Versailles, der demütigende Friedensvertrag, den aus der Welt zu schaffen Hitler – für die Welt deutlich erkennbar – als seine erste außenpolitische Aufgabe proklamierte. Über das »Wie« erklärte er sich verständlicherweise nicht. Aber eines ließ sich mit Sicherheit sagen: Wer mit ruchloser Gewalt gegen die eigenen Landsleute vorging, würde, hierzu in die Lage gesetzt, noch viel schlimmere Gewalt gegen sich widersetzende fremde Völker anwenden, eine Überlegung, die merkwürdigerweise im Ausland, sei es aus Vergeßlichkeit, sei es aus Leichtsinn oder gefährlicher Indifferenz, kaum hinreichend angestellt wurde.

Doch noch einmal beriefen sich Freund und Feind auf den verhaßten Versailler Vertrag, als es galt, über die Zukunft des Saarlandes zu entscheiden, das den Franzosen für fünfzehn Jahre zwecks Ausnutzung der dortigen Kohlevorräte unter Völkerbund-Aufsicht überlassen war. Der Vertrag sah nach Ablauf dieser fünfzehn Jahre eine Volksabstimmung vor, eine Farce, da die Zugehörigkeit dieses Gebietes zum deutschen Sprachbereich außer Zweifel stand. Schon 1926 hatte sich der französische Außenminister Aristide Briand in Thoiry zur Rückgabe des Saarlandes ohne Abstimmung grundsätzlich bereit erklärt. Drei Jahre später sollten im Anschluß an die Haager Konferenz neue Saarverhandlungen mit dem gleichen Ziel stattfinden. Der plötzliche Tod meines Vaters kam dazwischen, der Verhandlungsbeginn wurde vertagt. Dann wurde gemäß dem Versailler Vertrag der 13. Januar 1935 als offizieller Termin der Volksabstimmung festgesetzt. Ein wichtiges Datum. Denn zum gleichen Zeitpunkt hätte nach deutscher Rechtsauffassung spätestens auch die Rheinlandräumung erfolgen müssen. Dank der jahrelangen Bemühungen meines Vaters hatten sich die Franzosen fast fünf Jahre früher aus den Rheinlanden zurückgezogen, ein großer Erfolg Weimarer Außenpolitik, der letzten Endes Adolf Hitler zugute kam. Nun konnte er einen weiteren »Sieg« für sich verbuchen; denn das Abstimmungsergebnis an der Saar stand von vornherein fest. Zwar gab es nicht die gewünschten 99 Prozent; immerhin stimmten 477.000 oder rund 91 Prozent der Bevölkerung für »Heim ins Reich«, knapp 2000 votierten für den Anschluß an Frankreich und 46.000 wünschten den Status quo, also die Fortsetzung der Verwaltung durch den Völkerbund. Diese Wählergruppe fühlte sich keineswegs besonders zu der Genfer Weltorganisation hingezogen, aber man wollte nicht die Eingliederung des Saarlandes in ein Hitler-Deutschland. Damals kämpften gute deutsche Patrioten, beispielsweise mein Freund Prinz Hubertus zu Löwenstein, gegen die Rückführung des Saargebietes in das durch Hitler geschändete Reich.

Dort feierte man das Abstimmungsergebnis fast noch mehr als den Sieg von Tannenberg. Den Siegestaumel geschickt nutzend, wurde fast gleichzeitig die Umbenennung der Berliner Stresemannstraße in Saarlandstraße bekanntgegeben. Die Gelegenheit, ohne viel Aufsehen die Umtaufe vorzunehmen, war günstig. Die Heimkehr des Saarlandes in den deutschen Staatsverband, ein großes nationales Ereignis, sollte natürlich durch eine »Saarlandstraße« unterstrichen werden. Was lag näher, als die bei den Nazigrößen höchst anstößige Stresemannstraße im allgemeinen Freudenrausch verschwinden zu lassen? Zuvor muß man sich doch wohl Gedanken hinsichtlich der Wirkung einer Namensänderung gemacht haben, sonst hätte man nicht fast zwei Jahre lang damit gewartet. Wie tief der Haß der Nazis auf meinen Vater ging, zeigt der Kommentar des *Völkischen Beobachters* bei seinem Tode: »... ein großes Aufatmen geht durch das deutsche Volk, daß sich dieser Verräter zu Tode getrunken hat.« – Für unsere Familie kam die Umbenennung überraschend, wenn nicht sogar als Schock. Nicht weil der stets witzige, aber Hitler gegenüber sehr wankelmütige französische Botschafter François-Poncet meine Mutter hinfort mit »Madame Saarland« anredete, sondern weil wir – wie so viele, vor allem in Berlin – fälschlicherweise trotz allem immer noch ein gewisses Mindestmaß an Respekt und Anstand von einer Regierung erwarteten, einfach nicht die volle Wahrheit sehen konnten oder, uns für andere schämend, nicht sehen wollten. Wer dächte nicht auch in diesem Zusammenhang an die zahlreichen jüdischen Mitbürger, denen man rechtzeitig nahelegte, Deutschland zu verlassen, und die sich schlicht weigerten, aus ihrer Heimat zu ziehen. Es war ja auch wirklich schwer, das eigene Vaterland abzuschreiben, jede Hoffnung auf eine Änderung aufzugeben. – Im Nachhinein erfüllte uns die Umbenennung der Stresemannstraße mit einer gewissen Dankbarkeit. Berlin war zwar noch immer ein Hort für Nazi-Gegner, doch zugleich die Hauptstadt eines Regimes, in dem Verbrechen und Gesetzlosigkeit vorherrschten. Dort gehörte eine Stresemannstraße nicht hin. Daß die Nazis später das für meinen Vater aus Anlaß der Rheinlandräumung errichtete Denkmal am Rheinufer in Mainz zerstörten, sei der Vollständigkeit halber erwähnt.

Anfang März 1935 besuchte der »Führer« das nun wieder mit Deutschland vereinigte Saargebiet, sprach von einem »Glückstag für Europa«, während sein Stellvertreter Rudolf Heß erklärte, nunmehr sei der Weg für eine Verständigung mit Frankreich frei. Nichts als dummes Gerede. Denn schon wenige Tage später ließ die Nazi-Regierung in der gelenkten deutschen Presse düstere Wolken aufziehen, offensichtliche Vorboten eines Gewitters. Noch immer erwies sich der Vertrag von Versailles als brauchbarer Krisenherd. Es ging um Auf- respektive Abrüstung. Bekanntlich sollte der Völkerbund, Produkt dieses unseligen, weil scheinheiligen Vertrages, nach erfolgter deutscher Abrüstung die bindend zugesagte Abrüstung der Siegerstaaten in die Wege leiten, überwachen, vorantreiben; dies war eine der wichtigsten Aufgaben der Genfer Weltorganisation. Bereits in seinen drei Völkerbundreden 1926, 1927 und 1929 hatte mein Vater die Dringlichkeit allgemeiner Abrüstung betont. Nach Deutschlands Austritt aus dem Völkerbund konnten nur noch Verhandlungen zwischen den hauptbeteiligten Ländern eine Klärung herbeiführen; die stets pragmatisch denkenden Engländer, die dies sogleich erkannten, wollten vermitteln. Private Sondierungen auf beiden Seiten boten Anknüpfungspunkte. Auf Naziseite ließ Hitlers Bewunderung für das britische Weltreich eine deutsch-englische Partnerschaft als sinnvollste Lösung erscheinen. »Britannia rules the waves«, Deutschland führende Kontinentalmacht mit freier Hand nach dem

Osten, so konnte man sich in Berlin die Zukunft vorstellen. Natürlich müsse sich London zu entscheidenden Konzessionen bequemen, Hitler-Deutschland Waffengleichheit zu Lande und in der Luft zugestehen, während Großbritanniens Überlegenheit auf den Ozeanen anerkannt würde. Welch kühne Vision mit ihrem historischen Hintergrund; denn hatte nicht England bei fast allen Kriegen der vergangenen Jahrhunderte auf seiten Preußens gestanden?

Die britische Überlegung sah allerdings wesentlich anders aus. Ich hatte in jenen Jahren einen recht engen Kontakt mit dem Berliner Korrespondenten der *London Times,* Norman Ebbut*, der außerordentlich gut die Mentalität beider Völker, insbesondere die der Nazis, kannte, stets begriff, was hinter ihren Absichten steckte und entsprechend, leider nicht immer mit dem von ihm gewünschten Widerhall, nach London berichtete. Dort war man zwar von einer »Umarmung« mit Hitler weit entfernt, hielt es aber für notwendig, mit diesem unruhig-aufsässigen »Führer und Kanzler«, wie sich Hitler jetzt nannte, ins Gespräch zu kommen, ihn endlich richtig kennenzulernen, eventuell mit ihm zu einem Vertrag zu gelangen, der sicherlich Deutschland gewisse Zugeständnisse auf dem Gebiet der Aufrüstung würde einräumen müssen. Dafür würde man Hitlers Unterschrift erhalten, ihn festnageln und im Falle eines Vertragsbruches die Weltöffentlichkeit für sich gewinnen. Viel Geduld, wie es der angelsächsischen Mentalität entsprach, verbunden mit einer streng realistischen Beurteilung der Lage, vielleicht auch die Erkenntnis, daß man seinerzeit zu wenig für Stresemann und Brüning, für den Überlebenskampf der Weimarer Demokratie getan hatte, ließen eine ziemlich ungewöhnliche »Selbsteinladung« des britischen Außenministers Sir John Simon und des Lordsiegelbewahrers Anthony Eden beim »Führer« geraten erscheinen. Eine »Bombennachricht«, die in Berliner Regierungskreisen ihren Eindruck nicht verfehlte. Erstmalig ein Besuch führender britischer Staatsmänner in Sicht, deutsch-englische Zusammenarbeit, vor allem Ehre und Anerkennung für Hitler und die Seinen!

Aber war der »Führer« wirklich verhandlungsbereit? Keineswegs. Wozu hatte er die künstliche Krise wegen der Rüstungsungleichheit

* Norman Ebbutt, Hauptkorrespondent der *Times* von 1926 bis 1937, wurde aus Deutschland ausgewiesen und blieb bis kurz vor seinem Tode im Oktober 1938 für die *Times* tätig.

entfacht, besagtes »Gewitter« aufziehen lassen? Der von London angeregte Besuch störte seine Pläne. Kurz entschlossen »erkältete« sich Hitler vierundzwanzig Stunden vor dem festgelegten Ankunftstag der britischen Regierungsvertreter und benötigte, wie die Gazetten aufgeregt mitteilten, angeblich zwei volle Wochen zur Wiederherstellung seiner Gesundheit. Der wahre Grund: Ein wichtiger wehrpolitischer Schritt war in Berlin geplant, man suchte nach einem Vorwand und fand ihn zum einen in einer geringfügigen Erhöhung der britischen Rüstungsausgaben (Begründung: »... im Hinblick auf die gespanntere Lage in Europa und im Fernen Osten«), zum anderen in einer ebenfalls unbedeutenden Verlängerung der französischen Militärdienstpflicht. Selbst die *DAZ (Deutsche Allgemeine Zeitung)*, die sich außenpolitisch hin und wieder etwas gemäßigter äußern durfte, sprach in einer Balkenüberschrift (Morgenausgabe vom 16. März 1935) von einem »Todesstoß« für die Abrüstungspolitik, und ihr durchaus vernünftiger Chefredakteur Karl Silex erging sich in düsteren Angriffen gegen London und Paris. Das Ganze war eine großangelegte »Ouvertüre« für die längst beschlossene, Blomberg zugesagte Einführung der »Allgemeinen Wehrpflicht«. Sie wurde mit Riesentamtam am »Heldengedenktag« (16. März) bekanntgemacht. Das Ziel: ein Heer von 550.000 Mann, keine Beschränkungen in der Luft und zu Wasser, wie sie der Versailler Vertrag vorgesehen hatte. Silex: »Wir haben unsere Ehre wieder.«

Die Reaktion draußen: Besonders schroff reagierten die Italiener. Ihr Botschafter Cerruti überbrachte eine scharf formulierte Protestnote, die natürlich zurückgewiesen wurde. Bei einer später in Stresa abgehaltenen Konferenz (11.–14. April 1935) gehörte der »Duce« zu den energischsten Befürwortern von Maßnahmen gegen Hitler. In Paris ebenfalls helle Aufregung, Raketengeknatter, aber doch mehr für Silvester geeignet. »Einst das Diktat von Versailles, jetzt das Diktat von Berlin«, eine realistische Einschätzung des bekannten Journalisten Pertinax im *Echo de Paris*. Eine halbrealistische Alternative, zu lesen im *Intransigeant:* »Krieg oder Schutznetz«. Aber gab es ein solches ohne Polen? Die einzige Nation, die nicht protestierte, war Polen!

Und wie reagierte London auf Hitlers Schritt und auf die einer Backpfeife gleichenden Ausladung von zwei prominenten britischen Kabinettsmitgliedern wegen des »Führers« plötzlicher »Erkältung«? Natürlich protestierte man und fragte – kaum zu fassen – gleichzeitig an, ob der

Herr Reichskanzler nunmehr geneigt sei, Sir John Simon und Mr. Eden zu empfangen! Der stets gut unterrichtete Norman Ebbutt berichtete tief erschüttert, daß Hitler und das Auswärtige Amt die englische Anfrage als Sensation, als kaum glaubhaftes Zeichen englischer Schwäche empfanden, selbstverständlich nicht »Nein« sagen konnten und sich mit Recht als »Sieger« betrachteten. Wozu verhandeln? Viel einfacher die Gebrauchsanweisung: Man nehme sich, was man haben will, lasse die anderen protestieren, in Kürze ist alles vergessen, und die Zeit ist reif für den nächsten Schlag. Tatsächlich kamen bereits am 25. März die beiden hochrangigen britischen Staatsmänner nach Berlin und ließen nach mehreren Verhandlungsrunden verlauten, beide Regierungen verfolgten mit ihrer Politik das Ziel, den Frieden in Europa durch Förderung der internationalen Zusammenarbeit zu sichern und zu festigen. Also ein »Hornberger Schießen« par excellence. Eine Blamage für London! Hitler, so wiederum Norman Ebbutt von der *Times*, lehnte die britischen Vorschläge rundweg ab, Simon und Eden konnten sich mit Hitlers Ideen nicht anfreunden. Immerhin, so die *DAZ* vom 27. März, ein nützliches Treffen, das die Klarstellung der gegenseitigen Auffassungen erbracht habe. Später sprach der britische Außenminister im Unterhaus von »erheblich divergierenden Ansichten«. Bleibt hinzuzufügen, daß man bei der Konferenz von Stresa gemeinsam protestierte, Großbritannien und Italien ihre Verpflichtungen aus dem Vertrag von Locarno erneut bestätigten, daß anschließend der Völkerbund einstimmig (bei Stimmenthaltung von Dänemark) Deutschland des Vertragsbruches beschuldigte, wobei sich der russische Außenminister Litwinow durch besonders heftige Attacken gegen Deutschland hervortat. Die Möglichkeit eines französisch-russischen Bündnisses zeichnete sich ab.

Die Proteste verhallten, Hitler verzeichnete seinen ersten echten außenpolitischen Triumph. Er hatte vor allem London ausgetrickst, eine Unterschrift nicht geleistet und die Alliierten vor ein *fait accompli* gestellt, das von nun an die Grundlage etwaiger weiterer Überlegungen bildete. Für alle innenpolitischen Gegner des Hitlerregimes ein bestürzendes, deprimierendes Ergebnis. Niemand leugnete, daß in der Abrüstungsfrage Deutschland keineswegs im Unrecht, vielmehr die andere Seite im Verzug war. Schon im Frühherbst 1928 hatte Hermann Müller, damals sozialdemokratischer Kanzler einer großen Koalition, in Vertretung meines erkrankten Vaters vor dem Völkerbund von der »Doppelzüngigkeit« der Siegermächte in der Frage der Abrüstung gesprochen, ein Vorwurf, der zu einer erregten Antwort des französischen Außenministers Briand geführt hatte. Sieben Jahre später erkannte man in London und – sicherlich widerstrebend – auch in Paris, daß mangels eigener, versprochener Abrüstung Deutschlands Recht auf ein gewisses Maß von Aufrüstung seit langem bestand und unumgänglich erschien. Aber mußte man sich einem Diktat beugen und anschließend auch noch beim Diktator zwecks Verhandlungen erscheinen? Eine Kriegserklärung verbot allein schon das schlechte Gewissen. Überdies stellte die einseitige Einführung der allgemeinen Wehrpflicht für niemanden einen triftigen Grund dar, zu den Waffen zu eilen, sich für sein Vaterland zu opfern. Mit Gesten konnte man Hitler nicht imponieren, wohl aber verlorenes Ansehen in der Weltöffentlichkeit und im eigenen Volke wiederherstellen. Das mindeste wäre die Abberufung der Botschafter der Signatarmächte von Versailles gewesen. Konsultationen, die man sich gegenseitig zusagte, in ständiger Gegenwart der in Berlin akkreditierten westlichen Botschafter und möglicherweise auch des russischen Vertreters, hätten sicherlich einen gewissen Eindruck hinterlassen, manche, sogar in der Wilhelmstraße, zum Nachdenken veranlaßt. So nahm man in Berlin die verschiedenen Proteste ad acta, ließ etwas Zeit vergehen und streckte alsbald Fühler nach London aus, wo man offenbar weiteres Entgegenkommen erwarten durfte.

Hitler sein eigener Außenminister! Die großen Entscheidungen traf der »Führer« selbst, der Reichsminister des Auswärtigen, Freiherr Konstantin von Neurath, erwies sich mehr und mehr als reines Vollzugsorgan, das Auswärtige Amt als technisches Instrument für die von Hitler bestimmte, meistens unstete, aber vorerst sehr erfolgreiche Außenpolitik. Für Neurath und die Seinen galt die triste Parole: Zusammenhalten, durchhalten, durchführen, »um Schlimmeres zu verhüten«. Natürlich gab es auch »schwarze Schafe«, Überläufer, die mit gleicher »Hingabe« erst meinem Vater und später Hitler dienten. Zu ihnen gehörte Neurath nicht. Urkonservativ, ein Diplomat der alten Schule, stand er sicherlich der Politik meines Vaters skeptisch gegenüber, wie auch mein Vater für den damaligen deutschen Botschafter in Rom – dort amtierte Neurath von 1921–1930 – nicht allzuviel übrig hatte. Allerdings gestaltete sich Neuraths Aufgabe in Rom dank der Gegnerschaft meines Vaters zu Mussolini immer schwieriger. Hindenburg schätzte Neurath besonders, der schließlich Botschafter in London wurde und dann unter Papen zum Außenminister avancierte. In dieser Position verblieb er auch unter Hitler – dies machte der alte Reichspräsident zur Bedingung –, und solange Hindenburg noch einigermaßen aktiv in das politische Geschehen eingriff, besaß Neurath einen gewissen Einfluß. Sehr bald jedoch machte Hitler aus seiner Mißachtung, wenn nicht Verachtung für die »Wilhelmstraße« kein Hehl und wischte mit besonderem Vergnügen berechtigte Bedenken des Amtes gegen zu weitgehende Schritte vom Tisch. Neurath, zusehends mehr ausführend als anführend, von Natur aus vorsichtig, bedacht, bedenkend, geriet allmählich und nach Hindenburgs Tod sehr schnell ins Hintertreffen, ohne irgendwelche Konsequenzen zu ziehen. Er hätte in der Geschichte nicht schlecht abgeschnitten, wäre er nach dem 30. Juni 1934 ausgeschieden. Aber selbst nach der Erreichung der Altersgrenze fand er keinen Absprung, »klebte« an Amt und Würden; ein Mann von Anstand, vergab er die sich ihm mehrfach bietende Chance, sich mit Anstand auf seine Besitzung in Württemberg zurückzuziehen, endete im Gefängnis – eine traurige Figur, die typisch deutsch-konservative Erscheinung in jener unheilvollen Zeit.

Sah er nicht, wie Hitler nach bewährter Methode die kaum noch vorhandene Autorität des Außenministers auch dadurch untergrub, daß er einen weiteren außenpolitischen Berater, Joachim von Ribbentrop, installierte, der für die Koalitionsverhandlungen unmittelbar vor der Machtübergabe seine Wohnung zur Verfügung gestellt hatte? Ribbentrops Adel beruhte auf einer Adoption durch eine Tante, die denselben Namen mit Adelsprädikat trug. Als der Vater des späteren Außenministers starb, fiel allgemein auf, daß sein Name schlicht Ribbentrop lautete. Das Ganze vielleicht eine Äußerlichkeit, doch ein Hinweis auf Ehrgeiz und gesellschaftliche Ambitionen des in Wesel geborenen »Adligen«, der sehr bald in den zwanziger Jahren in Berlin auftauchte. Dort oblag es ihm, dem Schwiegersohn des Sektfabrikanten Henkell, dessen Produkte aber auch Spirituosen aller Art zu verkaufen. Besitzer einer sehr schönen Villa mit Tennisplatz in der Lentzeallee, war er besonders bestrebt, in der damals noch vorhandenen sogenannten »Gesellschaft« Eingang zu finden, wozu alle Voraussetzungen – nur nicht gerade sein Geschäft – vorhanden waren. Er und seine Frau Anne-Liese, später eine besondere Verehrerin von Hitler und sicherlich von großem Einfluß auf ihren Mann, sprachen fließend Englisch und Französisch, ein junges, sehr gutaussehendes Ehepaar mit den üblichen zwei Kindern (später, als es der Führer »befahl«, kamen noch zwei weitere hinzu), ausgezeichneten Manieren, höflich und elegant.

Meine Mutter hatte, wie dies damals für die Frau des Außenministers und die Gattinnen von Botschaftern und Gesandten Brauch war, einen »jour fixe«, an dem zwischen fünf und sieben Uhr nachmittags jeder, der »dazugehörte«, seine Aufwartung machte. Ich erinnere mich, wie damals jeden Montag vom Herbst bis zum Frühjahr in der Regel hundert bis hundertfünfzig Personen erschienen, und an mein Unbehagen, wenn mich meine Mutter zu entsprechenden »Gegenbesuchen« mitnahm, da sie ungern allein ausging. Eine gute Freundin von ihr fragte sie eines Tages, ob sie ein ihr befreundetes Ehepaar zu einem »jour fixe« mitbringen dürfe, was meine Mutter selbstverständlich bejahte. Enter Herr und Frau von Ribbentrop, freundlich, angenehm, politisch offensichtlich »harmlos«. Sehr bald luden meine Eltern beide ein, die sich auch dank ihrer Sprachkenntnisse als nützlich erwiesen. So war das von dem Ehepaar begehrte »Entrée« in die »Gesellschaft« vollzogen. Im Verkehr mit dem diplomatischen Corps gab es zuerst eine kleine Panne, als der Vertreter von Sekt und Spirituosen beim holländischen Gesandten, einem Baron von Gevers, vorsprach und dies sicherlich nicht ohne geschäftlichen Erfolg tat, sich aber eine Abfuhr zuzog, als er auch auf gesellschaftliche Anknüpfung bedacht war. Die Worte des recht altmodischen Diplomaten: »Ich kann doch nicht einen Cognac-Vertreter zu mir ins Haus einladen«, machten die Runde. Doch Gevers blieb in »splendid isolation«. Kurz nach meiner Emigration erzählte mir der damals über neunzigjährige ehemalige amerikanische Botschafter Shurman in New York, wie er nolens volens Joachim von Ribbentrop in das diplomatische Corps eingeführt habe. Auch bei ihm sprach der Henkell-Vertreter vor, machte auf den Botschafter gleichfalls einen so sympathischen Eindruck, daß er ihn sofort einlud, zu dem »jour fixe« seiner Frau zu kommen. Gesagt, getan, die anderen Botschafter folgten dem Beispiel ihres amerikanischen Kollegen und wurden ihrerseits vom Ehepaar Ribbentrop eingeladen, das ein sehr gastfreundliches Haus führte, in dem Diplomaten und eine Reihe von Bankiers, unter ihnen zahlreiche jüdische, verkehrten.

Als mein Vater starb, sandte Ribbentrop einen besonders bewegenden Brief*, in dem er zum Ausdruck brachte, das deutsche Volk werde niemals die Verdienste des Verstorbenen vergessen. Auch nach dem Tode meines Vaters bestanden fast freundschaftliche Beziehungen zum Hause Ribbentrop. Meine Mutter, des öfteren zum Diner eingeladen, wunderte sich allerdings, daß das Menü in Französisch geschrieben oder gedruckt war und sagte dem Hausherrn: »Lieber Herr von Ribbentrop, warum ein französisches Menü, ich dachte, ich bin in einem deutschen Hause?« Die Antwort: »Liebe gnädige Frau, bei mir verkehren so viele Diplomaten, da hielt ich es für angebrachter, das Menü in Französisch vorzulegen.« – Ich selbst wurde des öfteren von Ribbentrop zum Tennis eingeladen, konnte seine Bemerkung insoweit gut verstehen, da viele seiner Partner Diplomaten waren. Ich erinnere mich gut an ein Einzel, bei dem mir der Gastgeber mit seinen mir damals ungewohnten, stets stark unterschnittenen Bällen eine betrübliche Niederlage beibrachte. Im Frühjahr 1932 hatte ich das Gefühl, daß Ribbentrop sich in das Fahrwasser der Nationalsozialisten begeben hatte oder begeben würde. So nahm ich keine weiteren Einladungen zum Tennis an mit dem Hinweis auf mein bevorstehendes Assessorexamen.

Nun war Ribbentrop außenpolitischer Vertrauensmann des »Führers« geworden, der ihn 1934 zum Leiter eines »Büro Ribbentrop«, gegenüber dem Auswärtigen Amt gelegen, ernannte. Dort sollten hauptsächlich Auf- und Abrüstungsfragen behandelt werden. Ribbentrop wurde vorerst mit inoffiziellen Sondierungen beauftragt, die ihn vor allem nach London führten. Der Zeitpunkt seines Auftretens in der Weltöffentlichkeit kam Mitte 1935 im Anschluß an eine große »Friedensrede« Hitlers im fast nur noch solchen Anlässen dienenden Reichstag. Gründe für einen neuen großen Auftritt des »Kanzlers und Führers« gab es in der Tat. Sein Triumph, die einseitige Durchsetzung der »Allgemeinen Wehrpflicht« trotz aller Proteste, hatte eine verstärkte Isolierung Hitler-Deutschlands zur Folge, trotz des Vertrags mit den »befreundeten« Polen. Nun kam tatsächlich ein französisch-russisches Abkommen zustande, in der deutschen Presse wütend als Militärpakt gegen das Reich bezeichnet. »Litwinow am Ziel«, so die Überschrift der *DAZ* vom 4. Mai, London düpiert, weil schon bei den Berliner Verhandlungen Simon und Eden zu ihrer völligen Verblüffung erfahren mußten, Deutschland be-

* Der Brief ist, wie das gesamte Privatarchiv unserer Familie mit Möbeln und anderen Hausgegenständen bei der Firma Franzkowiak gelagert, während des Krieges in Flammen aufgegangen.

säße bereits auf dem Luftsektor Parität mit den Alliierten. Ob Hitler damals bluffte, was Norman Ebbutt annahm, bleibt unerheblich. Jedenfalls schlug Göring in einer am 3. Mai veröffentlichten Ansprache in dieselbe Kerbe, als er die deutsche, den Alliierten angeblich gleichwertige Luftwaffe als die modernste in der Welt pries. Daß sie nur für Verteidigungs- und Sicherheitszwecke geschaffen sei, lediglich dem Frieden diene, betonte er ausdrücklich.

Auf dieser »Friedensschalmei« blies auch der »Führer«. Am 21. Mai, acht Uhr abends, damit alle am Radio mithören konnten, hielt er seine bereits sechs Tage zuvor mit großen Fanfaren angekündigte mehrstündige Rede, deren Wortlaut in der *DAZ* über drei volle Seiten in Anspruch nahm. »Wer in Europa die Brandfackel des Krieges erhebt, kann nur das Chaos wünschen...« und: »...ich kann nicht besser enden als durch eine Wiederholung unseres Bekenntnisses zum Frieden« – markige, eindeutige Worte eines Diktators, der zu jener Zeit über keine schlagkräftige Armee verfügte, also den Frieden so dringend wie das tägliche Brot brauchte, was er und das Ausland wußten. Höchst zweideutig dagegen viele seiner dreizehn Punkte, die vor allem für das Ausland bestimmte Quintessenz seiner Rede. Hier einige besonders wichtige: Von der Aufrüstung abgesehen, Respektierung aller internationalen Verträge und territorialen Bestimmungen, die Hitler mangels hinreichender Militärmacht sowieso in nächster Zeit nicht zu ändern vermochte. Einhaltung von Locarno, solange es auch die andere Seite tue. Und wer würde hierüber entscheiden? Mit Sicherheit, bei solcher Formulierung, Hitler selbst! Dann: Ergänzung von Locarno durch einen – von alliierter Seite mehrfach angeregten – »Luftpakt«, der nicht viel besagte, solange Locarno selbst nicht bedingungslos anerkannt war. Sodann der Hinweis, wie schwer die durch Versailles – und im Locarno-Vertrag erneut rechtlich festgelegte – entmilitarisierte Zone (linkes Rheinufer) zu ertragen sei, eine beachtenswerte Andeutung kommender Dinge, insbesondere in Verbindung mit dem vorgetragenen Wunsch nach einer »authentischen Interpretation des gerade abgeschlossenen russisch-französischen Bündnisses hinsichtlich seiner Rück- und Auswirkungen auf den Vertrag von Locarno«. In diesem Zusammenhang sorgte der »Führer« dankenswerterweise, wenn auch unbeabsichtigt, für ein wenig Humor, indem er sich als Hüter der – Völkerbundssatzung aufspielte. Denn nach seiner Meinung widerspräche eine solche Militärallianz den Statuten der Genfer

Weltorganisation, aus der er gerade Deutschland mit großem Aplomb herausgeführt hatte!

Der wichtigste Punkt behandelte den Umfang der deutschen Aufrüstung. Zu Lande die bereits angekündigte Armee von 550.000 Mann, in der Luft die zuvor bekanntgegebene Parität, dagegen bei der Marine ein Verhältnis gegenüber der britischen Kriegsflotte von 35 zu 100, verbunden mit der Versicherung, daß auch bei etwaiger Wiedererlangung deutscher Kolonien eine Erhöhung dieser Relation zugunsten Deutschlands nicht in Frage käme. Diese Aussage war im Gegensatz zu anderen Punkten eindeutig, also ein wohlüberlegter Wink nach London. Dazu eine besondere Verbeugung vor Großbritannien, das die Ozeane dominiere, was Deutschland stets anerkennen werde. Dann wiederum ein zweideutiger, Österreich betreffender Passus: »Deutschland hat weder die Absicht noch den Willen, sich in die inneren Verhältnisse Österreichs einzumengen, Österreich etwa zu annektieren oder anzuschließen« (die reinste Unwahrheit*), mit der interessanten Hinzufügung, es gäbe bei den deutschsprachigen Teilen der Schweiz keine Schwierigkeiten, weil die Unabhängigkeit und Selbständigkeit der Schweiz eine tatsächliche sei, was implizit für Hitlers Heimat offensichtlich nicht galt. Ausdrücklich bedauerte Hitler den Ärger mit Wien, weil dadurch Spannungen mit Italien entstanden seien, mit dem es sonst keine Probleme gäbe.

Lange Reden haben mit abendfüllenden Symphonien vieles gemeinsam. Bei hinreichendem Erfindungsreichtum – im doppelten Wortsinn – und einem »happy end« – in der Musik durch einen brillant-pompösen Schluß in Dur, bei politischen Reden durch wiederholte, eloquent-erhebende Friedensbeteuerungen zum Ausdruck gebracht – spenden die allein durch die Länge der Darbietung überwältigten Zuhörer unendlichen Beifall, brechen in laute Bravo- respektive »Heil«-Rufe aus, ohne sich viele Gedanken über das Vorangegangene zu machen. Im Reichstag gab es allerdings keine Gedankenfreiheit. Aber auch im Ausland

* Um wieviel ehrlicher verhielt sich mein Vater, als ihn der französische Ministerpräsident Poincaré 1928 in Paris auf einen etwaigen Anschluß Österreichs ansprach, den er brüsk ablehnte. Damals leugnete mein Vater keineswegs jedwede diesbezüglichen Absichten, sondern erklärte lediglich, daß diese Frage nicht aktuell sei, und wies darauf hin, daß ein Anschluß für Deutschland eher wirtschaftliche Nachteile zur Folge haben würde.

herrschte große Spannung, und besonders London zeigte sich von Hitlers Marathonrede beeindruckt. So trat, wenn man der *DAZ* glauben darf, das englische Kabinett (eine Stunde Zeitunterschied!) noch am gleichen Abend zusammen – zu viel Ehre für Hitlers »Erzählungen«, die bei genauer Analyse eine lange Reihe von Ungereimtheiten, Fragezeichen, Widersprüchlichem enthielten, so daß höchste Vorsicht geboten schien. Ich ersparte mir das zweifelhafte Vergnügen, die Gewaltanstrengung des »Führers«, seine ewigen Wiederholungen, insbesondere die bekannten Beschimpfungen der Vergangenheit anzuhören. Sein »Jein« zu den entscheidenden Problemen »Locarno« und »Anschluß« mußte jedem auffallen, der auch nur ein wenig zwischen den Zeilen zu lesen verstand; gleicher Ansicht war der Berliner *Times*-Korrespondent, der die Haltung der britischen Regierung mißbilligte. Diese begrüßte den »versöhnlichen Ton« der Hitlerrede, und die halboffizielle *Times* hielt trotz der entgegengesetzten Auffassung ihres Korrespondenten die Ausführungen des Kanzlers für »vernünftig, offenherzig (!) und großzügig«. Niemand könne zweifeln, so hieß es an anderer Stelle, »daß die dreizehn von Hitler genannten Punkte sehr wohl die Grundlage einer vollkommenen Regelung mit Deutschland darstellen können ... einem freien, gleichgestellten und starken Deutschland«, dem vor sechzehn Jahren der Friede »auferlegt« worden sei. Während die Regierungen in dem von einer langen Regierungskrise durchschüttelten Frankreich wie in Italien neben der Hervorhebung von Hitlers Friedensbeteuerungen jedenfalls erheblichen Zweifel und Widerspruch anmeldeten, gab es in London geradezu einen »Pro-Hitler-Ruck«. Der konservative Stanley Baldwin, der im Kabinett den zweithöchsten Rang einnahm (kurze Zeit darauf wurde er anstelle des erkrankten Ramsey Macdonald britischer Premierminister), erklärte im Unterhaus, er sähe nunmehr einen »Lichtblick«, und fügte etwas pathetisch hinzu, er habe den Schluß seiner vorbereiteten Rede zerrissen, nachdem ihm die Ausführungen Hitlers im Reichstag zur Kenntnis gelangt seien. Sehr bald meinte die *Times*, die Zeit für den Beginn von Flottenverhandlungen zwischen London und Berlin sei gekommen. Solches hörte man in der Reichshauptstadt gerne, der »Führer« ernannte Ribbentrop zum »Außerordentlichen und bevollmächtigten Botschafter« (wie muß dies Neurath gefreut haben!) und sandte ihn mit »Führer-Instruktionen« nach London, wo die Verhandlungen alsbald mit einem Eklat begannen. Ribbentrop trat als Sekt- und Spirituosenverkäufer seinen Gesprächspartnern sicherlich mit größter Höflichkeit gegenüber, war bei seiner (nicht vorhandenen) diplomatischen Ausbildung wohl bei Hitler in die Schule gegangen, der ihm vermutlich strikte Anweisung gab, sich von seinen Gesprächspartnern auf keinen Fall einlullen zu lassen und kategorisch auf den deutschen Forderungen zu bestehen, wie sie der »Führer« in seiner großen »Friedensrede« im Reichstag aufgestellt hatte.

Inzwischen ist bekannt, daß Sir John Simon, durch die Haltung Ribbentrops, die »35:100-Formel« Hitlers sei *der* Ausgangspunkt aller Verhandlungen, aufs höchste irritiert, die Verhandlungen verließ, Ribbentrop zwecks Berichterstattung nach Berlin kam (niemals ein verheißungsvolles Zeichen), daß aber die Engländer plötzlich doch einlenkten, damit die Aufhebung eines Teils des Vertrages von Versailles anerkannten, worauf die technischen Einzelverhandlungen ohne allzu viele Probleme vonstatten gingen und die Einigung am 18. Juni vollzogen war. Mußte sie mit allen ihren Konsequenzen nicht in England selbst, in den »Dominions« wie im ganzen angelsächsischen Raum Bedenken auslösen? Daß diese, soweit vorhanden, gemildert wurden, dafür sorgte kein Geringerer als der Prinz von Wales! Ganz selten, daß ein Mitglied des Königlichen Hauses auf politische Vorgänge Einfluß zu nehmen versucht. Am 12. Juni 1935 konnte man in den Zeitungen lesen, der Prinz plädiere für eine Verständigung zwischen Großbritannien und Deutschland durch die gegenseitige Entsendung von Frontkämpferorganisationen. Diese hochpolitische Äußerung des britischen Thronfolgers – auch noch inmitten der deutsch-englischen Verhandlungen – bedeutete eine Sensation und wurde auch als solche in der Welt gewertet.

Der Abschluß des Flottenabkommens stellte selbstredend einen ungeheuren Erfolg für Hitler und seinen Verhandlungsleiter von Ribbentrop sowie einen außerordentlichen Einbruch in die internationale Front der Hitler-Gegner dar. »Ein Erfolg von europäischem Ausmaß« konstatierte mit Recht die *DAZ* vom 19. Juni, und ihr Chefredakteur Silex »Das neue souveräne Deutschland...« Wenn auch diesmal die *Times* warnte, es bestünde in Downing Street keine Absicht, die Beziehungen zu Paris und Moskau zu mindern oder eine Verminderung bestehender Verpflichtungen einzuleiten, und ausdrücklich betonte, »Locarno steht fest«, so überwog doch der Eindruck, daß sich London vom Vertrag von Versailles losgesagt und zugleich die Proteste von Stresa wie die des Völkerbundes ad absurdum geführt habe. In Frankreich blankes Entsetzen trotz der die Schlagzeilen der Presse beherrschenden Regierungskrise mit allen ihren innenpolitischen Problemen. Was sich Mussolini gedacht hat, verriet er nicht. Doch die Ansicht einer führenden italienischen Zeitung, Großbritannien habe seinen eigenen Frieden mit Hitler geschlossen, wird wohl auch die des »Duce« gewesen sein, dessen künstlich aufgebauschte Spannungen mit Abessinien schon die Spalten der Zeitungen zu füllen begannen. Die britische Schwäche und Nachgiebigkeit Hitler gegenüber mußte bestürzen; denn sie zerbrach die Einheitsfront der Gegner und führte einen deutlichen Wendepunkt in der europäischen Außenpolitik herbei. – Und als sich Deutschland auch noch zu einem ausdrücklichen (nur theoretisch bedeutungsvollen) Verzicht auf einen unbeschränkten U-Bootkrieg bekannte, erklärte Admiral Lord Beatty in aller Öffentlichkeit, man schulde Deutschland Dank!

Soweit war es also gekommen. Deutschland aus der Isolierung gelöst, eine zukunftsweisende deutsch-englische Zusammenarbeit mußte auch von den anderen europäischen, hitlerfeindlichen Ländern respektiert werden. Am schlimmsten: Hitler hatte gezeigt, wie man mit Drohungen vorwärtskam, wie schwächlich London auf seine Forderungen reagierte. Die neuen Kriegsschiffe, die sich Deutschland nunmehr bauen durfte, spielten letzten Endes keine Rolle. Aber das Zustandekommen und die Existenz eines deutsch-britischen, Versailles außer Kraft setzenden, Abkommens mußten eine katastrophale Wirkung haben, Hitler den Kamm schwellen lassen, seine innenpolitischen Gegner zutiefst deprimieren. Auch im Auswärtigen Amt hörte ich verwunderte Stimmen, Erstaunen über die fast bedingungslose Bereitwilligkeit Londons, sich Hitlers Bedingungen zu fügen. Was nützte es, wenn man dort und an anderen Stellen zur Vorsicht mahnte und Ribbentrop dann mit einem solchen, noch Monate zuvor für unmöglich gehaltenen Erfolg nach Hause kam? Und kann man dem deutschen Volk im Nachhinein die jubelnde Zustimmung für seinen »Führer« anlasten, der lautstark forderte und erhielt, was er wollte, während seine Vorgänger um Verständnis baten, wenn nicht bettelten, nur um immer wieder einen glatten Refus zu erhalten? Großbritannien gab dem fordernden Hitler nach, handelte ähnlich wie dessen innenpolitische Gegner von einst und verdiente letztendlich dieselbe Beurteilung.

Nicht ganz klar die Motive für das Ausscheren Londons aus der gemeinsamen Front gegen Hitler-Deutschland. Wie immer bei historisch gravierenden Entscheidungen lassen sich mehrere Gründe aufführen. Erstmals erhielten die Briten eine, wie sie glaubten, bindende Unterschrift Hitlers und brauchten sich nicht auf eine unmäßige Flottenaufrüstung der Deutschen einzustellen. Die Erinnerung an »Skagerrak« (31.5/1.6.1916), an jene zwar nicht gleichstarke, aber der britischen Flotte zumindest ein »Unentschieden« abtrotzende deutsche Kriegsmarine (die britischen Verluste waren fast doppelt so hoch wie die deutschen), war noch lebendig; also gewichtige Sicherheitsbedürfnisse. Zu ihnen gesellten sich innenpolitische Überlegungen, vor allem die Erkenntnis, daß die große Mehrheit der Bevölkerung Frieden und, wenn möglich, einen Ausgleich mit dem deutschen Diktator wollte. Wer kriegerische Maßnahmen oder sogar Krieg angeraten hätte, wäre auf den fast einstimmigen Widerstand eines Inselvolkes gestoßen, daß sich aufgrund seiner Geographie, Tradition und eines gefährlichen »wishful thinking« (Wunschdenken) sicher wähnte, an die Sicherheit befreundeter Nationen aber – wenn überhaupt – erst in zweiter oder dritter Linie dachte.

Dann ein weiterer, bedeutsamer Grund. Großbritannien und Hitler-Deutschland besaßen nach Ansicht weiter, einflußreicher Kreise einen gemeinsamen Feind: Sowjetrußland, Exponent einer stets gefahrdrohenden, mit allen Mitteln betriebenen kommunistischen Weltrevolution. Tory wie Labor – man denke an Ramsey Macdonald, Arthur Henderson, Philip Snowden u.a. – wollten von einem Kommunismus Moskauer Prägung nichts wissen. Sollte man nicht den deutschen Kanzler in seinem immer wieder angekündigten Kampf gegen das »Kernübel der Welt«, den Bolschewismus, unterstützen, sich seiner und der sich neu formierenden deutschen Armee früher oder später als »Kontinentaldegen« gegen den gemeinsamen Feind bedienen? Als der Prinz von Wales zugunsten einer britisch-deutschen Versöhnung öffentlich hervortrat, handelte er mit Sicherheit nicht ohne ein »o.k.« seines königlichen Vaters wie des amtierenden Premiers. Daß Georg V., der damals unter großem Jubel sein 25jähriges Regierungsjubiläum feierte, während der zwanziger Jahre an ein gemeinsames kriegerisches Vorgehen gegen Moskau dachte und darüber mit dem deutschen Botschafter in London sprach, ist aktenkundig. Und hatte Hitler nicht wiederholt in Wort und Schrift erkennen lassen, wie erstrebenswert ihm ein deutsch-englisches Bündnis erschien?

In der Tat, bedeutsame Gründe sprachen für eine Wende, für ein Ausscheren aus der Anti-Hitler-Front, und sie erschienen auf dem Papier stichhaltig. In der Realität aber sahen die Dinge anders aus. Warum verurteilte Norman Ebbutt die Politik von Downing Street? Als einer der wenigen ausländischen Korrespondenten durchschaute er die gerissene, rücksichtslose Außenpolitik Hitlers, erkannte überdies, daß dessen Position trotz noch vorhandener militärischer Schwäche zusehends an Stärke gewinnen mußte, weil er im Gegensatz zu anderen westlichen Staatsmännern keinerlei Rücksicht auf Stimmen und Stimmungen im eigenen Lande zu nehmen brauchte. Wie ließ sich unter solchen Umständen auf die Dauer das Hauptziel jeder britischen Außenpolitik, die »balance of power«, aufrechterhalten? Wenn wenigstens ein britischer Premier von überdurchschnittlichem Format mit Hitler verhandelt, ihm klipp und klar die Grenzen des Möglichen und Erlaubten dargelegt hätte. Des »Führers« einstige Hochachtung vor Großbritannien und seinem Weltreich begann bereits zu schwinden. Männer wie Baldwin und Neville Chamberlain vermochten ihm kaum Respekt einzuflößen, und als Churchill das Steuer des im Sinken begriffenen Staatsschiffes ergriff, ein Kentern verhinderte, war die Frist für Verhandlungen längst abgelaufen.

Dennoch dürfte die Vision eines deutsch-britischen Zusammenwirkens den »größten Feldherrn« – vielleicht nur im Unterbewußtsein – auch nach Ausbruch des Zweiten Weltkrieges nie ganz losgelassen haben. Hierfür sprechen Dünkirchen, als sich die britische Armee ohne deutsches Eingreifen nach England retten konnte, der rasch getroffene, einer Niederlage gleichkommende Verzicht auf weitere Massenbombardierungen Englands und damit auf die geplante Invasion* wie schließlich die seltsame, bisher nie ganz aufgeklärte Mission von Rudolf Heß, der mit einem kleinen Privatflugzeug am 10. Mai 1941 in Schottland landete. Daß dieser »Treueste aller Treuen« ohne Zustimmung seines über alles geliebten »Führers« nach England flog, um dort zu verhandeln, ist kaum anzunehmen. Heß hatte nie zuvor etwas auf eigene Faust unternommen, was auch seiner ganzen Einstellung zu Hitler entsprach, dem

* Selbstverständlich dürfen die horrenden Landungsprobleme sowie die fürchterlichen Verluste an deutschen Flugzeugen nicht übersehen werden. Doch einem »verzichtenden« Hitler – siehe den Wahnsinn von Stalingrad – begegnet man während jener Kriegsjahre sonst nicht.

er sich bewußt unterordnete. Die etwas abenteuerlich anmutende Landung beim Feind mitten im Kriege war weder eine Komödie noch die Folge eines plötzlichen Ausbruchs von Wahnsinn, sondern wahrscheinlich der letzte, vom Standpunkt der Nazis durchaus sinnvolle Versuch, die alte Hitler-Idee eines gemeinsamen Vorgehens gegen Moskau vorzutragen und den von Hitler nie gewünschten Krieg gegen England zu beenden. Großbritannien, seit dem französischen Zusammenbruch in isolierter, prekärer Lage, würde, so mögen Hitler und Heß unter völliger Verkennung angelsächsischer Mentalität gedacht haben, den angebotenen »Strohhalm« freudig ergreifen, vielleicht unter Mitwirkung jener einstigen – längst anders denkenden – Befürworter eines gemeinsamen deutsch-englischen Ganges gegen den Bolschewismus. Ein schwerer Irrtum. Heß wurde, wie nicht anders zu erwarten, als Kriegsgefangener angesehen, verhört* und verhaftet.

Zurück zu den Ereignissen nach dem britisch-deutschen Flottenpakt. Die Nachgiebigkeit Londons ermutigte nicht nur Hitler, sondern auch seinen (wegen Österreich) energischsten Widersacher, Benito Mussolini. Er träumte ebenfalls von einem – italienischen – Weltreich, und so richteten sich seine Blicke auf Abessinien, mit dem Italien seit langem im Streit lag. Mehr als ein halbes Jahrhundert lang gab es zwischen der italienischen Kolonie Eritrea und dem angrenzenden Abessinien eine gemeinsame, stets umkämpfte Grenze. Schon Ende des neunzehnten Jahrhunderts versuchten die Italiener von Eritrea aus, ihre afrikanischen Besitzungen zu erweitern, beanspruchten die Schutzherrschaft über ganz Abessinien, erlitten jedoch bei Adua eine schmerzende Niederlage, die 1896 zum Frieden von Addis Abeba führte. Damals erkannte Italien die Unabhängigkeit von Abessinien an; Niederlage und Friedensschluß ließen jedoch einen Stachel zurück, Italien fühlte sich als afrikanische Großmacht zurückgesetzt.

Nun sann der »Duce« auf Rache. Gestützt auf schwer nachweisbare Grenzverletzungen durch abessinische Stämme schuf der Diktator im Sommer 1935 eine Konfliktsituation, die die Westmächte und den Völkerbund auf den Plan riefen, *à tout prix* Kompromißlösungen zu erreichen. Denn Abessinien konnte man nicht einfach fallenlassen. Das

* Ein authentisches Dokument, das den genauen Inhalt des Verhörs wiedergibt, ist meines Wissens bisher nicht veröffentlicht worden.

Land zählte zu den Gründungsstaaten des Völkerbundes, ein Großteil seiner Bevölkerung von mehr als zwanzig Millionen gehörte der christlich-koptischen Staatskirche an, und der 1930 zum Kaiser gekrönte Herrscher Haile Selassie erfreute sich wie sein seit Jahrhunderten unabhängiges Reich bedeutenden Ansehens. Doch Mussolinis Truppen rückten Anfang Oktober 1935 ohne formelle Kriegserklärung in Abessinien ein, nachdem der »Duce« alle Kompromißversuche hatte scheitern lassen. Mussolini gab sich wortgewaltig: »Man will uns einen Platz an der Sonne wegnehmen ... unsere überquellende Lebenskraft ersticken«, so tönte er, den wahren Grund seines rein egoistisch motivierten Krieges vor der ganzen Welt preisgebend. »Mit Abessinien haben wir vierzig Jahre ruhig gewartet, jetzt ist es genug«, seine weitere, kaum zu rechtfertigende Begründung.

Wiederum nur eine halbherzige Reaktion der Westmächte wie des Völkerbundes. Am meisten verärgert und auf Gegenmaßnahmen bedacht zeigte sich diesmal die englische Regierung; die gemäßigte *Times* schrieb von »Beraubung eines befreundeten Staates im Völkerbund«. Paris dagegen zeigte sich wenig interessiert und folgte nur notgedrungen der britischen Initiative. Der Völkerbund wurde zusammengerufen, um jene Sanktionen zu beschließen, die nach Artikel 16 der Satzung in einem solchen Fall automatisch eintraten! Auf diese Maßnahmen war Mussolini gefaßt, Italien werde sie »mit Disziplin, Gleichmut und Opferbereitschaft entgegennehmen«, hatte er zuvor verkündet, vermutlich in der später auch eintreffenden Erwartung, daß die meisten Mitglieder es nicht allzu ernst mit den Sanktionen nehmen würden. Der Völkerbund und seine einflußreichsten Mitglieder, Großbritannien und Frankreich, auf dem Prüfstand! Und was geschah? Außer Wirtschaftssanktionen, die höchst mangelhaft befolgt wurden, nichts. Vor allem der Suezkanal blieb offen. Mussolinis Drohung, er werde im Falle einer Schließung Malta besetzen und das Mittelmeer sperren, schien Wirkung zu hinterlassen. Öllieferungen, ohne die Italien den Krieg hätte abbrechen müssen, wurden fortgesetzt, besonders Frankreich gehörte zu den »Sündern«. Erneut offenbarte der Westen Schwäche und keinerlei Neigung, gegebenfalls kriegerische Maßnahmen zu ergreifen, die einzige Antwort, die den »Duce« hätte zur Räson bringen können. Im übrigen sprach es nicht gerade für die Durchschlagskraft des italienischen Heeres, daß der Zusammenbruch Abessiniens mehr als sechs Monate auf sich warten ließ. Brutal die italienische Kriegführung; die völlige Luftüberlegenheit nutzte man zu grausamen Bombenangriffen auf fliehende Schwarze aus, unter denen ein fürchterliches Blutbad angerichtet wurde.

In Deutschland verhielt man sich auf obersten Befehl vorerst neutral. Doch machte sich eher eine gewisse Sympathie für den armen »Negus« und sein waffenmäßig weit unterlegenes Land bemerkbar. Große Freude und Dankbarkeit gegenüber dem »Führer« dafür, daß Deutschland nicht mehr dem Völkerbund angehörte, also mit dem Ganzen nichts zu tun hatte. Von deutschen Lieferungen hörte die Öffentlichkeit nichts. Heute weiß man, daß Deutschland dem Negus noch im Sommer 1935 Waffen für einen eventuellen Krieg gegen Italien sandte und später den Italienern vor allem Kohle lieferte. War das als Wink an Mussolini zu verstehen?

Das westliche Europa bot am Jahresende 1935 einen traurigen Anblick. In Italien schlug der würdelose Abessinienkrieg hohe patriotische Wellen, verursachte eine gereizte Stimmung gegen die Sanktionsmächte, von der alten Einheitsfront gegen Hitler-Deutschland konnte nicht mehr die Rede sein. In London wie in Paris sah man dem auf die Dauer unvermeidlichen Zusammenbruch von Haile Selassie tatenlos zu, der Völkerbund konnte sich über die immer wirkungsloser werdenden Sanktionen hinaus nicht zu irgendwelchen Aktionen aufraffen und verlor zusehends an Ansehen. 1936 kündigte sich als ein böses Jahr für die überdies noch in sich zerstrittenen, hilflosen Demokratien an. In Paris löste man sich nun auch in aller Offenheit von den Sanktionsbeschlüssen; »Pourquoi mourir pour le Négus?«, so die französische Rechte in ihrem Wahlkampf, der rasch in den Mittelpunkt des Interesses rückte. Nicht nur sie, alle Franzosen sollten ihre Gleichgültigkeit einige Jahre später bitter bereuen. – Dagegen sah alles nach einem wesentlich günstigeren Jahr für die Diktatoren in Rom und Berlin aus, wo Hitler nunmehr darangging, sich die Unentschlossenheit der Westmächte, den allgemeinen Wirrwarr in den Beziehungen der westeuropäischen Staaten, nutzbar zu machen.

Frostig-kaltes Wetter Ende Februar 1936, dafür warme, fast herzliche Worte Hitlers, gerichtet an Frankreich in einem Interview für *Paris-Midi*. Darob hocherfreute Kommentare besonders in der englischen Presse mit dem Tenor: »Hitler streckt die Hand der Freundschaft Frankreich entgegen«; bemerkenswert die Überschrift des *Daily Mirror*: »Laß uns

Freunde sein, eine Bitte Hitlers«. Wenige Tage später las man es anders. – Im Mittelpunkt der deutschen Zeitungsberichte standen die ersten Probefahrten des neuen deutschen Luftschiffes, die vergebliche Forderung des Völkerbundes nach einem Waffenstillstand zwischen Italien und Abessinien (erste Seite der *DAZ* vom 3. März), auf einer der hinteren Seiten des Blattes eine lange Liste von »Ausbürgerungen« meistens jüdischer Schriftsteller und Journalisten, die im Ausland die Wahrheit über das Naziregime verbreiteten. Kurz darauf ein Bericht in der *DAZ* (6.3.) mit der Überschrift »Rätselraten in Rom«, wo man über die künftigen Beziehungen zwischen der italienischen und der britischen Regierung laut nachdachte: auf der einen Seite zunehmende Verhärtung in Hinblick auf den zu erwartenden Zusammenbruch Abessiniens (zu dem es nach der Besetzung von Addis Abeba und der völligen Okkupation des Landes Anfang Mai 1936 kam), andererseits beide Länder im Vertrag von Locarno Garantiemächte für die deutsch-französische Grenze. Was würde im Falle einer Kündigung dieses Vertrages durch Italien geschehen? Würde Deutschland einem neuen, nur von London, Paris und Berlin abzuschließenden Pakt à la Locarno zustimmen?

Am 7. März, einem Sonnabend, las ich frühmorgens nicht ohne gelinden Schrecken, daß der Reichstag am gleichen Tage um zwölf Uhr mittags zwecks Entgegennahme einer Rede des »Führers« zusammenberufen sei. Mein Schrecken rührte daher, daß ich wohl oder übel diese Rede mit anhören mußte; denn damals gehörten alle beruflich Tätigen dank des Radios zu den »Entgegennehmenden« einer solchen Hitler-Ansprache, und am Sonnabend wurde bis Mittag gearbeitet. So versammelten sich bei der »Tilka« Direktoren und sämtliche Mitarbeiter, um den markigen, stets theatralisch wirkenden Ausführungen Hitlers zu lauschen. Die »Männer des Deutschen Reichstags«, wie Hitler die Anwesenden anredete, und mit ihnen alle Radiohörer mußten zuerst, wie nicht anders zu erwarten, des »Führers« bekannte Verwünschungen von Versailles, von vierzehn Jahren der Schande und Schmach etc. über sich ergehen lassen, dazu langwierige Ausführungen zur internationalen Lage, insbesondere zum franko-russischen Bündnis, das Hitler einseitig und juristisch völlig unbegründet als Bruch des Sicherheitspaktes von Locarno betrachtete; dann die »Bombe«: »Die volle Reichssouveränität ist im Rheinland wiederhergestellt, deutsche Truppen sind in das entmilitarisierte Gebiet links des Rheinufers einmarschiert ...« Deutschland hält sich nicht mehr an den von Frankreich gebrochenen Sicherheitspakt von Locarno, der Reichstag wird aufgelöst, Neuwahlen am 29. März, damit das deutsche Volk darüber abstimmt, ob er, der »Führer«, recht gehandelt habe.

Hitler muß ein sehr schlechtes Gewissen gehabt haben. Denn was bot er nicht alles zur »Beruhigung« an! Insbesondere erklärte er sich sogleich bereit, mit Frankreich und Belgien über die Bildung einer beiderseitigen entmilitarisierten Zone zu verhandeln, ein schlechter Witz, wenn nicht Verhöhnung. Denn an der französischen Grenze befand sich die wohl kaum zu entmilitarisierende Maginotlinie, das große, von den Franzosen technisch überschätzte Verteidigungssystem, das überdies nicht nur ihr Sicherheitsempfinden, sondern ihr politisches Gesamtdenken negativ beeinflußte. Dann verkündete Hitler die Bereitschaft, mit allen westlichen Nachbarländern Nichtangriffspakte mit 25jähriger Gültigkeitsdauer abzuschließen und bei einem solchen Vertrag mit Frankreich eine Garantie von Großbritannien und Italien, wie seinerzeit in Locarno, zu akzeptieren. Doch wer einmal lügt, dem glaubt man nicht, und wenn er auch die Wahrheit spricht. Mit anderen Worten: In den Augen der Westmächte und ihrer Verbündeten mußte nunmehr Hitlers Unterschrift, selbst wenn er es ehrlich gemeint hätte (was nicht der Fall war) als unglaubwürdig erscheinen. Ein Gleiches galt von seinem Angebot eines Luftpaktes wie von den von ihm vorgeschlagenen Nichtangriffsverträgen mit östlichen Ländern.

Aber dann eine Überraschung, die aufhorchen ließ: Hitler erklärte Deutschlands Bereitschaft, wieder in den Völkerbund einzutreten. Doch er knüpfte zwei »Erwartungen« hieran, die sofort an der Ehrlichkeit seines Angebots Zweifel aufkommen ließen, daß nämlich »im Laufe einer angemessenen Zeit auf dem Wege freundschaftlicher[!] Verhandlungen die Frage der kolonialen Gleichberechtigung geklärt wie auch eine Trennung des Völkerbundstatutes von seiner Versailler Grundlage vollzogen« werde. Eine solche Trennung wäre in der Tat aus grundsätzlichen Erwägungen wünschenswert gewesen. Friedensverträge, bei denen es Sieger und Besiegte gibt – vor allem der von Versailles –, sind als Unterbau für die Idee eines Bundes der Völker ungeeignet. Anders Hitlers unverblümte Forderung nach Kolonialmandaten. Der »Führer« wußte nur zu gut, daß der von ihm angestrebte Erwerb beziehungsweise die Wiedererlangung vormaliger deutscher Kolonien nicht in Betracht kamen, da man schließlich einen Vertragsbruch nicht noch mit der Mandatszuteilung von Kolonien belohnen konnte.

Auch in dieser Rede fehlte es nicht an, wenn auch unfreiwilligem, Humor. Denn Hitler vergoß »Krokodilstränen«, weil er wegen des angeblichen Vertragsbruchs von seiten Frankreichs Konsequenzen ziehen mußte. Wie hatten die Nazis seinerzeit Locarno in Grund und Boden verdammt, von schlimmstem Verrat gesprochen; »Stresemann, verwese man«, so damals eine bekannte Nazi-Parole. Nun hörten zumindest einige, deren Gedächtnis noch intakt war, mit Erstaunen die folgenden Sätze: »Ich war bereit, Locarno weiter zu ertragen, weil ich glaubte, einen Vertrag aufrechterhalten zu sollen, der vielleicht mithelfen konnte, die politische Atmosphäre zwischen Frankreich und Deutschland zu entgiften und das Gefühl einer Sicherheit auf allen Seiten zu verbreiten ... ja darüber hinaus habe ich oft und auch hier in diesem Hause die Auffassung vertreten, daß wir nicht nur bereit sind, diesen schwersten Beitrag für die europäische Friedenssicherung zu tragen, solange auch die anderen Partner ihre Verpflichtungen erfüllen, sondern daß wir in diesem Vertrage überhaupt den einzig möglichen, weil konkreten Versuch einer europäischen Sicherung erblicken ...« Der »Führer« als Lob- und Preis-Redner für – Locarno! Wohl der Gipfel der Heuchelei.

Hitlers Ausführungen, diesmal wegen hungriger Mägen nicht übermäßig lang, wurden selbstverständlich stürmisch begrüßt, und die »Männer des Reichstags« gingen kampffreudig auseinander, um einen Wahlkampf zu führen, der keiner war. Auch die kleine »Tilka«-Runde zerstreute sich, allerdings ohne »Heil«-Rufe; einer der Direktoren, mit dem ich mich oftmals über politische Fragen unterhielt – er gab sich stets als Gegner Hitlers und der Nazis –, fragte mich nach meinem Eindruck. Ich sei der Ansicht, so meine Antwort, daß dies der Zusammenbruch der Nazis in außenpolitischer Hinsicht sei, und – irrte mich gründlich. Ich konnte mir nicht vorstellen, daß die Franzosen den Einmarsch deutscher Truppen in das linksrheinische Gebiet widerstandslos hinnehmen würden. Schließlich hatten sie noch bei den Locarno-Verhandlungen ausdrücklich darauf bestanden, daß die bereits in Versailles festgelegte Respektierung einer linksrheinischen entmilitarisierten Zone erneut als bindende deutsche Verpflichtung in den Vertrag übernommen werde. Trotz der Maginotlinie waren offensichtlich französische Sicherheitsinteressen flagrant verletzt, die »Grande Nation« konnte –

auch aus Prestigegründen – die Überquerung des Rheins durch deutsche Truppen nicht tatenlos akzeptieren. Und in der Tat erwartete man in Berlin am Wochenende des 7./8. März den Rückzugsbefehl Hitlers für den Fall einer Mobilmachung französischer Truppen und eines Einmarschbefehls in deutsches Gebiet. Jeder wußte, daß es noch keine deutsche Armee gab, die den einrückenden Franzosen Paroli bieten konnte. Hitler selbst hat später gesagt, er hätte in einem solchen Fall seine Truppen mit Schimpf und Schande zurückziehen müssen.

Ich überlegte mit Bekannten an jenem Sonntag, welche »Friedensformel« Hitler wohl finden würde, um den Rückzug, ein außenpolitisches Desaster, zu beschönigen, vor dem deutschen Volk als »großzügige Geste« zwecks Erlangung des Friedens und der endgültigen deutsch-französischen Verständigung hinzustellen. »Neues, einmaliges Friedensangebot des Führers« oder so ähnlich würde die Floskel wohl lauten. Doch als ich am Montag, dem 9. März, mich im Büro einfand, bemerkte ich im Gesicht meines Direktors ein mokantes Lächeln, das mir zeigte, wie sehr ich mich offensichtlich geirrt hatte. Zwar war es noch Zeit, Hitler die Grenzen seiner Handlungsfreiheit aufzuzeigen, vielleicht war ein britisch-französisches Ultimatum zu erwarten? Aber je länger die Zeit verstrich, je mehr man in- und ausländische Zeitungsstimmen las, um so mehr erkannte man, daß es Hitler geglückt war, den Franzosen den Schneid abzukaufen. Gewiß, sie befanden sich bereits im Wahlkampf, und keine Regierung ruft gerne die männlichen Wähler unvorbereitet zu den Waffen. Dennoch: Waren die Franzosen sanft eingeschlafen, wußten sie nicht, daß Hitlers Armee der ihrigen weit unterlegen war, konnten sie sich lediglich dazu aufraffen, den Völkerbund anzurufen, in dem Deutschland nicht einmal Mitglied war? Besonders unverständlich die noch in Opposition stehenden Linkssozialisten unter Léon Blum, der bald darauf mit den Kommunisten eine Art »Volksfrontregierung« bildete. Blum leugnete, daß Hitlers Bruch von Locarno zu einem Krieg führen könne, bestritt, daß es überhaupt einen ernsthaften deutsch-französischen Konflikt gäbe, und verwies auf Hitlers Friedensbeteuerungen vom 7. März! In geradezu frevelhafter Weise wurde somit Hitlers Vertragsbruch Bestandteil des französischen Wahlkampfes; statt Einigkeit in der Bewahrung nationaler Sicherheitsinteressen gegenseitige Vorwürfe, die französische Linke unter Léon Blum als Vorkämpferin des »friedensliebenden Hitlers.

Unbegreiflich bis zum heutigen Tage, daß Frankreich, von Hitlers Einmarsch unmittelbar bedroht, nicht handelte, lediglich verhandelte, sich damit erneut einem *fait accompli* Hitlers unterwarf; unwürdig einer Großmacht, strafwürdig gegenüber einem Vertragsbrecher, der ganz offensichtlich im Begriff stand, die Regierungen seiner Nachbarstaaten in die Zange zu nehmen, seine Diktaturmethoden über Deutschland hinaus auszudehnen. Auch der Umstand, daß London zögerte, die *Times* mahnte, »nichts zu überstürzen«, von einer »Schrecksekunde« schrieb, die es ruhig und kaltblütig zu überwinden gelte, entschuldigt das französische Verhalten nicht. Unter den gegebenen Umständen wäre ein französischer Alleingang gerechtfertigt und erfolgreich gewesen. Alle Hitler-Biographen zitieren Paul Schmidt* und andere Autoren, denen zufolge Hitler einige Tage nach dem 7. März aufs höchste gespannt, erregt und von dem Gedanken belastet war, daß die Franzosen marschieren würden. Er soll von einer furchtbaren Nervenkrise gesprochen haben, die er nicht noch ein zweites Mal durchstehen wolle. Doch sehr bald konnte er aufatmen. Die amtliche Nachricht, die Franzosen hätten die Maginotlinie nunmehr voll besetzt und die Zurückberufung der Urlauber veranlaßt, zeigte ihm, mit wem er zu rechnen hatte.

Nun ließ auch die englische Presse ein zunehmendes Verständnis für seine so riskante Aktion erkennen. *Morningpost:* »Mit kühlem Verstand prüfen!«; *Daily Herald,* Organ der Labour Party: »Ein Krieg kommt nicht in Frage, daher gebietet es die Klugheit, eine neue, dauerhafte Regelung anzustreben«; *Daily Mail:* »Sanktionen [die Frankreich wollte] kommen nicht in Betracht« und »Hitlers Aktion hat wie eine frische Brise gewirkt und den Nebel weggefegt«. Im Unterhaus am 10. März ausgleichende, »weise« Worte von Premier Baldwin und seinem neuen Außenminister Eden; man müsse die Vorschläge des Kanzlers »mit klarer Einsicht objektiv prüfen« und die »deutsche Gleichberechtigung mit den französischen Sicherheitsbedürfnissen vereinen«. Und schließlich noch einmal die *Times* vom 12. März: »Man sollte lieber das deutsche Angebot erwägen als den völlig negativen Rechtsweg beschreiten«. Was anderes konnte man von der britischen Regierung nach der Unterzeichnung des Flottenvertrages vom 18. Juni 1935 erwarten? Nun

* Paul Schmidt, *Statist auf diplomatischer Bühne 1923–1945, Erlebnisse eines Chefdolmetschers mit den Staatsmännern Europas,* Bonn 1950, Seite 320.

war wohl Frankreich an der Reihe, vor Hitler Kotau zu machen, sich ins zweite Glied zurückzuziehen, eine Nation, die offensichtlich nicht mehr bereit war, ihren einstigen Rang zu verteidigen, die, von der britischen Nachgiebigkeit beeinflußt, übersah, daß es eine gemeinsame deutsch-französische Grenze gab, die nur zu leicht zu umgehen war. Der Schrekken von 1914 schien vergessen. Merkwürdig, daß die Kraftlosigkeit der innenpolitischen Gegner des Nationalsozialismus nun auch im Ausland, zuerst in London und nun in Paris Schule machte, die Westmächte sich in ihrer Weise unterwürfig zeigten, auch sie in völliger Verkennung der uralten Erfahrung: Wer seine Rechte nicht verteidigt, nicht mehr gewillt ist, für sie echte Opfer zu bringen, geht ihrer verlustig, verspielt als Nation in der Geschichte, um früher oder später für solches Versagen schwer zu büßen.

Was geschah weiterhin? Besprechungen, Reisen, mancherlei Gesten von minderer Bedeutung. Ribbentrop wurde nach London zu Verhandlungen entsandt, vom neuen König Edward empfangen und auch sonst überall freundlich begrüßt. Der Völkerbund stellte selbstverständlich eine Verletzung des Locarno-Vertrages fest, entschloß sich aber nicht zu Sanktionen oder irgendwelchen sonstigen Maßnahmen. Der französische Außenminister blieb mit seinen Forderungen allein. Die Italiener lehnten kühl ab, Eden fand zwar das Vorgehen der Hitler-Regierung in der Form tadelnswert, doch in der Sache selbst, meinte er, sei es unsinnig, das Geschehene rückgängig zu machen. Französische und britische Generalstäbler kamen pro forma zusammen, ohne irgendwelche Beschlüsse von praktischer Bedeutung zu fassen. Deutschland und Frankreich wurden alsbald aufgefordert, ihrerseits Friedensvorschläge zu machen. Berlin sandte Ribbentrop erneut nach London mit einem Bündel von Angeboten, Paris antwortete mit Gegenvorschlägen, törichterweise, wie eine Londoner Zeitung schrieb, mit einem »Wolkenkratzer von Pakten und Visionen«, die auch in England einen miserablen Eindruck hinterließen; die deutschen Wähler votierten erstmalig mit der berühmten 99prozentigen Mehrheit, und zum Geburtstag des nun in jeder Hinsicht beruhigten »Führers« am 20. April 1936 gratulierten der britische König und andere Staatsoberhäupter.

Kurz zuvor hatte König Edward Anlaß zur Kondolation. Am 10. April starb einer der hervorragendsten deutschen Diplomaten, Leopold von Hoesch, Botschafter in London. Ein Herzschlag machte dem Leben des noch nicht Fünfundfünfzigjährigen, der als Botschafter in Paris zwischen 1924 und 1932 die deutschen Interessen mit besonderem Erfolg vertreten hatte, ein plötzliches Ende. In London hatte er alsbald eine Politik vertreten müssen, die für ihn kaum vertretbar erschien. Er harrte aus, wahrscheinlich »um Schlimmeres zu verhüten«, wurde nach kurzer Zeit von Hitlers »außerordentlichem und bevollmächtigten Botschafter« in die Ecke gedrängt, sein unerwarteter Tod war, wie allgemein vermutet, auf die Vorgänge vor und nach dem 7. März 1936 zurückzuführen.

Dieser siebente März – ein historisches Datum. So empfand man es auch in Berlin, schämte sich über die eigene Fehleinschätzung, schämte sich für die Regierungen in Paris und London, fragte sich besorgt-depriemiert, wohin dies alles führen würde. Sowohl im Auswärtigen Amt als auch beim Militär gab es genug warnende Stimmen vor einem Einmarsch ins Rheinland, vor einem Bruch der Verträge, überdies mit einem völlig unzureichenden Armeeaufgebot. Doch Hitler hatte recht behalten, den Westen erfolgreich düpiert und zugleich erkannt, daß auch Paris nicht bereit war, notfalls zu kämpfen, wozu es ohnehin nicht gekommen wäre. So konnte der »Führer« nunmehr unbesorgt sein Augenmerk auf andere Nationen, insbesondere auf jene Nachfolgestaaten der ehemaligen österreichisch-ungarischen Doppelmonarchie richten, denen gegenüber er als Führer eines Volkes von fast siebzig Millionen eine ganz andere Machtstellung einzunehmen vermochte als vor dem 7. März. Hitler hatte an diesem Tag kampflos einen entscheidenden Sieg errungen. Quo vadis Germania, quo vadis Europa?

Zuerst führte der Weg zu den »Olympischen Spielen« nach Berlin (1. bis 16 August 1936). Davor drei internationale Farcen. Am 1. Juli sprach der aus seiner Heimat vertriebene Kaiser von Abessinien vor verlegenen Völkerbundsmitgliedern, natürlich ohne jeden Erfolg, warnte mit großer Eloquenz, andere Nationen würden dereinst sein Schicksal teilen, wenn man den »Duce« gewähren ließe, eine mir noch in der Erinnerung haftende Prophezeiung. Die ausgleichende Gerechtigkeit kam für ihn bald. Während 1941 von den rat- und tatlosen Völkerbundsmitgliedern Frankreich, Belgien, Holland, Dänemark und Norwegen auf dem Boden lagen, konnte der Negus in jenem Jahr nach Addis Abeba zurückkehren. – Dann der mehrfache, gleichfalls vergebliche Versuch, »Locarno« wiederzubeleben, wozu sich Hitler in seiner Rede vom 7. März grundsätzlich bereit erklärt hatte. Viele Anläufe, Besprechungen, Konferenzen, die allesamt nichts einbrachten. – Die dritte Farce: Ein Abkommen der Nazi-Regierung mit Österreich vom 12. Juli, in dem die volle Souveränität des Nachbarstaates ausdrücklich anerkannt, ein freundschaftliches Verhältnis wiederhergestellt und die Frage der österreichischen Nazis als »innere Angelegenheit« Österreichs bezeichnet wurde. Dafür erklärte Schuschnigg, Nachfolger von Dollfuß, Österreich bekenne sich als »deutscher Staat«. Große internationale Wirkung, der »Führer« in gnädiger Stimmung. Durfte man aufatmen? Keineswegs. Es handelte sich um eine »Olympia-Geste«, nichts anderes. Im Zeichen von Frieden und Freundschaft sollten die Olympischen Spiele stehen. Da galt es, rechtzeitig die Spannungen zwischen Wien und Berlin zu beheben, vor allem die Grenzen zu öffnen, die durch die »1000-Mark-Sperre« für deutsche Österreich-Besucher bislang praktisch geschlossen waren. Was wäre gewesen, wenn Österreich etwa deswegen auf eine Teilnahme an den Spielen verzichtet hätte? Eine kaum auszudenkende Blamage!

Um so verheerender die politische Wirkung, wenn eine Großmacht dem Olympischen Fest ferngeblieben wäre. Damals begriffen dies nur wenige. Zu ihnen gehörte der verdienstvolle amerikanische Generalkonsul in Berlin, George Messersmith, ein Freund unserer Familie. Nicht nur wußte er von den schlimmen Verletzungen der Menschenrechte durch die Nazis, er erkannte auch die außerordentliche »Pro-Hitler-Wirkung« glänzend besuchter und ausgerichteter Olympischer Spiele, den großen Prestige-Gewinn für die Nazis innerhalb und außerhalb des Deutschen Reiches. Im Frühjahr trat er einen Heimaturlaub an mit der erklärten Absicht, die USA von den Spielen in Berlin fernzuhalten. Er klang durchaus optimistisch. Als er zurückkam, mußte er von dem Fehlschlag seiner Bemühungen berichten. Die Sportler drüben hatten ihm einhellig erklärt, 1936 sei für sie die wohl einzige Chance, olympische Medaillen zu gewinnen, eine Chance, die sie zu nutzen gedächten, gleichgültig wer in Berlin regiere. So kamen sie alle. Zwei Ausnahmen: Spanien, wo der gerade ausgebrochene Bürgerkrieg sämtliche sportlichen Aktivitäten lahmlegte, und Abessinien, nunmehr eine italienische Kolonie, in der der »Duce« regierte. Dieser erkannte nach Aufhebung der Völkerbundssanktionen rasch, wo Schwäche, aber auch wo Stärke in Europa anzutreffen war, und sandte seine beiden Söhne und andere prominente Faschisten zu den Spielen nach Berlin. »Das größte Sportfest aller Zeiten« (so Goebbels) konnte beginnen.

»Olympiagewand Berlins fertig«, dies die Überschrift der *DAZ* vom 29. Juli. Ein völlig neues Riesenstadion mit den dazugehörigen großräumigen Sportbauten empfing Sportler und Publikum. Werner March, der Architekt, hatte großartige Arbeit geleistet. Ihm stand eine riesiges Gelände zur Verfügung, nachdem Hitler – mit Recht – über die alte Grunewald-Rennbahn, die nach anderen Entwürfen und den Wünschen vieler erhalten bleiben sollte, das Todesurteil gesprochen hatte. Noch heute gehört die Berliner Olympiaanlage zu den schönsten ihrer Art. Es wäre verfehlt, Hitler hierfür die Anerkennung zu versagen. Er hat andere scheußliche Monumentalbauten auf dem Gewissen; das fast hunderttausend Besucher fassende Olympiastadion stellt eine Ausnahme dar. Berlins wichtigste Straßen festlich geschmückt; höchst eindrucksvoll jenseits des Brandenburger Tores: eine einzige lange, nur durch den »Großen Stern«, das »Knie« (heute Ernst-Reuter-Platz) und den Reichskanzlerplatz (heute Theodor-Heuss-Platz) unterbrochene Prachtstraße, die ganz nahe an das Olympiastadion heranführte. Seit dem 20. Juli wurde geflaggt. Goebbels rief alle Berliner auf, die Gäste freundlich zu empfangen, sie in jeder Hinsicht hilfreich zu unterstützen. Man wollte die »Schokoladenseite« der Reichshauptstadt unter dem Motto »Seid nett zueinander« vorweisen, das friedliche, vergnügliche, gemütliche Berlin besonders den mißtrauischen Ausländern näherbringen. Rechtzeitig waren die »Stürmerkästen« entfernt. (Beim *Stürmer* handelte es sich um ein vom Übelsten aller Üblen, dem Nürnberger Gauleiter Julius Streicher, herausgegebenes Schmierblatt, das das wohl Scheußlichste und Gemeinste an antisemitischen Hetzartikeln enthielt und in unzähligen verglasten Kästen Seite für Seite den Passanten als »Lesestoff« angeboten wurde.) Für »olympische« Passanten kein passender Anblick. Kaum hatten diese Berlin verlassen, als die »Stürmerkästen« wieder angebracht wurden. Kommentar überflüssig!

Was wurde nicht alles für die Spiele aufgeboten! Eine große olympische Ausstellung machte den Anfang. Richard Strauss komponierte eine »Olympische Hymne«, die, wie es hieß, von nun an bei allen olympischen Festen gespielt werden sollte und nie wieder erklang. Das neuerbaute Luftschiff »Hindenburg« schwebte über der Reichshauptstadt, die Staatsoper unterbrach ihre Ferien. Aber statt leichter Sommerkost gab es nur Werke von Richard Wagner, zum Beginn »Tannhäuser«, gefolgt von »Lohengrin« und – kaum zu glauben! – dem gesamten Ring. Am freudigen Schlußtag der Spiele gab es die »Götterdämmerung«. Wäre es nur soweit gewesen! Doch man gab sich auch ein wenig international. Neben Wagner wurde »Charleys Tante« in englischer Sprache aufgeführt, während im Staatlichen Schauspielhaus zum Ausgleich die »Orestie« von Aischylos dargeboten wurde, geziemende Verbindung griechischer Antike mit deutschem Ernst auch bei hochsommerlichen Temperaturen.

Vierhundertdreißig deutsche Akteure, ein stattliches Aufgebot. In der Tat, es gab – wie konnte es anders sein – keine Disziplin ohne deutsche Beteiligung. »Die deutsche Mannschaft ist Ausdruck der neuen Lebensform unseres Volkes«, verkündete von Tschammer-Osten, Reichssportkommissar und Olympia-Gewaltiger. Nun konnten die »Arier« ihre Überlegenheit beweisen! Am Vorabend großer Auftakt mit dem Einmarsch der Sportler. Wie auch heute noch zuerst die griechische Vertretung, am Ende die gastgebende Mannschaft, die anderen in alphabetischer Reihenfolge. Selbstverständlich klappte alles wie am Schnürchen, das riesige Stadion bis auf den letzten Platz besetzt, Ehren- und Eintrittskarten seit langem vergeben. Natürlich durfte niemand ohne Billett hinein; dennoch gelang es zwei englischen Bekannten, die dies stolz berichteten, dank eines tollen Redeschwalls in ihrer Muttersprache den Kordon der Ordnungshüter zu durchbrechen und der eindrucksvollen Eröffnungszeremonie beizuwohnen. Wie immer, ein imponierendes Bild*, der Einzug der grundverschiedenen Nationalmannschaften, jede die Eigenart ihres Landes spiegelnd, nach ihrer Weise grüßend. Auffällig die Belgier, Chinesen und Norweger, die »ihre Hütchen lüfteten« (*DAZ* vom 2.8.), fast sensationell die Franzosen – ihnen wurde besonders freundlicher Beifall zuteil –, die (laut *DAZ*) »beim Anblick des Führers wie ein Mann den rechten Arm zum olympischen Gruß erhoben«, es also der deutschen Mannschaft gleichtaten, die mit »Hitler-Gruß« am »Führer« vorbeimarschierte und natürlich den größten Beifall erhielt.

Noch gab es kein Fernsehen, und so fühlten sich die Berichterstatter verpflichtet, in größter Ausführlichkeit die Mannschaften – Auftreten, Kleidung, Haltung, Zahl etc. – zu beschreiben. Bezeichnend der Bericht der *DAZ* über die amerikanischen Sportler, unter denen sich zahlreiche

* Meine Kenntnis verdanke ich neben Zeitungsberichten dem Olympia-Film Leni Riefenstahls wie einem einmaligen Nachmittagsbesuch des Stadions, an dem sämtliche Mitarbeiter der »Tilka« teilnahmen.

Schwarze befanden. Ganze acht Worte gab es für sie: »Das Riesenaufgebot des Sternbanners setzte die Reihe fort.« Um so mehr mußte die Zeitung später schreiben; denn die amerikanischen schwarzen Sportler triumphierten vor allem in der Leichtathletik; wer erinnert sich nicht an Jesse Owens, an Metcalf, an jene drei US-Athleten, die im Zehnkampf alle drei Medaillen für ihr Land holten. Das objektive Berliner Sportpublikum klatschte allen Siegern ohne Rücksicht auf die Hautfarbe zu, und manchen Zuschauern schien es, als ob Owens und andere schwarze Sportler mit besonderem Nachdruck gefeiert wurden. Der »Führer« hingegen, der die Spiele wiederholt besuchte, sich oft stundenlang im Stadion aufhielt, war stets »zufällig« abwesend, wenn es galt, einem Schwarzen die Hand zu schütteln. So großartig waren die »Arier« doch nicht, obwohl sie dank der Teilnahme an sämtlichen Wettbewerben (im Gegensatz zu den Amerikanern) am Ende die meisten Goldmedaillen entführten. – Rache des Schicksals an dem so gezielt abwesenden »Führer«. Als die deutsche Fußballmannschaft (damals noch Amateure) gegen die als nicht allzu stark eingeschätzten Norweger antrat, erschienen in schöner Siegesgewißheit Hitler, sein Stellvertreter Heß, Goebbels, Frick, von Tschammer-Osten und viele weitere hohe Nazis. Auch der norwegische Gesandte Scheele wohnte dem Spiel bei und hatte sich sicherlich schon tröstend-anerkennende Worte nach der Niederlage seines Teams überlegt. Aber es kam anders. Am Ende durfte Scheele seinen Landsleuten für ihren überraschenden 2:0-Sieg gratulieren. Wäre es nicht eine besonders liebenswürdige Geste gewesen, wenn auch Hitler mit Gefolge seine Glückwünsche ausgesprochen hätte? Nicht doch. Als sich die Niederlage der deutschen Mannschaft abzeichnete, verdrückte sich die Nazi-Hierarchie noch vor Spielende. Diktatoren können nicht einmal im Sport Niederlagen vertragen.

Selbstverständlich fanden große Festlichkeiten statt, vor allem für die zahlreichen Ehrengäste, unter ihnen Kronprinzen, Prinzen, die gesamte Sportprominenz und viele andere Persönlichkeiten mit klangvollem Namen. Neben Empfängen von Hitler, Göring und weiteren Nazi-Größen gab Joachim von Ribbentrop ein großes Gartenfest in seiner Dahlemer Villa. Er war gerade zum deutschen Botschafter in London ernannt worden – eine folgenschwere Berufung – und sonnte sich, zusammen mit fast allen ranghöchsten Nazis sowie zahlreichen Diplomaten, in seinem Glanz; viele Freunde und Bekannte aus alter Zeit – manche hatten allerdings Deutschland bereits verlassen – befanden sich nicht mehr auf der Liste der Eingeladenen. Tempi passati! – Besonders eindrucksvoll der Empfang des britischen Botschafters, Sir Eric Phipps, in den prunkvollen Räumen seiner Botschaft in der Wilhelmstraße, ein Empfang, an dem auch meine Mutter und ich teilnahmen. Kurzer, leicht peinlicher Auf- und Abtritt Herrn von Ribbentrops. Der Zufall wollte, daß er meine Mutter nicht übersehen konnte. Gefaßt trat er so rasch wie möglich auf sie zu, Handkuß und »Guten Abend, gnädige Frau«, worauf er sich schnellstens entfernte. Meine Mutter, die viel Spaß verstand und für ihren großen Humor bekannt war, fand diese kürzeste aller Begrüßungen amüsant, etwas komisch übertrieben, zumal die »amtliche« Einstellung des Auswärtigen Amtes eine andere war.

Im Frühjahr 1936 hatte sie ihre erste Amerikareise angetreten, wohl in der Vorahnung, daß unsere Familie einmal in die Staaten auswandern würde. In New York erwarteten sie viele Freunde und Bekannte, in Washington auch Diplomaten, die einst in Berlin stationiert waren. Selbst der Präsident ließ es sich nicht nehmen, meine Muttter einzuladen, desgleichen einige Mitglieder des Kongresses. Dies muß sich bis zum deutschen Botschafter, dem früheren Reichskanzler Luther, herumgesprochen haben, den meine Mutter aus Höflichkeitsgründen – schließlich kannte man sich gut aus der Weimarer Zeit – ebenfalls aufsuchte. Luther, unsicher wie er war, fragte beim Auswärtigen Amt in Berlin an, wie er sich verhalten solle angesichts des besonders freundlichen Empfangs, der der Witwe Gustav Stresemanns in Washington zuteil geworden war. Sollte er eventuell ein offizielles *luncheon* zu ihren Ehren geben? Überraschenderweise erhielt er eine bejahende Antwort. Also lud er einige Angehörige des State Departments sowie deutsche und amerikanische Bekannte ein, das Mittagessen zu Ehren meiner Mutter verlief friedlich und besonders nett, der wohl gewünschte Eindruck, daß man in der Achtung des Namens Stresemann den Amerikanern nicht nachstehe, war erzielt.

Ein Jahr später, als meine Mutter zum zweiten Male die Vereinigten Staaten besuchte, verhielt sich der deutsche Botschafter völlig anders. Lange Zeit hatte meine Mutter überlegt, ob sie Luther überhaupt aufsuchen sollte, tat es schließlich im Hinblick auf die vorjährige freundliche Geste des einstigen Kanzlers und Mitunterzeichners des Locarno-Vertrages. Diesmal ließ Luther die Tür zu seinem Vorzimmer weit offen, so daß seine Worte draußen gehört werden mußten, und begann lautstark eine Lobeshymne auf Hitler, das »Dritte Reich« und die großen Errungenschaften des Naziregimes zu halten. Kein Wunder, daß die Zusammenkunft ein schnelles Ende fand. Daß meine Mutter über diesen Gesinnungswandel doch etwas überrascht war – Luther hätte die Unterhaltung ohne Schwierigkeiten auf persönliche Dinge beschränken können –, brauche ich nicht zu betonen. Als ich mich 1938 einige Monate in den Staaten aufhielt – nun stand es fest, daß wir früher oder später dorthin auswandern würden –, habe ich natürlich auf einen Besuch beim deutschen Botschafter verzichtet, hingegen meinen alten Schulfreund Herbert Blankenhorn besucht, der an der Botschaft tätig war und mit dem man offen sprechen konnte.

*

Kein Zweifel, in Deutschland wurde es immer dunkler. Schneller, als es viele vermuteten, breitete sich die Hybris aus. Längst hatte sie Hitler und die Seinen ergriffen, nun begann sie große Teile des deutschen Volkes zu verseuchen, das, von den unstreitig großen Erfolgen des »Führers« geblendet, Schuld und Schicksal nicht erkannte, in die es Hitler, der »Antichrist«, immer tiefer verstrickte.

An dieser wachsenden Hybris trug auch das Ausland eine erhebliche Mitverantwortung. Es muß in aller Klarheit darauf hingewiesen werden, in wie hohem Maße fast alle Regierungen Europas Hitler bei seinem Aufstieg innerhalb Deutschlands und später auch außerhalb der deutschen Grenzen geholfen haben, auch wenn dies selbstverständlich niemals in ihrer Absicht lag. Eine Anklage gegen das deutsche Volk darf nicht außer acht lassen, daß Unentschlossenheit und schwächliches Verhalten in vielen maßgeblichen Hauptstädten Hitler den Weg ebneten. Zuerst das Einlenken des Vatikans und damit der katholischen Kirche, gefolgt von der Bereitschaft des katholischen Polens, mit Hitler-Deutschland zu paktieren, wodurch sich das bisherige polnisch-französische Bündnis erheblich lockerte; dann die noch heute erschreckende, fast als schmählich zu bezeichnende Nachgiebigkeit der verschiedenen Kabinette in London wie in Paris. Die Frage, wie dies geschehen konnte, läßt sich nicht allein mit der allgemein bekannten angelsächsischen Lammsgeduld beantworten, wenngleich sie sicherlich ins Gewicht fällt.

Auch jenes »Maginot-Denken«, das viele Franzosen eingelullt, fast gelähmt hat, erklärt nur sehr bedingt das zögernd-wankelmütige Verhalten des Quai d'Orsay. Das schlechte Gewissen der Alliierten Deutschland gegenüber angesichts ihrer mehr oder weniger unnachgiebigen Politik während des ersten Nachkriegsjahrzehnts dient gleichfalls kaum als vollgültige Entschuldigung. Mit Sicherheit hat innenpolitischer Dissens, vor allem in Paris, beträchtlich zur Schwächung französisch-britischer Außenpolitik beigetragen, nicht zu vergessen die insgeheime Hoffnung, besonders in Londoner Kreisen, Hitler und das nationalsozialistische Deutschland würden zu einem späteren Zeitpunkt ihre ganze Kraft einsetzen, um Europa von der Geißel des Bolschewismus zu befreien. Doch alle diese Gründe und Begründungen verdecken lediglich die Hauptursache für diese traurige, folgenschwere »Appeasement«-Politik des Westens: Es fehlte einfach an Staatsmännern von geschichtlichem Format. Die damals führenden Köpfe, ehrbare, durchaus intelligente, friedensliebende Politiker aller Richtungen, besaßen weder hinreichende Entschlußkraft noch irgendwelche Risikobereitschaft, stellten lobenswerten, aber keinen Respekt einflößenden Durchschnitt dar. Namen sind in diesem Zusammenhang von untergeordneter Bedeutung. Eines läßt sich jedenfalls mit großer Bestimmtheit sagen: Weder ein Churchill noch ein Clemenceau hätten es Hitler irgendwann erlaubt, mit ihnen so umzuspringen, sie so zum Narren zu halten, wie dies dem deutschen Diktator mit seinen Gegenspielern gelang, der überdies alle in Deutschland zur Mäßigung Ratenden geradezu zur Lächerlichkeit erniedrigte. Männer machen eben doch Geschichte, und an solchen Männern mangelte es in London, Paris und anderen Städten. So mußten alle am Ende büßen, die einen – am schwersten – für ihre Hybris, die anderen – schwer genug – für ihre unwürdige, unnötige Schwäche.

Stationen der Hybris

I

»Wahn! Wahn! Überall Wahn!« Mit diesen Worten beginnt der große Monolog von Hans Sachs im dritten Akt der »Meistersinger«. Der gütigweise Sachs, Schuster und Poet, blickt am frühen Morgen auf sein »liebes Nürnberg«, wo in der vergangenen Nacht die Menschen, vom Wahn gepackt, sinnlos rasten, sich »toll und blind« anfielen, blutig schlugen. Nun versucht er, den »Wahn fein zu lenken«, den »Wutesbrand zu löschen«, und ihm ist Erfolg beschieden. – Jahrhunderte später wiederum: »Wahn! Wahn! Überall Wahn!« in dieser ehedem schönsten deutschen mittelalterlichen Stadt. Doch diesmal fehlt es an einem Hans Sachs. Im Gegenteil: Am Werk die Personifizierung des Bösen, der Wahn teuflisch geschürt, aus »Wutesbrand« züngeln lichterlohe Flammen; Hans Sachsens »liebes Nürnberg«, jetzt Stadt der Nazi-Parteitage, wird rasch zum Hort übelster Verhetzung, zur Stätte auftrumpfenden Triumphgeschreis heilrufender Menschenmassen, deren Menschsein kaum noch wahrnehmbar zu sein scheint. Ein unerhörtes, bis zum letzten I-Punkt durchorganisiertes Spektakel spielt sich dort alljährlich ab, Max Reinhardt hätte es nicht überbieten können. Und doch nahm es anfangs kaum jemand ernst. Aristide Briand, der Bilder aus dem Jahre 1928 sah, meinte spöttelnd: »C'est du cinéma.« Wenige Jahre später aber kamen sie alle, der französische Botschafter und andere Diplomaten, verbeugten sich vor dem »Führer«, zeigten sich beeindruckt von den jeweils im September angesetzten »Wahn-Vorstellungen«, Stationen der Hybris, die sich steigerten, bis 1939 die »Super-Schau« nicht mehr stattfinden konnte. Denn statt des Getöses von Nürnberg ertönten nun die Waffen des Krieges. Nürnberg versank in Schutt und Asche.

Auch der Reichstag tagte in Nürnberg. 1935 wurden seine Mitglieder für ganze fünfzig Minuten zusammengerufen. Drei »Nürnberger Gesetze« galt es zu verabschieden. Das erste: Nur noch eine einzige Fahne, die mit dem Hakenkreuz, durfte gehißt werden. Gerührt-sentimentaler Abschied von »Schwarz-Weiß-Rot«, der Flagge von Tannenberg und anderer Schlachten aus dem Ersten Weltkrieg. Scheinheilig-verlogene Worte sind besonders billig. Göring, der die Gesetze kurz begründete, begann mit der »Träne«, ließ dann aber den wahren Grund erkennen: »... die Fahne mußte eingerollt werden, um zu verhindern, daß diese Farben herabgewürdigt würden zu einem Parteiwimpel, unter dem sich als Siegeszeichen die Reaktion verborgen hält«. Also noch immer Angst? Weit und breit keine Partei, kein sich abzeichnender Sieg der Reaktion. So wirkte die Änderung der Fahne wie eine letzte, laute Backpfeife für Papen und seine Anhänger, die noch zweieinhalb Jahre zuvor als »Schwarz-Weiß-Roter Block« in den Wahlkampf gezogen waren. Es geschah ihnen recht, und viele empfanden darüber hinaus eine gewisse Genugtuung, weil nunmehr die einst von Bismarck geschaffene Fahne von weiteren Besudelungen mit Nazi-Untaten bewahrt blieb. »Schwarz-Weiß-Rot«, durch Hindenburg, Papen, Hugenberg und ihresgleichen schwer kompromittiert, hatte ausgedient. Noch Tage vor dem Flaggengesetz hatte ein New Yorker Richter, der sich mit Ausschreitungen bei der Ankunft der »Bremen« befassen mußte, die anstößige Hakenkreuzflagge eine »Piratenflagge« genannt und in seinem Urteil die Nazi-Herrschaft als »aktivistischen Rückschritt ins Mittelalter, wenn nicht in die Barbarei« bezeichnet. Natürlich beschwerte sich der Botschafter Luther beim State Department, um die knappe Antwort zu erhalten, die Ansicht des sowieso unabhängigen Richters sei nicht die der amerikanischen Regierung.

Doch dann erschien Hitler plötzlich das sogenannte Reichsflaggengesetz nicht ausreichend, um damit vor den Reichstag zu treten. In höchster Eile ließ er zwei weitere Gesetze ausarbeiten, einmal ein »Reichsbürgergesetz« von mehr formaler Bedeutung, dann das berüchtigte »Gesetz zum Schutze des deutschen Blutes und der deutschen Ehre«, welches den »amtlichen« Ausstoß aller jüdischen Mitbürger aus der deutschen Volksgemeinschaft beinhaltete und den Begriff der »Rassenschande« einführte, auf die Zuchthaus stand. Nach den detaillierten Schilderungen eines Ministerialrats im Reichsinnenministerium fand die Formulierung dieses Gesetzes in einer Bierstube des Hotels »Bamberger Hof« statt, wo man wegen Papiermangels die verschiedenen Entwürfe auf die Rückseite von Speisekarten schrieb! »Deutsches Blut« und »deutsche Ehre«, Begriffe, die sich nur noch mit der wachsenden Hybris in den Köpfen der Nazi-Gewaltigen erklären ließen. Die »deutsche Ehre« war bereits mit der von den Nazis nicht nur geduldeten, sondern von ihnen inszenierten »Bücherverbrennung« in Berlin dahin. Deutsches Blut? Wo ließ sich dies ausgerechnet in der Mitte Europas, insbesondere in der deutschen Reichshauptstadt, finden? Dort lebten seit Jahrhunderten auch Slawen, Franzosen und Juden, aus deren Reihen so viele Prominente auf allen Gebieten stammten. Doch in ihrem blindwütigen Judenhaß hatten Hitler, Streicher und andere fanatische Antisemiten nur ein Ziel: die völlige Scheidung von Juden und »Ariern« auch durch Gesetz, und dies bedeutete die weitere rücksichtslose Verfolgung von Juden sowie ihre immer intensiver werdende Vertreibung aus dem Wirtschaftsleben, in dem sie noch manche Positionen innehatten. Der deutschen Mentalität – selbstverständlich gibt es Ausnahmen – entspricht eine gesetzliche Regelung, man denke an die nachträglich gesetzlich gebilligten Morde vom 30. Juni 1934. So stellten die »Nürnberger Gesetze« ein zusätzliches Signal dar, die bereits in Gang befindliche Enteignung und Ausgrenzung des Judentums mit verstärkter Kraft fortzusetzen. Weitere Stationen auf diesem unheilvollen Weg: die »Kristallnacht« vom November 1938 und der grauenhafte Beschluß der »Endlösung«.

Für Hitlers tiefsitzenden, durch nichts zu erschütternden Judenhaß gab es neben seiner österreichisch-wienerischen Vergangenheit auch praktische Gründe: Zum einen hatte er, wie zuvor dargelegt, bei etwaigen Fehlschlägen stets einen »Sündenbock« parat (wie hieß es so treffend im Berliner Kabarett »Katakombe«: »An allem sind die Juden schuld«), zum anderen konnte er immer das Judenproblem, wie er es sah, zur Aufhetzung der Massen benutzen, die nach seinem Willen niemals zur Ruhe kommen durften, auf daß sie jederzeit für seine Parolen aufnahmefähig blieben. Überdies bot diese Judenhetze – auch hierauf sei nochmals hingewiesen – eine großartige Entschuldigung für viele im Leben Erfolglose oder Gescheiterte, zugleich eine höchst angenehme Rechtfertigung für alle diejenigen, die in bisher von Juden eingenommene Positionen einrückten, wobei im Geheimen die Worte »propter invidiam« oftmals eine vorrangige Rolle spielten. Dennoch konnte von einer ausgesprochen antisemitischen Einstellung, zumindest in den Großstädten, keine Rede sein, die »Nürnberger Gesetze« mit ihren zahllosen Ergänzungs- und Ausführungsverordnungen waren alles andere als populär, Worte wie »Arier«, »arisch« verursachten meistens Heiterkeit, während der Ausdruck »Arisierung« schmerzliche Ratlosigkeit hervorrief. In Berlin durfte man von einer »silent majority« ohne Sprachrohr, ohne öffentliche Protestmöglichkeit, wohl sprechen. Andererseits ist ein betrübliches Maß an Gleichgültigkeit gutsituierter Bürger gegenüber den vom »Nazi-Schicksal« Betroffenen nicht zu verhehlen, dazu die oft gehörte Ansicht, Hitler gehe zwar in seinem Antisemitismus zu weit, man müsse dies aber als ärgerliches Übel hinnehmen, das auch im Ausland anzutreffen sei. Niemand leugnete (von den »Offiziellen« abgesehen), daß es hervorragende jüdische Mitbürger gäbe, viele wiesen auf jüdische Freunde oder Bekannte hin, die sie hochschätzten, worauf sich schließlich Goebbels zu dem Hinweis veranlaßt sah, die Zahl der in Deutschland lebenden Juden gehe offenbar in die Millionen, was der Statistik widerspräche.

In Wirklichkeit betrug die Zahl jüdischer Bürger deutscher Nationalität weit weniger als eine Million. Sie müssen in der Tat fast samt und sonders Übermenschen gewesen sein. Denn wenn man der Nazi-Propaganda glauben durfte, beherrschten oder beeinflußten sie entscheidend Politik, Wirtschaft, das gesamte Finanzwesen, Kunst, Kultur und was sonst nicht alles. Überall hatte ihr Ungeist angeblich schlimme Vergiftungserscheinungen hervorgerufen, fast siebzig Millionen »reinrassige Arier« sahen sich, so die Nazis, in ihrer Existenz, Eigenart, in ihrem Recht auf eigene Gestaltung ihrer Lebensform aufs Schwerste bedroht. Das deutsche Volk hatte in den Zeiten der Weimarer Republik diese Bedrohung nicht erkannt, es war »artverdorben«, eine Wortschöpfung von Göring, der auch diesen Teil der »Nürnberger Gesetze« begründete. Der später zum Feldmarschall ernannte, bisweilen an Nero erinnernde Mörder und Genießer berief sich nach alter Nazi-Sitte auf Gott, zu dessen Interpret er sich aufschwang. »Gott hat die Rassen geschaffen«, so ließ sich der Präsident des Reichstags vernehmen, »Gott wollte nichts Gleiches, und wir weisen es deshalb weit von uns, wenn man versucht . . ., diese Rassenreinheit umzufälschen in eine Gleichheit . . . denn eine Gleichheit gibt es nicht.« Anschließend ein Bekenntnis zu den »Kräften und Segnungen germanisch-nordischen Geistes«. Dann: »Wir wissen, daß die Blutsünde die Erbsünde eines Volkes ist . . . wir wissen, daß die letzte Wurzel allen Zerfalls Deutschlands aus dieser Erbsünde letzten Endes kam ...« Schließlich die Behauptung: »Ohne Hitler hätte es nie wieder einen Aufstieg gegeben!« Göring, Hüter deutschen Blutes, der sich grundsätzlich à la Lueger vorbehielt, selbst zu bestimmen, wer Jude war (noch dirigierte Leo Blech an der Staatsoper), erlaubte übrigens seiner zweiten Frau Emmy Sonnemann, ihre Aussteuer im jüdischen Geschäft von Braun, damals Unter den Linden, Ecke Wilhelmstraße, einzukaufen. – »Wahn, Wahn, überall Wahn!« In weniger als einer Stunde beendete der Reichstag seine Nürnberger Sitzung mit der Annahme der vorgelegten Gesetze.

Bleibt nachzutragen, daß nach Göring die Trennung von »Ariern« und Juden Sicherheit und Eigenständigkeit für die letzteren gewährleisten sollte. Jüdische Organisationen, auch ein jüdischer Kulturbund, wurden gestattet. Mein Freund Heinz Levinger, Jurist und Musiker – auch er ging später nach Amerika –, erzählte mir von bedeutenden Konzerten und Theateraufführungen, die damals dank des Kulturbundes zustande kamen. Er berichtete aber auch von der immer schwieriger werdenden Lage der Berliner Juden angesichts der angeblich »lügnerischen Hetze« jüdischer Emigranten, die Hitlers antisemitische Verfolgungen in scharfer Form anprangerten. Am Ende blieb den Berliner jüdischen Bürgern nichts anderes übrig, als sich in einer Versammlung – im Beisein des »Reichskulturverwalters« Hinkel (!), eines besonders üblen Nazis – gegen falsche Behauptungen der Emigranten zu verwahren. Andere Konsequenzen aus den »Nürnberger Gesetzen« wurden von jüdischen Mitbürgern teilweise nur zögernd, teilweise überhaupt nicht gezogen. Viele wären finanziell, beruflich oder aufgrund familiärer Beziehungen in der Lage gewesen, sofort auszuwandern. Nicht alle taten es. Die einen vermochten nach wie vor nicht zu glauben, daß es mit Hitler noch lange so weitergehen würde. Immer wieder hieß es: Zwei bis drei Jahre vielleicht, aber dann ist es aus; wir haben in der Geschichte unserer Vorfahren Schlimmstes erlebt, diese drei Jahre werden wir auch noch durchhalten. Andere hingegen weigerten sich strikt, die Heimat zu verlassen. Ich denke an den im Ruhestand lebenden Bankier Wassermann, dem man die Emigration dringlich nahelegte. »Ich bin ein Deutscher, ich bleibe ein Deutscher, ich will in Deutschland begraben werden«, dies seine Worte, die Worte eines jüdischen Patrioten, wie es fast alle deutschen Juden waren, die oftmals – vor allem auch im Ausland – stärker an ihrem Deutschtum hingen als so manche Deutsche, Verzeihung »Arier«. Ein gütiges Geschick erfüllte Wassermanns Wunsch, in Deutschland begraben zu werden; er starb 1937.

Zu jener Zeit war die »Arisierung« der Wirtschaft fast abgeschlossen. In vielen Fällen fand eine De-facto-Enteignung statt, manche »nichtarischen« Inhaber von Betrieben mußten froh sein, wenn sie einen geringen Teil ihrer Habe retten konnten. Es wurde gedroht, geraubt und geplündert. Die klugen »Nichtarier«, die alsbald Deutschland verließen, kamen weit besser weg als jene national denkenden Juden, die ihre Auswanderung immer wieder verschoben, weil sie an den Fortbestand des wahren deutschen Geistes glaubten und, wie so viele, Intensität und Ausmaß der Nazi-Diktatur unterschätzten. Mit besonderer Besorgnis verfolgten wir zu Hause das Schicksal des Ullstein-Verlages. Nicht nur bestanden seit langem freundschaftliche Beziehungen zu Mitgliedern der Ullstein-Familie, auch in politischer Hinsicht gab es enge Kontakte. Georg Bernhard, Chef der *Vossischen Zeitung*, gehörte zu den ersten der liberal-demokratischen Presse, die meinen Vater unterstützten. Wie oft rief Max Reiner von der *»Voss«* sowohl in der Tauentzienstraße (unserer Privatwohnung bis September 1923) wie in der Reichskanzlei und im Auswärtigen Amt an, um zusätzliche Informationen zu erbitten, die er auch meistens erhielt. Mit der Redaktion der *B.Z. am Mittag* bestanden ebenfalls Verbindungen, die nicht selten ihren Niederschlag in politischen Meldungen – meistens auf Seite eins – fanden.

Nach dem Tode meines Vaters erwarb der Ullstein-Verlag alle Rechte an dem gesamten schriftlichen Nachlaß und veröffentlichte die wesentlichsten Teile – darunter auch Privatbriefe – in einer dreiteiligen, mit großer Liebe und Sorgfalt ausgestatteten Publikation unter dem Titel »Vermächtnis«. In der *Vossischen Zeitung* erschienen die ersten Vorabdrucke. Als die hochangesehene Zeitung, die die Brüdern Ullstein alljährlich einen in die Millionen gehenden Zuschuß kostete, nicht mehr zu halten war, bedeutete dies einen ganz schweren Schlag für alle, die diese glänzend aufgemachte, von hohem geistigen Niveau zeugende Zeitung seit langer Zeit lasen. Ich selbst habe das Blatt zwei Jahrzehnte hindurch gelesen, erinnere mich heute noch an jede Einzelheit, und wenn ich bisweilen von alten Zeiten träume, erscheint mir noch immer, meistens an einem Zeitungsstand, die Titelseite der »Tante Voss«, wie sie oft liebevoll genannt wurde. – Bald mußten auch die Brüder Ullstein ihren Platz räumen. Längst war ihre politische Wirksamkeit dahin, nachdem das von Goebbels ersonnene »Reichsschriftleitergesetz« Verlag und Redaktion getrennt, deren Mitglieder dem Einfluß der Verleger entzogen und sämtliche Redakteure der ausschließlichen Aufsicht des Propagandaministeriums unterstellt hatte. Immerhin gab es für die Brüder Ullstein einen, wenn auch geringen, Trost. Sie hatten ihr Unternehmen so glänzend geleitet, daß es – unter anderer personeller Führung, später auch unter einem anderen Namen (»Deutscher Verlag«) – erhalten blieb und nach dem Zweiten Weltkrieg fortgeführt werden konnte. Anstelle der *»Voss«* (die letzte Ausgabe trug das Datum des 24. März 1934) abonnierten wir die *Deutsche Allgemeine Zeitung* (*DAZ*), deren Auflage nun enorm anstieg (auf etwa 400 000), da es noch immer Menschen in Berlin gab, die sich nicht den *Völkischen Beobachter* zumuten wollten. Auch im Freundeskreis unserer Familie dachte niemand daran, dieses fürchterliche Nazi-Blatt zu lesen, viele versuchten, sich über Schweizer Zeitungen Klarheit zu verschaffen. In der moralischen wie politischen Verurteilung des unheilvollen Geschehens hielt man zusammen.

Anders gestalteten sich allmählich die Verbindungen zu befreundeten Mitgliedern des Auswärtigen Amtes. Jahre zuvor war die Zahl von Botschaftern, Gesandten, älteren und jüngeren Beamten groß, die meine Eltern meistens ehrfürchtig grüßten, meine Mutter auch nach dem Tode meines Vaters besuchten, alte Freundschaften aufrechterhielten. Doch nun ließ sich kaum noch jemand sehen, wurden wir mehr und mehr gemieden. Nicht ohne Traurigkeit erinnere ich mich an einen sehr hohen Beamten in der Wilhelmstraße, der jahrelang die Politik meines Vaters mit besonderem Nachdruck unterstützt hatte, dann den Übergang zu den Nazis mühelos schaffte und mich, wie ich rasch erfuhr, bei einer »Morgenandacht«* wegen einer gegen die neue Außenpolitik gerichteten Äußerung völlig unnötigerweise angriff. Als ich ihm deswegen telefonisch Vorhaltungen machte, interessierte ihn lediglich die Frage, woher ich meine Information erhalten habe. Man muß jedem Menschen einen gehörigen Schuß Opportunismus zubilligen, an die vielen Spitzel denken, die es auch im auswärtigen Dienst gab, aber das Verhalten dieses Ministerialdirektors ging doch zu weit.

* So wurden die morgendlichen Zusammenkünfte im Auswärtigen Amt genannt.

Viel schlimmer die haßerfüllte Einstellung von Goebbels und seinen Leuten. Als meine Mutter – es war wohl im Herbst 1935 – zu einer größeren Geselligkeit einlud und das (gleichgeschaltete) *Berliner Tageblatt* – möglicherweise aufgrund eines Versehens – hierüber unter Nennung des Namens einiger Gäste berichtete, soll der Propagandaminister getobt und mit Maßnahmen gedroht haben. Dies erzählte mir eine Pressevertreterin, eine Frau von Puttkamer. Ich habe damals diese Nachricht nicht glauben wollen, das Ganze zumindest für aufgebauscht gehalten. Goebbels hat seine Drohung dann auch nicht in die Tat umgesetzt. Die Mitteilung in der Zeitung führte aber zu einem Anruf des Sohnes des ehemaligen bayerischen Gesandten in Berlin (eine solche Gesandtschaft beim Reich gab es bis 1933), der seit mehr als einem Jahrzehnt in unserem Hause verkehrte. Er ließ mich wissen, wie unangenehm ihm seine Namensnennung in der Zeitung sei, und äußerte die Bitte, bei weiteren Einladungen (die nicht mehr erfolgten) für den Ausschluß der Öffentlichkeit Sorge zu tragen. Natürlich lag es nicht in der Absicht meiner Mutter, um ihren Ruf besorgte »Arier« zu belasten, und so sind manche Kontakte verlorengegangen und trotz Bitten nach dem Krieg nicht wiederaufgenommen worden.

Dafür blieben alte Verbindungen mit ausländischen Diplomaten bestehen, neue knüpften sich an und erwiesen sich als fruchtbar. Eine Einschränkung muß ich allerdings beim französischen Botschafter in Berlin André François-Poncet machen. Ein großer Kenner und Freund der deutschen Kultur und der deutschen Sprache war er in der Tat; sein blendender Witz – Hitler nannte er »Fureur«, Göring »Gering«, Goebbels »Gebell« – bleibt unvergessen, allgemein bewundert seine hohe Intelligenz, die er aber selbst doch wohl gefährlich überschätzte. Denn er glaubte wirklich, dank seiner Klugheit, seines enormen diplomatischen Könnens und seiner umfassenden Kenntnis der deutschen Mentalität Hitler durchschauen, lenken, entscheidend beeinflussen zu können. Da der »Führer« sich gerne mit dem Botschafter unterhielt, ihn mehrfach zum Obersalzberg einlud, um mit ihm über die Weltlage zu sprechen, versuchten wohl beide Gesprächspartner, sich gegenseitig etwas vorzuspiegeln, mit dem Ergebnis, daß François-Poncet – möglicherweise in einer Art »Höhenrausch« – Hitlers Friedens- und Freundschaftsbeteuerungen geglaubt, sie seinem eigenen Einfluß zugeschrieben und in diesem Sinne nach Paris berichtet hat. Diese meine Vermutung bestätigte mir indirekt ein Mitglied der französischen Botschaft durch ein »Nicht-Dementi« auf meine entsprechende Anfrage. François-Poncet hatte das große Glück, sechs Monate vor dem Ausbruch des Zweiten Weltkriegs nach Rom versetzt zu werden. Sonst hätte er wie sein britischer Kollege Henderson ein Buch mit dem Titel »Fehlschlag einer Mission« (Failure of a Mission) veröffentlichen können. Ob er, der Hitler letzten Endes so erfolglos umschmeichelte, dann noch französischer Hochkommissar nach 1945 geworden wäre? – Ich sah ihn 1953 in Bayreuth wieder, suchte aber keine Gelegenheit, ihn zu begrüßen. Vielleicht fand er mich undankbar. Hatte er mich doch Mitte der dreißiger Jahre während eines diplomatischen Empfanges einmal in ein leeres Zimmer gebeten, um mich zu warnen, ich möge mich mit meiner offen zur Schau getragenen Anti-Nazi-Gesinnung mehr zurückhalten. Sicherlich hatte er es gut gemeint. Aber war dies zu jener Zeit wirklich Aufgabe eines französischen Botschafters in Berlin?

Wie anders ging es in der Botschaft der Vereinigten Staaten von Amerika zu! Hier konnte man frei sprechen, fand Verständnis für jeden, der vor den Nazis warnte und darauf hinwies, daß ein Hitler, der am 30. Juni 1934 die eigenen Anhänger rücksichtslos hatte umbringen lassen, sich in späterer Zeit bestimmt nicht scheuen würde, mit äußeren Feinden genauso zu verfahren. Botschafter Dodd gehörte zu den wenigen in Berlin akkreditierten Diplomaten, die den wahren Hitler erkannten. Seine Berichte nach Washington – dies sagte er mir mehrfach – ließen an negativer Deutlichkeit nichts zu wünschen übrig. Hierin bestärkten ihn sein Sohn Bill wie seine Tochter Martha, die, beide politisch engagiert, weit links von ihrem Vater standen. Die Dodds führten ein gastfreies Haus, und sehr bald bildete Martha Dodd den Mittelpunkt der *Jeunesse d'orée diplomatique*. Neben zahlreichen Söhnen und noch zahlreicheren Töchtern von Diplomaten sah man dort Prinz Louis Ferdinand, den Sohn von Papens, Oberst Udet, »Putzi« Hanfstängl, übrigens der einzige höhergestellte Nazi, den ich je kennengelernt habe, sowie viele jüngere Diplomaten, unter ihnen einen französischen Botschaftssekretär, der sich in die Gastgeberin verliebte und sie heiraten wollte, Beweis, daß Liebe politische Grenzen nicht kennt. Denn Mitglieder der französischen Botschaft waren zumindest gehalten, die verhängnisvolle »Appeasement-Politik« ihres Chefs gegenüber dem Naziregime zu vertreten, während Martha Dodd sich sogar nach Moskau einladen ließ, um dort die »Segnungen« des Bolschewismus persönlich kennen- und schätzenzulernen.

Auch ihr Interesse für amerikanische Innenpolitik war beachtlich. Noch deutlich in Erinnerung ein Cocktail-Spätnachmittag in der US-Botschaft Anfang September 1935. Inmitten von Drinks die Nachricht von der Niederschießung des amerikanischen Politikers Huey Long, der kurz nach dem Attentat starb. Freudig verkündete Martha Dodd die Meldung, umarmte verschiedene Gäste, auch mich, und man konnte ein Gefühl größter Erleichterung bei allen spüren, die sich mit den amerikanischen Verhältnissen einigermaßen auskannten. Es mag dies vielleicht befremdlich klingen, aber wäre nicht auch vielen Deutschen ein Stein vom Herzen gefallen bei der Nachricht, Hitler sei eines gewaltsamen Todes gestorben? Der Vergleich ist keineswegs so weit hergeholt, wie man denken könnte. Denn Huey Long, Senator des Staates Louisiana, darf mit Fug und Recht als eine Art amerikanischer Hitler im Frühstadium bezeichnet werden. Demagoge schlimmster Sorte, mit großem Charisma ausgestattet, putschte er seine Zuhörer mit Slogans wie »Teilt den Reichtum«, »Jedermann ein König« auf; seine Reden, eine raffinierte Mischung aus wütenden Angriffen gegen Präsident Roosevelts Innenpolitik, viel Witz und Bibelzitaten, stifteten in weiten Teilen des noch immer unter den Folgen der Weltwirtschaftskrise leidenden Landes Unruhe, Verwirrung und Aufsässigkeit an, verbreiteten aufruhrähnliche Erregtheit, der Herr zu werden offenbar selbst in Amerika immer schwieriger wurde.

In Louisiana regierte Long wie ein Diktator, besaß eine eigene Nationalgarde, dazu eine Geheimpolizei, kontrollierte beide »Häuser«*, gab sich auf der einen Seite als erzkonservativ, forderte auf der anderen Seite die Aufteilung des Vermögens der Reichen, ein Mann von eminenter Durchschlagskraft, ein »Über-Roosevelt«, wie man ihn vielfach nannte, der stets *headlines* machte, wöchentlich mehr als 50 000 Briefe erhielt, jeder Zoll ein brandgefährlicher Politiker, insbesondere in einer Zeit erfolgreicher europäischer Diktatoren, zu denen sehr bald Franco hinzu-

* Jeder amerikanische Staat hat wie in Washington für das gesamte Bundesgebiet ein »Oberhaus«, den Senat, und ein »Unterhaus«, das »House of Representatives«.

kommen sollte. Würde Huey Long, der »Kingfish«*, jenseits der Grenzen seines Staates, sei es allein oder mit Hilfe von Anhängern, Fuß fassen, schließlich eine Umwälzung in ganz Amerika herbeiführen können? Wahrscheinlich nicht, so die heutige Antwort. Damals war man gar nicht so sicher. Daher das große Aufatmen. Übrigens nicht nur in der amerikanischen Botschaft, sondern auch bei vielen konservativen Amerikanern, die samt und sonders Roosevelt feindlich gegenüberstanden. In jenen Septembertagen 1935 gab es drüben nur ein Thema: das Ende eines Mannes, dem man irgendwie nicht ganz gewachsen schien, dem alles, selbst eine Machtübernahme in toto, zuzutrauen war. Befand sich, so fragten viele, »Hitlerism« auch in den Vereinigten Staaten auf dem Vormarsch?

In Deutschland hielt der Vormarsch auf allen Gebieten an. Die wachsende Hybris zeitigte immer erstaunlichere Gesetze und Verordnungen. Schon Mitte Juli 1935 las man von der Bildung eines »Reichskirchenministeriums«, mit Hanns Kerrl an der Spitze, einem mittleren Justizbeamten, der zuvor die Position eines preußischen Justizministers innehatte und später als Reichsminister für Raumordnung fungierte. Mit Gesetz vom 25. September 1935 wurde Kerrl, der sich als Justizminister durch illegale Zwangsanordnungen rassistischen Inhalts »ausgezeichnet« hatte, nunmehr ermächtigt, Verordnungen mit rechtsverbindlicher Kraft zur Sicherung der deutschen evangelischen Kirche zu erlassen, eine, wie es hieß, zwingende Notwendigkeit angesichts der allgemein bekannten Uneinigkeit unter den Protestanten. Diese bestand seit jeher; aber daß das Deutsche Reich durch sie in größte Gefahr geraten könnte – daher Gesetz- und Verordnungsbefugnis – war neu, überraschend und verlogen.

In Wirklichkeit handelte es sich um das Eingeständnis einer Niederlage: Der Versuch der Nazis, durch üble Machinationen die protestantische Kirche »gleichzuschalten«, war fehlgeschlagen. Zuerst hatten sie mit hinterhältig-gerissenen Mitteln den Amtsantritt des mehrheitlich zum ersten Reichsbischof gewählten Pastors von Bodelschwingh verhindert, dann an dessen Stelle den ihnen weitaus genehmeren Minderheitsführer

* Ausdruck der anglo-amerikanischen Umgangssprache für ein anerkanntes Oberhaupt oder den Diktator einer Gruppe oder einer gesetzgebenden Körperschaft (so *Webster's New World Dictionary of the American Language,* S. 805).

der »Deutschen Christen«, den willfährigen Wehrkreispfarrer aus Königsberg, Ludwig Müller, durchgesetzt. Dieser wollte nun im Schnellverfahren die gesamte Nazi-Doktrin in das kirchliche Leben einführen, stieß jedoch auf heftigen Widerstand vor allem in Berlin, wo Niemöller, der junge Bonhoeffer und andere sich schließlich zur »Bekennenden Kirche« vereinigten, aber auch in Württemberg und Bayern. Sehr bald erkannte man in der Nazi-Hierarchie, daß der ihnen so ergebene ehemalige Wehrkreispfarrer trotz seines neuen Amtes nicht hinreichende Autorität besaß, mit der Folge, daß man kurzerhand Kerrl beauftragte, Ordnung zu schaffen, strenge Aufsicht zu führen und insbesondere jene »aufsässigen« Gruppen zu überwachen (was immer das zu bedeuten hatte), die einen unüberbrückbaren Gegensatz zwischen Bibel und Rassenideologie proklamierten. Offensichtlich erschien den Nazis Kerrl besonders qualifiziert, weil er Hitler nicht nur vergötterte, sondern ihn mit Gott gleichsetzte*. Etwas bescheidener waren da einige Anhänger Ludwig Müllers, die Hitler mit Jesus in Verbindung brachten, den »Führer« als »guten Hirten«, als »Retter« und »Propheten« lobpriesen. Leicht peinlich allerdings die Tatsache, daß es sich bei Christus um einen ausgesprochenen »Nichtarier« handelte, was zumeist schamhaft verschwiegen wurde, wenn es auch vereinzelt an Versuchen nicht fehlte, eine germanisch-nordische Herkunft des Heilands zu konstruieren.

Noch vor der Machtübergabe erzählte mir ein Pfarrer von einem merkwürdigen Erlebnis. Er hatte bei einer Beerdigung, an der Hitler teilnahm, den Trauergottesdienst abzuhalten. In seiner Ansprache, bei der er sich bewußt auf das Religiöse beschränkte, wies er auf Jesus als Leitbild und Führer hin, forderte die Trauergemeinde auf, ihm stets zu folgen, auf seine Worte zu hören; denn er allein, Führer im Leben wie im Tode, versinnbildliche Treue, Zuverlässigkeit und ewige Liebe. Nach der Trauerzeremonie begrüßte Hitler den Pfarrer, dankte ihm und meinte, vielleicht habe er ihn doch etwas zu sehr gelobt! Kein Zweifel, gegen Ende der dreißiger Jahre hörte man Stimmen fanatischer Nazis, insbesondere von Frauen, die in Hitler einen von Gott gesandten »Bringer des Heils« zu erkennen glaubten und mit Freuden einem christlich verbrämten, aber auf germanisch-nordischer Weltanschauung fußenden Religionsbekenntnis – im Mittelpunkt der »Hitler-Mythos« – gefolgt wären. Ein

* Vgl. Bracher u.a., *Die nationalsozialistische Machtergreifung* Bd. I, a.a.O., S. 460.

utopisch-frevelhaftes, immerhin dem deutschen Hang zum Mystischen gemäßes Unterfangen? Sicher ist: Hätte Hitler den Krieg gewonnen, ein Bannstrahl über eigenständige Kirchen wäre niedergegangen. Immer wieder hatte er den Alleinherrschaftsanspruch des Nationalsozialismus betont, der andere Formationen oder Organisationen nicht dulden könne, und selbstverständlich galt dies auch für Kirchen.

Die christlichen Religionen ließen sich jedoch nicht mit einem Federstrich in völlige Abhängigkeit bringen. Kluge Taktik gebot es daher, die großen Religionsgemeinschaften vorerst zu dulden, sie möglichst zu spalten und kirchliche Strömungen, die gegen den Nazismus und seine Doktrin gerichtet waren, mit Gewalt zu unterbinden. Hierfür schien der brutal-radikale Kerrl vorzüglich geeignet. Und so wurde Dietrich Bonhoeffer im Konzentrationslager umgebracht, mußte Martin Niemöller sieben Jahre dort verbringen, auch zahlreiche katholische, von Graf Galen, dem Bischof von Münster, inspirierte Priester, die sich zu weit vorgewagt hatten, machten frühzeitig Bekanntschaft mit Gefängnissen und Konzentrationslagern. An den Bischof selbst, der noch kurz vor seinem Tode 1946 zum Kardinal erhoben wurde, wagten sich auch die Nazis nicht heran. Er wie viele hohe katholische Würdenträger, von denen einige anfangs – wohl wegen des Konkordatsvertrages – Hitler sogar gedankt hatten, leisteten endlich, gestützt auf die Macht einer einheitlichen Kirche, ernsthaften Widerstand, konnten sich später auf die große päpstliche Enzyklika vom 14. März 1937 »Mit brennender Sorge« berufen, in der scharfe Kritik an den Unterdrückungsmaßnahmen der Nazi-Regierung und den ihnen zugrunde liegenden Gesetzen geübt wurde. Auch Nicht-Katholiken wurde diese hochbedeutsame Verurteilung der Nazis durch den »deutschen« Papst schnell bekannt, trotz des Verbots der Drucklegung oder sonstiger Bekanntmachung außerhalb der Kirchen. Aber war eine Enzyklika genug, so fragte man sich? »Mit brennender Sorge« allein konnte man Hitler kaum imponieren. Ein Bannfluch über alle Katholiken, vom »Führer« bis zum letzten Gefolgsmann, hätte bestimmt andere Wirkungen gezeigt.

Die von allen Hitler-Gegnern mit tiefem Dank und Beglückung aufgenommene Haltung der »Bekennenden Kirche« besaß schon wegen der bestürzenden Zerrissenheit unter den Protestanten nur begrenzte Wirkung, ist dennoch mit Recht in die Geschichte eingegangen. Allerdings darf nicht verschwiegen werden, wie viele kirchliche und vor allem politische Reaktionäre sich unter ihnen befanden, die nichts von der Weimarer Republik wissen wollten und das demokratische System mit derselben Heftigkeit angegriffen hatten, mit der sie sich nun gegen die Nazi-Ideologie stemmten. Aber wahre Charakterstärke, gleichgültig zu welchem Zeitpunkt und unbeschadet ihrer praktischen Ergebnisse, bleibt unvergessen.

»Autoritäre Führung für alle Gebiete der Kultur«, so die riesige Balkenüberschrift der *DAZ* vom 10. September 1936. Am nächsten Tag in gleicher Aufmachung: »Weltfeind Bolschewismus« und »98% Juden in der Moskauer Führungszentrale« (alle namentlich genannt), der arme Stalin, »Arier« von Geblüt, in einer bedauernswerten Minderheit. Mit anderen Worten: Für den alljährlichen Nürnberger Parteitag – seine Bezeichnung: »Parteitag der Ehre« – hatte man nichts Sensationelles vorzuweisen, ein »Vierjahresplan«, der Deutschland wirtschaftlich autark machen sollte, mit entsprechender Fanfare angekündigt, genügte offensichtlich nicht. So mußte neben den alten Schlagern »Wider den Bolschewismus« und »Wider die Juden« auch noch die Kultur herhalten, die von den Nazis bereits ruiniert war. Mit der schändlichen Bücherverbrennung am 10. Mai 1933 hatte es begonnen, ihr folgte der Exodus einer beträchtlichen Zahl prominenter Künstler auf allen Gebieten, darunter zahlreiche »Arier«. Die wachsende Knebelung kultureller Aktivitäten durch Goebbels und seine diversen Kulturkammern sowie die völlige Abschottung vom Ausland führten in kürzester Zeit zu einem beispiellosen Niedergang der Künste, zu einem kreativen Nullpunkt, den alle sahen, die wachen Auges waren. Hingegen tönte Rosenberg: »Vor unseren Augen vollzieht sich die Geburt einer neuen Kultur«, und der »Führer«, der in jungen Jahren Ansichtspostkarten gemalt hatte und sich als großer Kulturexperte sah, rief zu einer »kulturellen Generallinie« auf, »die die Schöpfungen des einzelnen von einer großen Idee erfüllt sein läßt, die ihm das zügellos Willkürliche rein privater Auffassungen nimmt und ihm dafür die Züge einer gemeinsamen Weltanschauung verleiht. ... Ein christliches Zeitalter«, so folgerte er, »kann nur eine christliche Kunst besitzen, ein nationalsozialistisches nur eine nationalsozialistische.« Und wie sollte sie aussehen? »Erleuchtete« Worte vom »Führer« über die Malerei: Je mehr sie der Photographie (!) gleiche, um so größer und künstlerisch wertvoller sei sie. Und die Musik? Hier meinte Goebbels, die Definition nationalsozialistischer Musik sei etwas schwierig, aber mit »schönen Melodien« käme man ihr schon ziemlich nahe! – Abgetan Goethes weise Erkenntnis: »Es gibt keine patriotische Kunst und keine patriotische Wissenschaft. Beide gehören, wie alles hohe Gute, der ganzen Welt an.«

Selbst in den schlimmsten Zeiten des Bolschewismus, besonders als Stalins ungeübtes Ohr mit einer harten Dissonanz Bekanntschaft machte und der Diktator daraufhin Dissonanzen kurzerhand »verbot«, konnten Schostakowitsch und Prokofieff bessere Musik schreiben als ihre ungefähr gleichaltrigen »Kollegen« im »Dritten Reich«. Von den großen Alten geriet als erster Richard Strauss auf die schiefe Bahn. Er, der wie fast alle schöpferischen Musiker fast ausschließlich an sich und seine Werke dachte, daher auf dem Gebiet der Politik zum Opportunismus neigte, wurde Präsident der Reichsmusikkammer, dankte »im Namen der gesamten deutschen Musikerschaft« herzlichst für die von Hitler und Goebbels in Aussicht gestellte »neue Verbindung von Volk und Musik nach Zeiten des Niederganges« und glaubte damit seine Pflicht getan zu haben. Ihm kam es erst einmal darauf an, daß sich die Zahl seiner Aufführungen nicht vermindere. Außerdem konnte er mit der Autorität seines Namens und seines neuen Amtes auch die Tatsache einer »nichtarischen« Schwiegertochter verdecken. Wohlgemut wandte er sich nach dem plötzlichen Tod seines kongenialen Librettisten, des Dichters Hugo von Hofmannsthal, an – Stefan Zweig, dessen Bücher 1933 mit verbrannt wurden, und bat um Zusammenarbeit für eine neue Oper. Zweig wies auf seine Abstammung hin, worauf ihm Strauss zurückschrieb, solche Bedenken brauche man nicht weiter ernst zu nehmen, und durchblicken ließ, daß dies auch für bestimmte Nazi-Doktrinen gelte. Der nach Wien gehende Brief wurde abgefangen, Strauss mußte als Präsident demissionieren, das gemeinsame Produkt »Die schweigsame Frau« wurde zwar in Dresden 1935 noch aus der Taufe gehoben, aber es blieb bei dieser ersten und einzigen Aufführung, erst nach Kriegsende fanden weitere Vorstellungen in beiden Teilen Deutschlands statt. Straussens nächste Oper »Daphne«, ein Operneinakter, Textbuch Joseph Gregor, war von der Weltanschauung der Nazis so weit entfernt wie der Mond von der Erde. Das Werk steht noch heute auf dem Spielplan vieler Opernhäuser. Ein weiterer Operneinakter, »Der Friedenstag« – es geht um den Friedensschluß nach dem Dreißigjährigen Krieg –, steht mit seiner anhaltenden »C-Dur-Festlichkeit« bewußt oder unbewußt unter der damals vorherrschenden Atmosphäre, zu viele Männer reichen sich zu oft die Hand zum Frieden; kein Wunder, daß diese Oper kaum mehr gespielt wird. – Übrigens führte der Rücktritt von Strauss zu wichtigen personellen Konsequenzen. Sein Nachfolger im Amt des Präsidenten der Reichsmusikkammer wurde Peter Raabe, der Generalmusikdirektor aus Aachen; dort nahm als jüngster »GMD« Deutschlands Herbert von Karajan seine Position ein, noch heute der größte Interpret von Richard Strauss.

Ursprünglich wollten die Nazis Hans Pfitzner, den Komponisten der Oper »Palestrina«, eines der bedeutendsten Bühnenwerke unseres Jahrhunderts, auf den Thron heben, ihn gegen den sowieso verdächtigen Opportunisten Strauss ausspielen. Pfitzner, ein unerhört reizbarer Charakter mit der seltenen Gabe, sich in kürzester Zeit mit allen zu verkrachen, legte sich auch sogleich mit den Nazis an. Göring – so der in allen Musikkreisen seinerzeit verbreitete Bericht – ließ den pünktlich zwecks einer allgemeinen Unterredung eingetroffenen »Meister«, wie Pfitzner sich gerne nennen ließ, mehr als eine halbe Stunde warten. Als der Meisterkomponist schon im Begriff war, wegzugehen, erhielt er Zutritt zu dem gewaltigen Nazi-Boß und lud auf ihn – »einen Pfitzner läßt man nicht warten« – seinen ganzen Zorn über die unmögliche Behandlung seiner geheiligten Person ab. Im Verlauf der erhitzten Auseinandersetzung erklärte der schwer beleidigte Komponist, er könne Göring versichern, seine, Pfitzners, Werke würden noch gespielt werden, wenn kein Mensch mehr von ihm, Göring, und den anderen Nazis sprechen würde. Göring: »Wenn Sie, Herr Professor, nicht bei mir Narrenfreiheit hätten, müßte ich Sie jetzt verhaften lassen.« Pfitzner, erklärter Antisemit, obwohl sein Duzfreund Bruno Walter »Palestrina« in München uraufführte, kam somit für die Nazi-Szene auch nicht mehr in Betracht. Der wegen seines oftmals beißendes Witzes überall bekannte Komponist wurde 76jährig nach einem schweren Bombenangriff aus den Trümmern seines Hauses befreit. »Sehen Sie«, sagte er, »das ist noch das einzige, was einem alten Komponisten einfällt.«

Ähnlich wie Strauss verhielt sich Gerhart Hauptmann, der ebenfalls wegen der Aufführungen seiner Werke, denen nur der deutsche Sprachraum offenstand, aufs höchste besorgt war. Äußerlich immer mehr Goethe ähnelnd, versuchte er erstmal mit gleicher olympischer Gelassenheit politischen Schwierigkeiten aus dem Wege zu gehen, indem er zu allem »Ja« sagte. Bei seinem siebzigsten Geburtstag (15. November 1932) gab es zwei preußische Regierungen, die alte unter Otto Braun, zwar ohne Machtmittel, aber immer noch im Amt, die andere unter Papen, der mittels Artikel 48 der Weimarer Verfassung die tatsächliche Macht an sich gerissen hatte. Beide Regierungen wünschten den Dichter zu ehren, wozu ganz offensichtlich nur die alte berechtigt war. Wie sollte er sich verhalten? Dankbar nahm er beide Ehrungen an, hielt entsprechende Reden, wohl wissend – seine zweite Frau war politisch stark engagiert –, daß sich Braun und Papen wie Hund und Katze gegenüberstanden. Ein drittes »Ja« sagte er dann zum »neuen Staat«, ließ es im Raum stehen, aber rückte davon innerlich sehr schnell wieder ab, was ich bezeugen kann. Schon zu Lebzeiten meines Vaters bestand eine sehr freundliche Verbindung beider Familien, obwohl Sohn Benvenuto, Attaché im Auswärtigen Amt, wegen unregelmäßiger Wahrnehmung der Dienstzeiten entlassen werden mußte. In Erinnerung steht ein Besuch in Hiddensee während der dreißiger Jahre, wo Hauptmann und seine Frau meine Mutter und mich herzlich empfingen. Ich denke an den 75. Geburtstag des Dichters, den ich mit ihm und seiner Frau zusammen in Berlin feiern durfte. Bei beiden Anlässen diskutierten wir – wie konnte es anders sein – die deutsche Misere, den Verfall der deutschen Kultur. Längst hatte Hauptmann seinen Irrtum erkannt (sonst wäre eine Unterhaltung kaum möglich gewesen), und in meinen Ohren klingen noch die begütigend-flehentlichen Worte Hauptmanns an seine Frau im Hotel Adlon bei der Geburtstagsfeier, sie möchte doch ihre Schimpfkanonaden gegen die Nazis etwas leiser vortragen. – Anders Gottfried Benn, der sich längere Zeit in Wort und Schrift von der Nazi-Ideologie mitreißen ließ, sie zeitweise verteidigte, ohne sich jemals als Aushängeschild für das »Dritte Reich« mißbrauchen zu lassen. Merkwürdig die nazifreundliche Haltung Martin Heideggers, der, ebenso wie Fritz Kreisler, um Verständnis für Hitler und die neue Regierung bat.

»Autoritäre Führung der Kultur«, wie sie im September 1936 verkündet wurde, konnte nur deren weiteren Niedergang bedeuten. Denn die Entscheidung, was weltanschaulich gut oder schlecht, daher zuzulassen sei oder nicht, ging nun ausschließlich in die Hände von Hitler, Goebbels, Göring, Rosenberg und anderen »Unbefugten« über. Dennoch war die Überraschung groß, als zweieinhalb Monate später die gesamte Kunstkritik von Goebbels verboten wurde. Der Propagandaminister als kleiner Hitler: »Da 1936 auch keine befriedigende Besserung der Kunstkritik eingetreten ist, untersage ich endgültig die Weiterführung ...«, so begann sein Erlaß, in dem dann weiter ausgeführt wurde, von nun an sollten die »Kunstschriftleiter« – nicht mehr »Kunstkritiker« – weniger »werten« als vielmehr »darstellen« und damit »würdigen«, das Publikum solle sich selbst ein Urteil bilden. »Vier Jahre habe ich Zeit gelassen«, so ließ sich Goebbels am nächsten Tag (*DAZ* vom 29. November) vernehmen, nun sei es genug. Daß in diesem Zusammenhang jüdische Kritiker wie Alfred Kerr, Felix Holländer und andere, die längst das Land verlassen hatten, erneut zitiert und attackiert, »arische« Schuldige hingegen nicht genannt wurden, daß die (zwangsweise) so nazitreue *DAZ* sich diesmal jedes eigenen Kommentars enthielt und lediglich zustimmende Äußerungen anderer hochgestellter Nazis abdruckte, sei der Vollständigkeit halber erwähnt. Über die Ursache dieses grotesken Verbotes fehlte es in Berlin nicht an Gerüchten. Verschiedentlich hieß es, der »Führer« sei wegen einer ungünstigen Besprechung eines Pola Negri-Films maßlos erbost gewesen und habe Goebbels entsprechend angewiesen. Von anderer Seite erfuhr man, daß Hitler eine nicht allzu gute Besprechung seines (angeblichen) Lieblingspianisten Wilhelm Backhaus, der damals mehr als reiner Virtuose eingeschätzt wurde, zum Anlaß für diese drastische Maßnahme genommen habe. Wie dem auch sei, dieses neue Anzeichen von Hybris verursachte in der Reichshauptstadt mehr Heiterkeit als Verdruß, erweckte Neugierde, ob und wie geschickt sich die »Ex-Kunstkritiker« mit der Order von Goebbels abfinden würden. Sie taten es, berichteten getreu, und ihre Berichte ließen, wie zu erwarten, dennoch Zustimmung oder Ablehnung deutlich erkennen.

Für noch mehr Heiterkeit sorgte der auf Seite eins der *DAZ* als musikalische Sensation angekündigte Besuch des britischen Dirigenten Sir Thomas Beecham mit seinem Londoner Orchester. Botschafter von Ribbentrop hatte dafür gesorgt, daß die Briten mit einem Übermaß von Höflichkeit, Ehrungen und »publicity« empfangen und angehört wurden. Nach wie vor galt es, der britischen Regierung zu signalisieren, wie sehr Hitler an guten Beziehungen mit dem Königreich interessiert war. Prompt erschien der »Führer« in der Philharmonie, es gab riesigen Beifall für ein auch von mir besuchtes Konzert, das sich kaum mit der Bedeutung eines Furtwängler-Konzerts messen ließ. Sir Thomas tänzelte, wie üblich, auf dem Podium, dirigierte mit Schwung, und dank seiner amüsant-faszinierenden Persönlichkeit, verbunden mit der vom Berliner Publikum stets gezeigten Gastfreundschaft, durfte man von einem schönen Erfolg sprechen. Sir Thomas, auch als Gastdirigent in die Staatsoper Unter den Linden eingeladen, wurde derartig gelobt und gepriesen, daß der überaus witzige Dirigent erklärte, so gut sei er doch gar nicht. Für noch größeres Vergnügen aber – ein wenig Schadenfreude war auch dabei – sorgte die Sekretärin von Sir Thomas, keine andere als Furtwänglers frühere Mitarbeiterin Bertha Geismar. Wegen ihrer »nichtarischen« Abstammung hatte sie Berlin verlassen und war nach London übergesiedelt, wo sie die gleiche Position bei Sir Thomas erhielt. In dieser Eigenschaft traf sie nun wieder in Berlin ein, wo sie von ihrer alten Umgebung mit höchsten Ehren, von offizieller Seite mit gleichgroßer Verlegenheit empfangen wurde.

Ribbentrop, der erst im Spätherbst 1936 sein Amt in London antrat, sorgte seinerseits für heitere wie auch für fehlende Schlagzeilen, die ersteren in der Londoner, die anderen in der deutschen Presse. Als er sein Beglaubigungsschreiben am Hofe überreichte, begrüßte er den britischen König mit dem »deutschen Gruß«. Dies war höchst unüblich und erregte Aufsehen, so daß die *London Times* ihren Archivar mobilisierte. Dieser stellte fest, daß mehr als zwei Jahrzehnte zuvor ein schwarzer südafrikanischer Stammesfürst der letzte Gesandte gewesen war, der dem britischen König seine Antrittsreverenz in der ihm eigenen Weise entboten hatte, indem er sich vor der Majestät niederwarf. Großes Gelächter, kein gutes Omen für Ribbentrops neue Stellung, zumal sich auch seine erheblichen gesellschaftlichen Ambitionen nicht nur nicht erfüllten, sondern er sogar von weiten englischen Kreisen geschnitten wurde.

Der deutsche Botschafter hatte wohl auf den neuen König Eduard VIII. und seine Wally Simpson gesetzt, jene zweimal geschiedene Amerikanerin, die er zu heiraten beabsichtigte. Als es nun zu der berühmten »Krise« kam, die die ganze Welt in Atem hielt und mit der Abdankung des Königs endete, glaubte Ribbentrop besonders »smart« zu sein, indem er bei Goebbels anregte, der deutschen Presse jegliche Berichte über das britische Königsdrama zu untersagen. Während alle Zeitungen in allen Ländern spaltenlange Berichte brachten, mit tollsten

Überschriften ihre Leser in wallende Erregung versetzten, blieben die deutschen Zeitungen stumm und brachten die mehr oder weniger vorgeschriebenen üblichen Nachrichten. Für wie dumm hielt man eigentlich ihre Leser? Jeder Diktator kann einem Volk seinen Willen aufzwingen, sich umjubeln lassen, wann immer es ihm paßt; er kann ihm aber das eigene Denken nicht ganz verbieten, es auch nicht daran hindern, sich vorenthaltene Informationen anderwärts zu verschaffen. Natürlich gab es in Berlin nur ein Gesprächsthema: »Edward und Wally« in allen Variationen. Selbst aus den eigenen Zeitungen konnte man schließlich mittelbar entnehmen, daß sich in London eine Staatskrise größten Formats abspielte. Denn Berichterstatter aus anderen ausländischen Städten meldeten, daß das Interesse an bestimmten, Deutschland betreffenden Fragen wegen der »Vorgänge« in London in den Hintergrund getreten sei. Ich selbst erhielt regelmäßig die *London Times* und konnte die fast halbamtlichen Nachrichten über das sensationelle Geschehen weitergeben, falsche Gerüchte richtigstellen. Ribbentrop erwartete großes Lob für das »dezente« Schweigen der deutschen Presse. Man beschied ihn mit freundlichen Worten anerkennenden Vergleiches zu ausländischen Boulevardblättern. Als die *DAZ* vom 11. Dezember 1936 wie aus heiterem Himmel »Thronwechsel in England« meldete, war dies für die Berliner nichts Neues.

II

Berlin-Charlottenburg, Bismarckstraße 99, 24. September 1937, Spätnachmittag. Es klingelte mehrfach. Draußen stand ein junger Mann ohne Uniform mit einer großen Hakenkreuzfahne. Wir sollten auf dem Balkon unserer Wohnung zu Ehren des bevorstehenden Besuches von Mussolini hissen. Ich nannte verschiedene Gründe, warum wir dies ungern täten. Der sehr höfliche, freundliche Überbringer des Nazi-Emblems erkannte sie an und verabschiedete sich mit einem »Heil Hitler«, weniger markig, mehr *con sordino* klingend. Sicherlich fand er schnell einen anderen Abnehmer.

Benito Mussolini, bereits Altmeister des Faschismus, und sein mehr als gelehriger, ihn bald übertreffender »Kollege« Adolf Hitler hatten endlich beschlossen, ihre Fehde von einst ad acta zu legen. Der »Duce« zog verständlicherweise die Konsequenzen aus dem jämmerlichen Verhalten der Westmächte beim Bruch von Locarno sowie aus dem Versagen des Völkerbundes vor und während der Eroberung von Abessinien und suchte andere Verbündete, wohl wissend, daß sein eigenes Land, wenn auch damals umworben, keine echte Großmacht darstellte. Was lag näher, als sich Hitler zuzuwenden, der unzweideutig auf allen Gebieten erstaunliche Erfolge zu verzeichnen hatte. Sowieso eine gute Zeit für Diktatoren. Denn auch Franco befand sich mit italienischer, später auch deutscher Hilfe auf dem Vormarsch. Schließlich war der Bolschewismus ein gemeinsamer Gegner, nicht nur einer des spanischen Generals. Es gab also Gründe genug, die es dem italienischen Diktator geraten erscheinen ließen, mit dem Dauerredner von Venedig einen Pakt abzuschließen, der überdies Italien in die Lage versetzte, von dem zu erwartenden weiteren Aufstieg Deutschlands zu profitieren. Das latente Problem Österreich, vorerst durch das deutsch-österreichische Abkommen vom Juli 1936 zur Zufriedenheit Italiens gelöst, ließ sich auf die Dauer vermutlich besser mit als gegen die ausgreifende Macht Hitlers bereinigen. Freudig stimmte der »Führer« der sich bietenden Annäherung zu, galt es doch, Deutschland aus der Isolation herauszuführen.

Diktatoren vermögen schnell umzuschalten. So bereitete der »Duce« seinem Gast Goebbels im Frühherbst 1936 einen besonders herzlichen Empfang, der »Mussolini-Pokal« für den besten Film ging nach Deutschland, Abgesandte der »Hitler-Jugend« paradierten vor Mussolini, über dem deutsch-italienischen Verhältnis zog die Sonne auf. Daher überraschte es nicht, daß der italienische Diktator alsbald seinen Schwiegersohn, den erst kürzlich zum Außenminister ernannten 32jährigen Graf Ciano, nach Berlin entsandte. Er, wie Ribbentrop, ein »Leichtgewicht«, von charmanter persönlicher Brillanz, eine glänzende Erscheinung, überbrachte dem »Führer« Grüße und den Ausdruck der Bewunderung des Schwiegervaters, konnte nach vollendetem Auftrag mit einer ähnlichen Botschaft nach Rom zurückkehren. Die berühmte »Achse Berlin-Rom« wurde geboren und gefeiert, gegenseitige Interessengebiete – Italien führend im Mittelmeer, Deutschland in Mitteleuropa – wurden vereinbart; daß Österreich schon damals angesprochen wurde, ist kaum anzunehmen. Dennoch konnte niemand übersehen, daß es mit dem Begriff der »Achse« nicht ganz stimmte. Laut Wörterbuch handelt es sich dabei nicht nur um eine »längliche Vorrichtung zum Aufhängen von Rädern am Fahrzeug«, sondern auch um eine »Mittellinie« und vor allem eine »Verbindungslinie«. Doch eine solche gab es nicht. Zwischen Italien und Deutschland lag ein, wenn auch schmales Stück österreichischen Gebietes, das überdies, wie das ganze Land, von anderen Mächten, auch von Italien, in seiner Unantastbarkeit garantiert war. Kein »Achsenbruch«, aber eine deutliche Unterbrechung der laut ausposaunten »Achse«.

In Berlin und sicherlich in manchen anderen Teilen Deutschlands wurde das zweite deutsch-italienische Bündnis mit gemischten Gefühlen aufgenommen. Zu viele erinnerten sich an den »schnöden Verrat« der Italiener im Ersten Weltkrieg, ihre militärische Macht galt trotz allen Bramarbasierens des »Duce« als nicht durchschlagend, der Sieg über den armen Negus war mühsamer als erwartet. Würde es Mussolini, dessen Persönlichkeit und Leistungen trotz aller Theatralik allgemeine Anerkennung fanden, gelingen, aus Italien mit seinem liebenswerten, aber teilweise dem »dolce vita« hingegebenen Volk eine starke, kämpferisch entschlossene Nation zu machen?

Nun war der »Duce« nach langer Abwesenheit wieder in Berlin. Schon nach dem Ersten Weltkrieg hatte er die Stadt besucht, damals als Vertreter seiner Kampfzeitung *Popolo d'Italia*, um prominente Politiker, darunter meinen Vater als Führer der Deutschen Volkspartei, zu interviewen. Ich erinnere mich an seine Visitenkarte, die jeder Besucher damals abgab und für die »Sammlung« auf einen großen Teller legte. Später fragte ich meinen Vater, ob Mussolini damals auf ihn einen besonderen Eindruck gemacht habe. Die Antwort, nach einigem Nachdenken, fiel negativ aus; auch später zeigte sich mein Vater von den wilden Tiraden des italienischen Diktators nur wenig beeindruckt. Es ging zu jener Zeit um den Schutz der von Mussolini aller Rechte beraubten deutschsprachigen Minderheit in Südtirol. Während die von Hitler so verunglimpfte Weimarer Republik alles Erdenkliche getan hatte, um das Los dieser Minderheit (die in ihrem Gebiet eine Mehrheit darstellte) zu erleichtern, rührte der angeblich um das Deutschtum so besorgte »Führer« auch nicht den kleinen Finger für die Menschen in Bozen, Brixen und anderen Städten, nahm von ihren Bitten und Petitionen keine Kenntnis. Sie blieben ein »Tabu«, wurden auf dem Altar der »Achse« geopfert. Andere

Überlegungen gingen eben vor; der sich so oft emotionell gebende Hitler war in Wirklichkeit ein harter Rechner.

Denn die Errichtung der »Achse« veränderte das politische Bild Europas entscheidend. Die letzten Reste der in Versailles seinerzeit geschaffenen Mächtegruppierungen waren dahin. Eine neue Machtkonstellation entstand und weitete sich durch den Ende November 1936 zwischen Deutschland und Japan geschlossenen »Antikominternpakt« über den alten Kontinent hinaus aus. Hitler hatte nicht nur die Isolierung Deutschlands durchbrochen, er stand plötzlich dank der »Achse« und des Vertrages mit Japan an der Spitze einer neuen »Front«, deren Anziehungskraft, auch aus geographischen Gründen, zunahm, während das unentschlossene London wie das schwächliche Paris an Einfluß, aber auch an Glaubwürdigkeit einbüßten. Nun galt es für Hitler, die »Achse« zu zementieren, Mussolini, den älteren Diktator, auf Gedeih und Verderb an sich zu binden, um auf dieser Grundlage eine aktive, expansive Außenpolitik zu betreiben. Der »Duce« hatte Abessinien geschluckt; nun war Hitler-Deutschland – mit Unterstützung Italiens – an der Reihe. Bewußt ordnete der »Führer« einen Empfang an, wie ihn in Berlin niemand zuvor oder nachher wieder erhalten hat.

25. September 1937. Offizielle Begrüßung auf dem Bahnhof Heerstraße, Berlin-Westend. Von dort Triumphfahrt auf der kilometerlangen »Berliner Achse«, durch Charlottenburg und Tiergarten bis zu den altehrwürdigen »Linden«, Berlins »Champs-Elysées«. Der riesige Straßenzug, geschmückt mit Fahnen, Girlanden, leuchtend weißen Pylonen, allen nur denkbaren Symbolen des italienischen und deutschen Faschismus, ein farbenprächtiges Bild sondergleichen zu Ehren des illustren »Super-Gastes«. Büsten römischer Kaiser waren aufgestellt, eine besondere, beziehungsreiche Huldigung für Mussolini, den ruhmreichen Nachfahren jener Großen aus alter Zeit, den Herrscher des wiederentstandenen römischen Imperiums. Von Augustus über Hadrian zu Benito, dem »Cäsar« der Gegenwart, nun vereint mit dem germanischen Alleinherrscher.

Besonderer Höhepunkt: eine Riesenkundgebung am 27. September auf dem Maifeld vor dem Olympiastadion, die beiden Diktatoren Seite an Seite, im Namen von mehr als 110 Millionen den Frieden unter den Völkern verkündend, sich gegenseitig hochjubelnd als Repräsentanten einer neuen politischen Gemeinschaft, der Mussolini in deutscher Sprache unter mächtigen »Duce, Duce«-Rufen den Sieg in ganz Europa voraussagte. Kleine Panne: Der »Duce« konnte seine Rede nicht beenden, denn ein plötzlich aufziehendes Gewitter mit wolkenbruchartigen Regengüssen vertrieb Redner wie Zuhörer in Windeseile. »Rette sich, wer kann!« Alles stob auseinander, und ein völlig durchnäßter Mussolini mußte sich zusammen mit seiner italienischen Umgebung allein den Weg unter ein schützendes Dach suchen. Petrus, so witzelten die Berliner tags darauf, hatte offenbar die »Duce«-Rufe falsch verstanden und, freundlich gestimmt, die vermeintlich erbetene »Dusche« sofort heruntergesandt! – Abgesehen von diesem durch noch höhere Mächte verursachten Mißgeschick empfing der »Duce« nie zuvor größere Huldigungen, der deutsche Gastgeber verlieh ihm ein goldenes Parteiabzeichen, das er, der »Führer«, bisher allein trug, pries seinen Gast als einen Mann, der Geschichte gemacht habe, drückte ihn förmlich an die Brust und ließ keine Gelegenheit aus, um ihm Macht, Mut und Möglichkeiten der Deutschen und des Deutschen Reiches zu demonstrieren.

Ob Mussolini damals überhaupt Zeit zur Besinnung hatte? »Halb zog es ihn, halb sank er hin«, im Triumph wurde er bereits mehr oder weniger »vereinnahmt«, mittriumphierendes Opfer einer phänomenalen Regie, einer genialen Mischung von bürgerlicher Großmannssucht, katholischer Prachtentfaltung und einem Schuß nordischer Mystik. Schwer, da zu widerstehen. Und doch mußte der »Duce« wissen, wie ungleich bereits die Gewichtsverteilung innerhalb der »Achse« war, wie stark der »hungrige« Norden dominierte, wie wenig er, der Diktator eines alles in allem saturierten Landes, zu bestellen hatte, wie er nolens volens im Begriff war, vor lauter Triumphieren seine letzte Karte – Österreich – zu verspielen. Die politische Ausbeute des Berlin-Besuchs war verhältnismäßig gering. Natürlich Front gegen den Kommunismus, wahrscheinlich die Zusage, dem »Antikominternpakt« beizutreten, was auch pünktlich rund zehn Wochen später geschah. Aber auf politische Inhalte kam es den Nazis auch gar nicht an. Die Hauptziele hatte man erreicht: zum einen die Anbindung des »Duce«, zum andern eine außerordentliche »publicity« für die »Achse«. Mußte sich nun nicht jede der kleineren Nationen überlegen, wo sie mehr Sicherheit, wenn es überhaupt eine solche gab, erwarten durfte, bei den »festentschlossenen« Diktatoren oder bei den wankelmütigen Briten, von den in sich zerstrittenen Franzosen gar nicht zu reden?

Die Berliner waren bei dem Riesenspektakel natürlich zur Stelle. Zwei Diktatoren »zum Anfassen«, rund um die Berliner Achse ein glitzerndes, prunkvolles Stadtbild. Viele ließen es sich nicht nehmen, in den folgenden Tagen entweder zu Fuß oder mit dem Auto die Triumphfahrt, die gewaltige Revue, nachzuerleben, die Maßlosigkeit der dargebrachten Huldigungen zu bestaunen und, wenn möglich, den so hochgeehrten Gast aus der Nähe zu betrachten. Berliner sind stets dabei, wenn etwas »los« ist. Ob sie bei aller gebotenen und auch gezeigten Höflichkeit gegenüber dem hohen Gast die sich gegenseitig bewundernden Diktatoren genauso bewunderten, wer kann es mit Sicherheit sagen? Als ich sehr viel später im Chaplin-Film »Der große Diktator« jene urkomische Frisörladen-Szene mit den beiden Diktatoren sah, von denen jeder immer höher sitzen will als der andere, kam mir erneut das Bild von Mussolini und Hitler in die Erinnerung, wie sie mit grimmig-martialischer Miene gemeinsam durch die Straßen Berlins fuhren.

Hitler im Aufwind. Keine Kampfbereitschaft des Westens, kein Widerstandswille, dies hatten die Ereignisse des 7. März 1936 wie der italienische Eroberungsfeldzug in Abessinien bewiesen. Frankreich weiterhin durch innere Krisen, ständige Regierungswechsel lahmgelegt, in London Neville Chamberlain neuer Premier, überzeugter Anhänger des »Appeasement«-Kurses. Eine bestürzende Situation, für jeden Machtpolitiker geradezu eine Einladung zum Handeln. In der Tat: Hitler waren Tür und Tor geöffnet, der von ihm seit langem geplanten Expansion kaum Schranken gesetzt. Bei einigem diplomatischen Geschick und Maßhalten im zeitlichen Ablauf konnte er nun mit guten Aussichten den Weg in Richtung »Großdeutschland« beschreiten, sich der schon in *Mein Kampf* geforderten Vergrößerung des sogenannten deutschen Lebensraums aktiv zuwenden. Zuerst Ausdehnung in Mitteleuropa, Antritt des »Erbes« der versunkenen österreichisch-ungarischen Doppelmonarchie. Aber auch eine Ausdehnung weiter nach Osten hin schien geboten. Noch gab es nur vage Vorstellungen im einzelnen, aber den »Deutschen Rassekern« hielt man für stark genug, sich über größere, nicht von »deutschen Ariern« bewohnte Gebiete entfalten zu können. Da sich eine hinreichend starke Militärmacht nicht aus dem Boden stampfen ließ, war Mitte der dreißiger Jahre ein gewisses Maß an außenpolitischer Vorsicht geboten, doch nun durften und, wie es Hitler sah, mußten Pläne geschmiedet werden, Taten möglichst schnell folgen.

Sicherlich noch unter dem Eindruck des Mussolini-Besuches und des bevorstehenden Beitritts Italiens zum »Antikominternpakt« berief der »Führer« für den 5. November die Spitzen der militärischen Führung sowie Göring und Außenminister von Neurath zu einer Geheimbesprechung, entwickelte seine alten, aber einem Teil seiner Zuhörer neuen Pläne und erklärte sie pathetisch als seine testamentarische Hinterlassenschaft im Falle seines frühzeitigen Todes. Über den Inhalt dieser Konferenz, von der die Öffentlichkeit nichts erfuhr, fand sich später eine Niederschrift, die ein Teilnehmer, Oberst Hoßbach, am 10. November angefertigt hatte und die bei den Nürnberger Prozessen eine wesentliche Rolle spielte.* Danach hielt Hitler die gewohnte mehrstündige Rede, äußerte sich eingehend, wie notwendig es sei, die für Deutschland lebenswichtige Raumfrage sobald wie möglich in Angriff zu nehmen, und nannte als Vorstufe die Übernahme Österreichs wie der Tschechoslowakei, wenn nötig mit Gewalt und ohne Rücksicht auf ein etwaiges Eingreifen der Westmächte. Die Zeit dränge, so Hitler, noch arbeite sie für Deutschland, nach sechs bis acht Jahren könne es anders sein. Daher sein unabänderlicher Entschluß, spätestens zwischen 1943 und 1945 die deutsche Raumfrage zu lösen. Nun hätte man erwarten dürfen, daß sich die Teilnehmer erhoben und froh in das »Horst-Wessel-Lied« eingestimmt hätten. Doch nach Hoßbach geschah etwas kaum Glaubliches. Statt »Heil Hitler« folgte eine offenbar sehr erregte Diskussion, bei der die beiden Generäle wie der Außenminister, die wohl *Mein Kampf* entweder nicht gelesen oder nicht ernst genommen hatten, lebhaft opponierten und von kriegerischen Auseinandersetzungen warnten, wobei sie vermutlich an einen Mehrfrontenkrieg dachten. Erstaunlich, daß selbst der sonst vor dem »Führer« zerschmelzende Blomberg Widerspruch einzulegen wagte. Allein diese Tatsache läßt klar erkennen, daß für Hitlers Pläne die Bezeichnung »maßlos« ein Understatement gewesen sein muß. Nach der stürmischen Debatte – hierüber erlaubt Hoßbachs Niederschrift keinen Zweifel – verzog sich ein grollender Hitler nach Berchtesgaden und ließ sich nicht sprechen. Neurath, »aufs tiefste erschüttert«, wie er später bekundete, bemühte sich ohne Erfolg, Hitler noch einmal zu sehen, um ihn von seinem Kriegskurs abzuhalten.

Die »Rache« des verärgerten »Führers« ließ nicht lange auf sich warten.

* Siehe Joachim C. Fest, *Hitler*, Frankfurt/M.-Berlin 1973, S. 742 ff.

In seinen Augen waren die Generäle und der Außenminister eben doch die alten, konservativen Schlappschwänze geblieben, sicherlich getreue Gefolgsleute, aber bitte ohne Risiko. Dabei hatten sie bisher mit ihren ständigen Warnungen und Ängsten stets Unrecht gehabt, während er, Hitler, von der »Vorsehung« berufen, wie er oft im engeren Kreise erklärte, stets erfolgreich geblieben war. Also hinweg mit den Zauderern, den risikoscheuen Beratern! Aber ihr »Rausschmiß«, zweifellos ein Zeichen von schwerwiegender Uneinigkeit an oberster Stelle, mußte so getarnt werden, daß niemand den wahren Sachverhalt erkennen würde. Ich gestehe, ein Schreck fuhr durch meine Glieder, als ich ahnungslos auf der ersten Seite der *DAZ* vom 5. Februar 1938 eine riesige, doppeltgroße Balkenüberschrift erblickte, wie sie eigentlich nur bei furchtbaren Katastrophen oder Kriegsausbruch üblich war. Doch davon keine Rede. Statt dessen hieß es: »Stärkste Konzentration in der Hand der obersten Führung«. Darunter etwas kleiner, aber immer noch fett gedruckt: »Der Führer übernimmt den Oberbefehl über die gesamte Wehrmacht«. Dann las man: Göring Generalfeldmarschall, von Blomberg und von Fritsch aus gesundheitlichen Gründen zurückgetreten, neuer Außenminister von Ribbentrop, Neurath Präsident eines neugebildeten geheimen Kabinettsrates, Funk neuer Wirtschaftsminister, dazu eine lange Reihe personeller Veränderungen in Militär und Auswärtigem Dienst. Man war verdutzt, denn die wahren Ursachen, wie sie sich aus der Hoßbach-Niederschrift ergaben, blieben verborgen. Aber daß die beiden höchsten Generäle plötzlich aus gesundheitlichen Gründen um ihre Entlassung baten, glaubte niemand.

Wiederum stellte sich die Frage, für wie einfältig hielt man die Menschen? Hinter diesem Riesenpaket von Personalveränderungen mußte doch etwas ganz anderes stecken. Und in weniger als vierundzwanzig Stunden wußten die meisten Berliner Näheres über Blomberg. Zu ihrer größten Heiterkeit erfuhren sie von einer »Mesalliance« des Generalfeldmarschalls mit einer in den Polizeiakten geführten Prostituierten. Keine Geringeren als der »Führer« selbst und Göring hatten bei der Trauung als Zeugen fungiert! Skandal! Blamage! Gelächter! Und dennoch, welch ein gelegener Zufall! Wiederum hatte es die »Vorsehung« gut gemeint, Hitler einen Vorwand für das seit der »Hoßbach-Konferenz« erstrebte Revirement geliefert. Dabei hätte selbstverständlich dieser allmächtige Mann, wenn er es nur gewollt hätte, besagte zweite Frau des Generals

(Blomberg war Witwer) in den Stand einer »Lady« erheben können, ihm, der Mörder befördert hatte, wäre diese »Beförderung« ein Leichtes gewesen. – Was General von Fritsch anbetraf, so hieß es anfangs, es habe politische Differenzen mit dem »Führer« gegeben, was auch zutraf. Den »äußeren« Grund, von dem man erst später erfuhr, lieferte eine gemeine, niedrige Intrige: Fritsch wurde vorgehalten, er sei homosexuell, ein gedungener Zeuge trat auf und belastete ihn. An die Stelle von Blomberg und Fritsch traten die Generäle Keitel und von Brauchitsch, und um die dramatische »Konzentration« noch zu unterstreichen, wurden weitere zwölf sowieso pensionsreife Generäle samt Nachfolgern namentlich aufgeführt, also auf dem Papier ein rundes Paket. Göring, der gerne Blombergs Stellung angetreten hätte, erhielt als »Trostpflaster« die Marschallswürde, allerdings ohne Befehlsgewalt.

Und was geschah mit Neurath? Gerade hatte er Anfang Februar seinen 65. Geburtstag gefeiert, Glückwünsche von allen Seiten empfangen, auch von der *DAZ*, die ein übergroßes Bild von ihm in SS-Uniform veröffentlichte, dazu einen mehrere Spalten umfassenden Lobgesang, der mit der Hoffnung endete, der Außenminister möge noch viele Jahre in seinem Amt bleiben! Auch der »Führer« hatte höchstpersönlich gratuliert, ein wertvolles Gemälde als Geschenk mitgebracht und dem Geburtstagskind als erstem das neugeschaffene »Goldene Treudienst-Ehrenabzeichen« verliehen. Von dem, was sich zwei Tage später ereignen würde, kein Wort. Als Neurath dann zu Hitler gerufen wurde, besprach dieser zunächst außenpolitische Fragen – so wurde allgemein berichtet – und teilte erst am Ende der Unterredung dem völlig überraschten ersten Träger des Treudienstzeichens den Wechsel im Auswärtigen Amt mit. Der Gipfel der Verlogenheit Hitlers in der Presse veröffentlichter Brief an seinen ehemaligen Außenminister, wo es hieß: »Sie haben mich gebeten, Sie in den Ruhestand zu versetzen ... aber ich kann Ihren Rat nicht entbehren ...« Entlassung und Versöhnung in einem. Neurath in einer neuen Rolle als »Geheimer Ratgeber« ausgerechnet des Mannes, der seinen Rat in einer entscheidenden Frage ärgerlich zurückwies, um anschließend seine Ablösung in die Wege zu leiten. Fazit: Ribbentrop kam, Neurath blieb »beratend«, ohne viel zu raten, und wurde rund fünfzehn Monate später, nach dem Einzug der Nazis in Prag, »Protektor« von Böhmen und Mähren. Mit seinem »Kleben« an einem Amt erwies er sich leider der Verachtung würdig, mit der ihn Hitler behandelte. Ein

Gleiches gilt von der Mehrheit der Generäle. Sie hatten am 30. Juni 1934 Hitler gehalten, wenn nicht gerettet. Nun ließen sie sich von ihm abservieren, kaltstellen, unterwarfen sich weiter dem »böhmischen Gefreiten«, der Widerspruch nicht mehr duldete, sich über alle erhob, immer mehr ein Opfer der »Hybris«.

Anders Hjalmar Schacht, Reichswirtschaftsminister und Reichsbankpräsident in einer Person. Vieles ist ihm anzulasten. Aber als es zu einem schweren Konflikt zwischen ihm und Göring, dem Beauftragten für den Vierjahresplan, kam, zögerte er nicht, als Wirtschaftsminister zu demissionieren, und als er sich dann auch mit Hitler wegen dessen die Währungsstabilität gefährdenden Hochrüstung entzweite, schied er auch als Reichsbankpräsident aus und zog sich ins Privatleben zurück. Einzelheiten interessieren nur insoweit, als Göring wie Hitler Industrie und Wirtschaft rücksichtslos in ihre Autarkiebestrebungen hineinzwängen wollten, die im engsten Zusammenhang mit den Kriegsvorbereitungen standen. Als Schacht Anfang 1939 die Reichsbank verließ, warnte er vor einem Zusammenbruch des Finanzsystems als Folge einer deutschen Aufrüstung, die die der Westmächte um das Mehrfache überstieg. Schachts Abgang und Walter Funks zwei Monate später erfolgende Ernennung zum neuen Wirtschaftsminister – Funk wurde später auch Reichsbankpräsident – bedeuteten eine Abkehr von der wirtschaftlichen Vernunft, wie Ribbentrops Einzug in das Auswärtige Amt als der Beginn einer von Hitler gewünschten, größte Risiken in Kauf nehmenden Außenpolitik zu sehen war. Kein Wunder, daß die angekündigte »Konzentration« mit ihren personellen Veränderungen im In- und Ausland schwere Befürchtungen weckte. Schacht und Neurath galten als halbwegs »berechenbar«, wie man heute sagen würde, waren zumindest keine Abenteurer, was sich von ihren Nachfolgern nicht sagen ließ.

Ominös schon zuvor der traditionelle Neujahrsempfang des diplomatischen Korps beim »Führer«. Der in Berlin stets als Doyen fungierende Nuntius sprach eindringlich von der Notwendigkeit, den Frieden zu erhalten. In seiner Antwort betonte Hitler den Wunsch des deutschen Volkes nach einem tatsächlichen Frieden des Rechts und des Vertrauens, gab somit zu erkennen, daß ein solcher Frieden noch nicht existierte. Die Hoßbach-Niederschrift bewies, daß seine wiederholten Friedensbeteuerungen erstunken und erlogen waren. Verwunderlich bleibt, daß gewiegte Diplomaten wie François-Poncet und der neue britische Botschafter Henderson noch bis in das Jahr 1939 hinein an den Friedenswillen des »Führers« zu glauben schienen. »Merken Sie denn nicht, was die Spatzen von den Dächern pfeifen«, fragte ich oftmals im Gespräch mit jüngeren westlichen Diplomaten, wenn es um Hitler und seine weiteren, offensichtlich kriegerischen Intentionen ging. Aber man wollte die Wahrheit, wie sie später auch durch andere Dokumente an den Tag kam, nicht glauben.

Nun besaß der »Führer« den Oberbefehl über die gesamte Wehrmacht. Es liegt in der Natur des Menschen, Machtmittel in seiner Hand auch zu gebrauchen, und Hitler war in dieser Hinsicht ein sehr gewöhnlicher Mensch. Allerdings gab es vorerst einen kleinen Schönheitsfehler: Die böse, wohl von Göring angezettelte Intrige gegen den allgemein beliebten und hochgeschätzten General von Fritsch hatte ein Nachspiel. Die Generäle bestanden auf einer Untersuchung. Was würde geschehen, wenn, wie es der Fall war, die »Beschuldigungen« sich als falsch erwiesen? Noch stand die Diskussion über das Thema »Stärkste Konzentration« im Vordergrund und konnte vor allem auch in der auswärtigen Presse weitergehen. Daher galt es, für Ablenkung, für eine neue Sensation Sorge zu tragen. Schon rund eine Woche später erregte eine unerwartete Nachricht die Gemüter im In- und Ausland: Begegnung Hitler-Schuschnigg auf dem Obersalzberg in Gegenwart des Botschafters von Papen. Beide Seiten hätten (so die *DAZ* vom 13.2.) den Wunsch, sich auszusprechen. In Wirklichkeit – dies erfuhr man sogleich in Wien und damit überall – kam der österreichische Bundeskanzler nur sehr widerwillig. Doch was sollte er tun, als Papen ihn im Auftrag von Hitler um dieses Zusammentreffen bat? Bestenfalls konnte er einen solchen Besuch ein- oder zweimal aufschieben. Also warum nicht gleich? Ein grundsätzliches »Nein« hätte die vorhandene Spannung nur vergrößert, Unterstützung aus Paris war wegen der dortigen permanenten Regierungskrisen nicht zu erwarten, London hatte abgewinkt, würde sowieso nicht ohne Paris handeln, und Italien, mit dem es wegen der deutschsprachigen Minderheit in Südtirol Dauerstreit gab, schien seit Gründung der »Achse« am Status quo weniger interessiert.

So traf Schuschnigg bei Hitler ohne jede Trumpfkarte ein, wurde unfreundlich empfangen, beschimpft, ja bedroht* und mußte zwei ent-

* Siehe Kurt v. Schuschnigg, *Ein Requiem in Rot-Weiß-Rot,* Zürich 1946.

scheidenden Forderungen des »Führers« zustimmen: einmal einer allgemeinen Amnestie für alle österreichischen Nationalsozialisten, dann der Ernennung des österreichischen Obernazis Seyß-Inquart zum Innen- und Sicherheitsminister. Damit machte man den Bock zum Gärtner, wie wenn Göring unter Brüning zum Reichsinnenminister bestellt worden wäre. Schuschnigg verließ den Obersalzberg wie ein geprügelter Knabe. Nach außen klang alles zuerst völlig harmlos. Ein in Wien und Berlin veröffentlichtes gleichlautendes Kommuniqué sagte, beide Seiten hätten Maßnahmen wegen Schwierigkeiten (welche, blieb Geheimnis) bei der Durchführung des Vertrages vom 11. Juli 1936 besprochen. Aber mit der prompt folgenden Ernennung von Seyß-Inquart rührten sich die österreichischen Nazis noch mehr als zuvor, spürten, daß sie Oberwasser hatten, und versetzten die Bevölkerung nach altbewährten Methoden in Erregung und Unruhe. Schuschnigg geriet sehr bald in Bedrängnis. Was nützte es ihm, daß Hitler in einer neuen Mammutrede vor dem Reichstag die (angebliche) deutsch-österreichische Verständigung als »Beitrag zum Frieden« wertete und heuchlerisch dem österreichischen Bundeskanzler seinen Dank aussprach, was konnte er noch bewirken, als er in seiner Antwortrede Österreichs »unerschütterlichen Willen zur Eigenstaatlichkeit und Unabhängigkeit« betonte? Mit Genehmigung des neuen Innenministers, wenn nicht auf seine Initiative hin, wiegelten die österreichischen Nazis, stark an der Zahl vor allem in den östlichen Landesteilen, die Menschen weiter auf, der »deutsche Gruß« wurde erlaubt, und bezeichnenderweise verabschiedete sich Botschafter von Papen am 26. Februar, ohne daß ein Nachfolger feststand.

Schuschnigg entglitten allmählich Macht und Übersicht, sein Innen- und Sicherheitsminister tat alles, um Ordnung und Sicherheit zu gefährden. Gab es für den Bundeskanzler noch eine Rettung? In seiner Not ordnete er kurzfristig für den 13. März eine Volksbefragung an. Die Wähler sollten entscheiden, in ihre Hände legte er die Zukunft Österreichs als unabhängiger Staat und schaufelte damit sein eigenes Grab. Denn nun mußte Hitler handeln. Eine etwaige Mehrheit für weitere Unabhängigkeit hätte für ihn einen verhängnisvollen Rückschlag bedeutet. Im roten Wien konnte Schuschnigg am ehesten mit einer erheblichen Mehrheit rechnen; wie es in anderen Landesteilen aussah, ließ sich schwer voraussagen, jedenfalls konnte von einer übergroßen Majorität, geschweige denn von neunzig oder mehr Prozent gegen Schuschnigg, gegen weitere Unabhängigkeit, keine Rede sein. Also unter keinen Umständen eine Volksbefragung. Die Nazis, die sofort erklärten, sie würden sich an ihr nicht beteiligen, gingen auf die Straße, ein Feuerüberfall auf Linzer Nationalsozialisten und ihre Geschäftsstelle, in der deutschen Presse sensationell aufgebauscht, goß Öl ins Feuer, am 12. März übernahm Seyß-Inquart auf Geheiß von Hitler und Göring die gesamte Macht, etablierte sich ohne Auftrag des österreichischen Bundespräsidenten als neuer Bundeskanzler und bat, vom »Führer« und seinem Generalfeldmarschall angewiesen, um die Entsendung deutscher Truppen. Bereits am gleichen Tag erhielt ein Platz in Wien den Namen »Adolf-Hitler-Platz«, Österreich und Schuschnigg waren am Ende.

Hitler hatte schnell gewonnenes Spiel. Ribbentrop, zwecks Abschieds in London, ließ ihn wissen, die britische Regierung werde nichts unternehmen, in Paris schwelende Regierungskrise, und der »Duce«? Hitler sandte ihm einen handgeschriebenen, fast flehentlichen Brief, in dem er von einer »österreichischen Verschwörung« (!) gegen das Reich berichtete; die böse Regierung Schuschnigg, so hieß es weiter, unterdrücke die national gesinnte Mehrheit des Volkes, ein Bürgerkrieg drohe, er, Hitler, könne nicht anders handeln. Der Adressat zeigte, sicherlich notgedrungen, Verständnis. Überschwenglich der in allen Zeitungen veröffentlichte, einem Stoßseufzer gleichende Dank des »Führers«: »Mussolini, ich werde Ihnen dies nie vergessen!« Die von witzigen Berlinern erdachte Antwort des »Duce«, die überall zu hören war: »Hitler, ich Ihnen auch nicht!« Mussolinis wirkliche, etwas trockene Antwort lautete: »Meine Haltung ist bestimmt von der in der Achse besiegelten Freundschaft zwischen unseren beiden Ländern.« Freude über die neue deutsch-italienische Grenze ließ die Botschaft nicht erkennen.

Schon am 12. März begab sich Hitler in seinen Geburtsort Braunau und anschließend nach Linz, von wo aus er am folgenden Tag das Grab seiner Eltern besuchte – er hätte dies auch wesentlich früher, allerdings ohne Truppeneinzug, tun können. Wiederum einen Tag später, am 14. März, zog er in Wien ein, wo er ganze vierundzwanzig Stunden blieb. Unbeschreiblicher Jubel, Ovationen von kaum gekanntem Ausmaß, Heil-Rufe, vernehmlich in der ganzen Welt. Wenn heute das amtliche Österreich verständlicherweise von jener immensen Begeisterung nicht mehr viel wissen will, wenn sogar behauptet wird, das kleine Land sei ein vergewaltigtes Opfer Hitlerischer Tyrannei geworden, so ist dies schlicht falsch. Man braucht nur die damaligen Berichte ausländischer Zeitungen nachzulesen. Hier eine Kostprobe aus der *New York Times* schon vom 13. März 1938. Die Überschrift: »Viennese go wild; jam noisy streets« (Wiener spielen verrückt; überfüllte, tosende Straßen). Dann der Bericht: »Man stelle sich vor, was sich in Stadt und Land in den Vereinigten Staaten am Waffenstillstandstag 1918 abgespielt hat, und man wird ein lebendiges Bild von diesem Sonntag in Wien erhalten. Massen von jauchzenden, singenden, Fahnen schwenkenden Wienern marschierten unter Sieg-Heil-Rufen durch den inneren Ring ... Es schien, als ob die ganze Bevölkerung auf den Straßen war ... Nur wenige waren ohne Fahnen oder Hakenkreuzabzeichen. Alte Bewohner sagten, das kaiserliche Wien habe niemals eine solch gigantische, lang andauernde Demonstration und eine solche Stimmungsentladung erlebt. Keine Opposition gegen die Vereinigung mit Deutschland war ersichtlich. Weder die geringste Handlung noch irgendein Wort der Kritik waren zu sehen oder zu hören ...« Ähnlich stand es in Schweizer Blättern. – Kurz nach dem Einmarsch wurde, der deutschen Mentalität entsprechend, ein »Gesetz über den Anschluß« veröffentlicht, dieser damit legitimiert. Hitler segnete ihn mit der überall verbreiteten »Größten Vollzugsmeldung« seines Lebens ab: »Ich melde vor der Geschichte nunmehr den Eintritt meiner Heimat in das Deutsche Reich« und ließ sich diese, wie üblich, durch ein für den 10. April angesetztes Plebiszit bestätigen. Das Ergebnis: 99,08 Prozent im Reich, 99,73 Prozent im ehemaligen Österreich. Das »Großdeutsche Reich« – so der offizielle Name – war gegründet.

Der Eindruck der Märzereignisse in Berlin wie im ganzen Reich war außerordentlich. Dies darf um der Wahrheit willen nicht geleugnet werden, auch wenn die brutale, hinterhältige Art, in der der Anschluß erzwungen wurde, in allen nobel denkenden Kreisen stärkste Mißbilligung fand. Selbst die heftigsten Hitler-Gegner mußten mit einer gewissen Genugtuung daran denken, daß gleich nach Kriegsende (am 12. November 1918) die österreichische provisorische Nationalversammlung Österreich einstimmig als Teil der deutschen Republik erklärt und die konstituierende Nationalversammlung am 12. März 1919 dieses Votum bestätigt hatte. Damals wollten sich beide Republiken auf föderalistischer und demokratischer Grundlage vereinigen und beriefen sich auf das von den Alliierten, insbesondere von US-Präsident Wilson proklamierte Selbstbestimmungsrecht der Völker. Vergeblich. Der Friedensvertrag von St. Germain (21. Oktober 1919) verbot den »Anschluß«. Solche Verbote aber stärken die Freundschaft, den Willen zum gemeinsamen Handeln, erzeugen Trotz, ein Trachten nach »Zuwiderhandlung«. Man denke an den mißglückten Versuch einer deutsch-österreichischen Zollunion aus dem Jahre 1931. Nicht zu übersehen vor allem die einst gemeinsame Geschichte trotz aller Kriege und Auseinandersetzungen, das Zusammenstehen während des Ersten Weltkrieges, die gemeinsam erlittene, das Reich schwer, das zerstückelte Österreich fast vernichtend treffende Niederlage, die zahllosen persönlichen Beziehungen, erweitert noch durch den wachsenden Tourismus – es gab in der Tat viele Gründe für ein echtes Zusammengehörigkeitsgefühl, das man in beiden Ländern während der zwanziger und dreißiger Jahre antraf. Überdies wurde durch die zensierte Presse der wahre Sachverhalt völlig verschleiert, wurden dem ganz überwiegenden Teil der deutschen Leser die Vorgänge als ein Akt der Notwehr in letzter Minute zwecks Abwendung schwersten Unheils, wenn nicht einer Katastrophe für das Nachbarland dargestellt. Hilfeschreie von Freunden, denen das Wasser bis an die Kehle stand, der »Führer« als Retter in der Not, dessen sentimentaler Besuch in Braunau Tränen entlockte. »Wien, Wien, nur Du allein . . .«, wessen Herz schlug nicht höher bei diesem Lied, seinen Worten, seiner Melodie? Stets erweckte der Gedanke an die Donaustadt und ihre Musik Gefühle der Sehnsucht, der Verbundenheit. So durften die Wogen der Begeisterung bei der großen Mehrheit der Deutschen nicht wundernehmen.

Sie hätten zu einem erheblichen Teil anders gedacht und gefühlt, wenn sie Zeugen der barbarischen Judenverfolgung gewesen wären, die sich während des Anschlusses und nachher abspielte. Der in Wien beheimatete, dort angestaute Antisemitismus entlud sich geballt in furchtbarer Weise. Sehr bald hörte man von schrecklichen Grausamkeiten, von aus den Fenstern gestoßenen Juden, von anderen, die beschimpft, in gemeinster Weise mißhandelt und zu unzumutbaren Verhaltensweisen gezwungen wurden. Alle Gesetze des Anstandes schienen aufgehoben zu sein. Wieder mußten Tausende von Juden und politisch Verfolgten fliehen, unter ihnen viele deutsche Emigranten. Sie hatten gehofft, in Österreich Zuflucht zu finden, und sahen sich nun von rasenden, ihr Mütchen kühlenden österreichischen Nazis schlimmster Sorte bedroht, wahren Untermenschen, die ihre übelsten deutschen »Kollegen« offenbar noch übertreffen wollten. Die unfaßbaren Nachrichten, besonders über das traurige Schicksal der Wiener Juden, verbreiteten sich in Windeseile. Als ich in jenem Frühjahr für einen längeren Aufenthalt erstmalig in die Vereinigten Staaten reiste, hörte ich auch dort überall von den schockierenden antisemitischen Ausbrüchen in dem sonst so geliebten Österreich.

Und wieder stellt sich die Frage: Wie konnte es geschehen? Wie war es möglich, daß bei großer Wahlbeteiligung plötzlich 99,73 Prozent der österreichischen Bevölkerung für den Anschluß an Hitler-Deutschland stimmten, nachdem Schuschnigg kurz zuvor noch mit einer Mehrheit für seine Politik der staatlichen Unabhängigkeit gerechnet haben muß, da er sonst nicht zur »Volksbefragung« aufgerufen hätte. Viele Österreicher, die ich später fragte, gaben eine simple, sicherlich zutreffende Antwort: »Wir waren eben ein kleines, armes Land, da mußte man sich halt fügen, anpassen, mitstimmen.« Doch ließen sich wohl auch andere Gründe anführen:

Erstens die Hoffnung auf wirtschaftlichen Aufstieg. Österreich, damals – im Gegensatz zu heute – ein verarmtes Land, befand sich seit Kriegsende 1918 permanent in großen wirtschaftlichen Nöten, litt wie Deutschland besonders schwer unter der Weltwirtschaftskrise, bei der übrigens der Zusammenbruch der »Österreichischen Kreditanstalt« eine verheerende Rolle spielte, und erholte sich im Gegensatz zum deutschen Nachbarn, wo binnen eines Jahrfünfts die Zahl der Arbeitslosen von über sechs Millionen auf unter eine Million gesunken war, kaum. So hofften viele, daß Hitler seine Heimat aus der wirtschaftlichen Misere herausholen würde.

Zweitens: Genau wie im Reich wuchs die Zahl der Mitläufer und Opportunisten rapide, innerhalb von wenigen Tagen wollte alles in die Partei, die die Macht inne- und deutsche Armee-Einheiten hinter sich hatte. Nicht zu vergessen, daß man plötzlich unter einer Diktatur lebte mit der Folge, daß jeder Andersdenkende, wollte er nicht Leben oder Freiheit riskieren, sich dem Diktat beugen mußte. Und wer konnte es überhaupt wagen, sich dem gewaltigen Jubelsturm offen oder durch den Stimmzettel, der vielleicht nachgeprüft würde, entgegenzusetzen?

Drittens: Gab es nicht genug Leute, wie auch in Deutschland, die nur darauf warteten, Positionen und Eigentum jüdischer Österreicher zu »übernehmen«, sich zu bereichern oder sich wegen dieser oder jener angeblich von den Juden zugefügten Unbill zu rächen?

Viertens: Bekanntlich ist nichts erfolgreicher als der Erfolg. Wer konnte ihn Hitler abstreiten? Kein Geringerer als der einstmalige britische Premier Lloyd George hatte den »Führer« nach einem Deutschlandbesuch mit dem ersten amerikanischen Präsidenten George Washington verglichen. Wenn Hitler eine Rede ankündigte, horchte die ganze Welt auf, in Berchtesgaden oder auf dem Obersalzberg häuften sich die Besuche führender Politiker aus dem gesamten Ausland. Der »Führer« stand an der Spitze eines 75-Millionen-Volkes. Aber auch andere Diktatoren befanden sich auf dem Erfolgspfad. Mussolini war im Begriff, ein großes italienisches Kolonialreich aufzubauen, Franco fast an der Macht in Spanien; lebte man nicht, so mußten sich alle, nicht nur Österreicher, fragen, in einer sich anbahnenden Hochzeit für Diktatoren, deuteten die Zeichen der Zeit nicht auf Faschismus, auf Führung und Gefolgschaft? – Demgegenüber das Absinken der Demokratien. Die Briten mit ihrer »Appeasement«-Politik ein deprimierendes Beispiel. Nicht anders die Franzosen, die nach wie vor hundert Divisionen mobilisieren konnten. Obwohl sie lange den »Anschluß« zum *casus belli* erklärt hatte, reagierte die französische Regierung nicht. Die Waage neigte sich offensichtlich zugunsten der Diktatoren. Ihre Erfolge, ihre Machtentfaltung, die gewaltige »Show«, die sie in nie enden wollenden Folgen aufzogen, blendeten und verblendeten – nicht nur die 99,73 Prozent der für Hitler votierenden Österreicher.

Weder in New York noch in Washington spürte man größeres außenpolitisches Interesse, geschweige denn brennende Besorgnis wegen der zunehmend gespannten Lage in Europa. In der amerikanischen Hauptstadt wohnte ich bei einem befreundeten Ehepaar. Er hatte einen hohen Posten im State Department inne, sie war eine geborene Österreicherin. Beide schienen die gerade eingetretenen Veränderungen nicht sonderlich zu berühren. Dagegen boten die amerikanische Innenpolitik, »F.D.R.'s« (Franklin Delano Roosevelt) nur sehr bedingt funktionierendes »New Deal« weit mehr Gesprächsstoff; die Vereinigten Staaten blieben trotz der Präsidentschaft eines Demokraten nach wie vor vom Prinzip des Isolationismus durchdrungen. Wenige ahnten die drohende Kriegsgefahr in Europa, die ein halbes Jahr später fast wie durch ein Wunder abgewehrt wurde.

Ein Blick auf die Landkarte nach dem »Anschluß« zeigte die strategisch unhaltbare Situation der Tschechoslowakei, die nunmehr halbkreisförmig von deutschen Gebieten umgeben war. Wenn das Land wenigstens ethnographisch eine Einheit gebildet hätte! Wie schon der Name andeutete, zerfiel es in zwei Volksgruppen, die einander wenig zugeneigten Tschechen (43%) und Slowaken (22%), dazu ruthenische, ungarische, polnische und andere kleine Minderheiten, aber auch eine bedeutende, 23 Prozent der Bevölkerung umfassende deutschsprachige Gruppe (seit Beginn des Jahrhunderts als »Sudetendeutsche« bezeichnet), die entlang der deutsch-tschechischen Grenze wie im Innern des Landes weiträumige Regionen bewohnte. Auch ohne die »Hoßbach-Niederschrift« bedurfte es keiner Phantasie, um Hitlers Marschroute zu erraten. – Zurück in Berlin, bestätigte ein Blick in die Zeitungen, daß entsprechende Vorbereitungen gegen das slawische Nachbarland im vollen Gange waren; tagtäglich erschienen lange, sensationell aufgemachte Berichte über wachsende Gegensätze zwischen den deutschen Volksgruppen und den tschechoslowakischen Verwaltungsbehörden, nachdem dort jahrelang Ruhe geherrscht hatte. Konrad Henlein, Nazi-Oberführer der Sudetendeutschen, erhielt aus Berlin und Berchtesgaden seine Befehle, die er getreulich, wie zuvor Seyß-Inquart, ausführte. Sie lauteten, Unruhe zu stiften, die Tschechen zu provozieren, unerfüllbare Forderungen zu stellen, jede etwaige Einigungsmöglichkeit von vornherein zu sabotieren. Was half es, daß Prag alle nur denkbaren Autonomievorschläge im Rahmen des tschechoslowakischen Staatsverbandes machte, die niemals unterdrückten Sudetendeutschen sich bei Annahme im Vergleich mit der Südtiroler Minderheit fast wie Fürsten gegenüber Bettlern fühlen konnten – die Parole aus dem »Großdeutschen Reich« ging unzweideutig dahin: Macht aus dem ganzen Sudetenland einen Hexenkessel, Konfrontation um jeden Preis, reizt die Prager Regierung bis zur Weißglut!

Und so geschah es. Schon am 20. Mai kam es zur Teilmobilmachung der tschechoslowakischen Armee, Paris und London zeigten Zeichen des Erwachens. Aber statt vereint Hitler vor die Alternative »Hände weg von der Tschechoslowakei oder Krieg« zu stellen, begnügten sich die Westmächte mit einem Hinweis auf ihre Beistandsverpflichtung, wie sie sich aus der Satzung des Völkerbundes und aus dem französisch-tschechoslowakischen Bündnisvertrag ergab. – Der Hochsommer 1938 ein einziges »Crescendo« von Nazi-Beschuldigungen gegen Prag, Zusammenstößen im Sudetenland, Hilferufen aus Eger, Karlsbad und anderen

Städten mit deutschsprachiger Bevölkerung sowie Einmarschdrohungen der Nazis. Die – typische – britische Reaktion: Entsendung eines hochgestellten Diplomaten zwecks Erkundung! So begab sich Lord Runciman zu den Schauplätzen der Krise, um herauszufinden, worum es ging. Kein sehr hoffnungsvolles Zeichen. Noch bedenklicher ein Artikel in der mehr oder weniger halbamtlichen *Times*, in dem ohne viel Umschweife die glatte Abtretung des Sudetenlandes an Deutschland angeregt wurde. Was Hitler und seine Militärs vorhatten, blieb streng gehütetes Geheimnis. Inmitten der die Zeitungen füllenden, immer schlimmer klingenden Horror-Nachrichten aus dem Sudetenland ging die Meldung von dem Rücktritt des Generalstabschefs Beck fast unter; ein weiteres ominöses Anzeichen. Denn Ludwig Beck galt allgemein als vernünftig, besonnen, nicht »hitlerhörig«, ein Militär, der keineswegs geneigt war, sich auf abenteuerliche Kriegsaktionen einzulassen, die offensichtlich, wie sich später herausstellte, bei Hitlers Planungen im Vordergrund standen.*

Gab es überhaupt eine Lösung? Tschechoslowakische, in Berlin akkreditierte Diplomaten, mit denen ich mich wiederholt deswegen unterhielt, erklärten, es müsse alles beim alten bleiben, Hitler werde sich eben mit größerer Autonomie für die Sudetendeutschen zu begnügen haben. Diese Haltung erschien mutig, aber kaum realistisch. Der »Führer« geriet in immer größere Erregung, besser Hysterie, tobte auf dem Parteitag wie nie zuvor, brüllte, die Sudetendeutschen seien nicht wehrlos, und forderte die Welt auf, dies zur Kenntnis zu nehmen. Obwohl das deutsche Volk in seiner überwältigenden Mehrheit, genau wie alle anderen Völker, allein die Idee eines Krieges für undenkbar hielt, jeden normalen Menschen bei dem Gedanken an eine neue kriegerische Auseinandersetzung das Grauen überkam, hatte Hitler sich selbst und seine Gefolgschaft in eine derartige, schon krankhaft zu nennende Rase-

* Von der berühmt gewordenen Verschwörung gegen Hitler, in die Beck, Admiral Canaris, Chef der Abwehr, und andere prominente Angehörige der Wehrmacht sowie zahlreiche namhafte Zivilisten verwickelt waren mit dem Ziel, einen Krieg zu verhindern und, wenn nötig, Hitler zu stürzen, hörte ich nur ganz am Rande etwas munkeln. Ich hatte nie gedient und keine Beziehungen zu irgendwelchen militärischen Stellen. Einzelheiten siehe Fest, *Hitler*, a.a.O., S. 768 ff.

rei versetzt, daß es für ihn ein »Zurück« nicht mehr gab. Auf der anderen Seite erschien trotz der bei den Westmächten vorwiegenden Neigung, dem Mann aus Braunau um des lieben Friedens willen weiter entgegenzukommen, ein isolierter deutsch-tschechoslowakischer Krieg, dessen Ausgang schon aus rein geographischen Gründen feststand, unvorstellbar. London und Paris konnten einfach nicht Gewehr bei Fuß stehen, tatenlos mitansehen, wie die Tschechoslowakei von der europäischen Bildfläche verschwand.

In dieser hochkritischen Lage, die jeden Moment zu einer Explosion führen konnte, mußte man auch an die Familie denken. Im Kriegsfall durften und konnten wir nicht in Berlin sein. So schlug ich meiner Mutter eine Frühherbstreise in das Tessin vor, wo sie sich besonders gerne aufhielt. Die erste Nachricht, die wir dort in der Zeitung lasen, bestätigte die gespannte Situation. Der fast siebzigjährige Neville Chamberlain bot Hitler an, ihn an jedem beliebigen Ort – und zwar sofort – aufzusuchen. Der britische Premier, der auf Hitlers Einsicht und Vernunft zu setzen schien, traf am 15. September in Berchtesgaden, dem für ihn entferntesten möglichen Treffpunkt ein, bediente sich für Hin- und Rückreise erstmalig in seinem Leben eines Flugzeuges, brachte Hitlers Forderungen nach London und teilte eine Woche später bei einer zweiten Besprechung, die der »Führer« gütigerweise in Bad Godesberg stattfinden ließ, die Annahme seiner Forderungen, zugleich im Namen von Frankreich und der Tschechoslowakei (!), mit. Hitler, zunächst völlig verdutzt, faßte sich alsbald und erklärte dem nun seinerseits erstaunten und sogleich aufs höchste verärgerten Gast, es sei zu spät, die Lage habe sich verschärft, Polen und Ungarn hätten ebenfalls Forderungen gestellt – sie taten es auf sein Geheiß. Chamberlain kehrte nach einem weiteren ergebnislosen Briefwechsel nach London zurück, sicherlich mit der Erkenntnis, daß Hitler den Krieg wollte. Jetzt endlich kam es zu einer Einheitsfront London-Paris-Prag, auch Moskau meldete sich erneut und diesmal nachdrücklicher, die Godesberger »Konzessionen« wurden zurückgezogen. Der Krieg unvermeidlich?

Hitler, kaum noch ansprechbar, hetzte im Sportpalast zum Krieg, verlangte ultimativ die Herausgabe des Sudetenlandes bis zum ersten Oktober. Kein Zweifel, kein Bluff. Aus sämtlichen Akten und Berichten geht der »unerschütterliche« Kriegswille des von der Hybris ergriffenen »Führers« hervor. Daß damals Hitler – erstmalig in seiner Laufbahn als »Führer und Reichskanzler« – sich nicht durchsetzte, hatte drei unerwartete Gründe. Zum ersten vermochte er trotz des Sportpalast-Exzesses die Berliner Bevölkerung nicht zum Kriege zu animieren. Er hatte zu diesem Zweck ein großes Kriegsspektakel, den Durchzug einer motorisierten Division über die »Ost-West-Achse« zur Wilhelmstraße und zur Reichskanzlei, angeordnet, ein militärisches Schauspiel, das Hunderttausende anlocken sollte. Aber der Massenandrang blieb aus. Nach Berichten verschiedener in- und ausländischer Zeugen standen vor Hitlers berühmtem Balkon nur wenige hundert Zuschauer, der »Führer« machte eine finstere Miene und nahm den Vorbeimarsch nicht ab. Von Kriegsbegeisterung wie etwa in den Augusttagen 1914 konnte keine Rede sein.* Ein zweiter Grund: Totale Mobilmachung in Prag, Kriegsvorbereitungen in London und Paris, Warnungen von verschiedenen ausländischen Seiten, Hitler mußte, dies wurde deutlich, mit militärischem Widerstand rechnen. Entscheidend aber doch wohl das Eingreifen von Mussolini. Der »Duce« kannte genau Italiens Schwäche, wußte, daß sie nicht nur vom Abessinien-Feldzug herrührte, und befürchtete mit Recht, bei einem Krieg entweder völlig beiseite stehen zu müssen oder eine überaus klägliche Rolle zu spielen, wie es dann ein Jahr später tatsächlich der Fall war. So bat er um »Gnade«. Hitler konnte nicht »nein« sagen, man einigte sich zusammen mit Chamberlain auf jene »Münchener Konferenz« vom 29. September 1938, die als Beispiel folgenschweren Versagens gegenüber einem ruchlosen Diktator in die Geschichte eingegangen ist.

Teilnehmer waren außer den beiden Diktatoren Chamberlain und der französische Premier Edouard Daladier. Eine Hinzuziehung von tschechoslowakischen Vertretern wurde von Hitler brüsk abgelehnt, was die westlichen Premiers ohne weiteres hinnahmen. Wozu auch? Man war sich einig: Das Sudetenland gehörte nunmehr zum »Großdeutschen Reich«, dessen Truppen dort am ersten Oktober, so wie es Hitlers Ultimatum forderte, einrücken durften. Dafür gaben die westlichen Premiers feierliche Garantieerklärungen für den Fortbestand des tschechoslowakischen Reststaates ab; Friedens- und Konsultationsvereinbarungen zwischen Deutschland und den Westmächten kamen zustande, mit Großbritannien noch in München, mit Frankreich am 6. Dezember.

* Siehe Fest, *Hitler*, a.a.O., S. 767.

Wiederum war im mitteleuropäischen Raum eine entscheidende Veränderung zugunsten von Hitler-Deutschland eingetreten. Prag und jede Prager Regierung, wie immer sie sich zusammensetzte, waren nunmehr Hitler ausgeliefert. Das Reich gelangte kampflos in den Besitz der tschechischen Grenzbefestigungen, zu deren Erstürmung und Durchbrechung nach späteren Aussagen des Generals Keitel in Nürnberg die deutschen Angriffsmittel kaum ausgereicht hätten. Bedenkt man, daß General Jodl erklärte, es wäre der Reichswehr unmöglich gewesen, mit den damals zur Verfügung stehenden Kräften einem frontalen Angriff der hundert französischen Divisionen standzuhalten, so ist auch hier die Frage angebracht: »Wie konnte es geschehen?« Wie war es möglich, daß die Westmächte ihre eigene Stärke so unterschätzten, sich von Hitler derartig ins Bockshorn jagen ließen, aber auch, daß der »Führer« in seinem Wahn die deutsche militärische Macht so überschätzte? Er war nach außen hin der Sieger, während Großbritannien und Frankreich vollends ihre Glaubwürdigkeit verloren.

Noch nie hatten die Franzosen einen treuen Verbündeten so schmählich fallenlassen, wie es in München mit der Tschechoslowakei geschah. Neville Chamberlain, der dreimal nach Deutschland kam, um Frieden zu erbetteln, sich vom »Führer« in einer für einen britischen Premier unzumutbaren Weise behandeln ließ, wurde zwar in London wie in München bejubelt, verkündete zuversichtlich »Peace in our time« und ließ sich als Retter des Friedens feiern. In Wirklichkeit aber kehrte er – so Churchill im Unterhaus – mit der »schlimmsten Niederlage Großbritanniens« zurück. War das britische Weltreich tatsächlich so tief gesunken, daß es nur noch nach Hitler schielte? – Eine weitere Folge von München: Was blieb Moskau anderes übrig, als seine Außenpolitik zu überprüfen? Auf die Westmächte war kein Verlaß mehr. Einge Monate später trat der dem Westen zugeneigte Außenminister Maxim Litwinow zurück. Sein Nachfolger Molotow ließ erstmalig Fühler nach Berlin ausstrecken.

Und Hitler? Wieder einmal hatte er de facto ein weiteres Land eingesteckt, wenn auch der Einmarsch in Prag noch nicht planmäßig im Herbst 1938 erfolgen konnte. Sein tolles Glück hielt an, ohne daß er dessen gewahr wurde. Denn wäre es nicht zu München, sondern zu einem Angriffsbefehl gegen die Tschechoslowakei gekommen, wer weiß, ob nicht die zuvor erwähnte Verschwörung von Militär- und Zivilkreisen, an der Beck und andere hohe Offiziere, aber auch Carl Goerdeler, Hans von Dohnanyi, Dietrich Bonhoeffer und weitere Zivilisten mitwirkten, zum Zuge gekommen wäre. So aber beliebte der große »Führer«, allen zu zürnen. In seiner Hybris glaubte er tatsächlich, 1938 sei der beste Zeitpunkt für die Anzettelung eines Krieges gewesen, sogar gegen die Westmächte. Aber deren verfluchte Nachgiebigkeit habe dies verhindert. Vermutlich war er auch auf den »Duce« nicht allzu gut zu sprechen; denn elf Monate später erklärte er, diesmal werde ihm Mussolini nicht noch einmal in den Arm fallen. Daß er – zusammen mit Neville Chamberlain – als »Friedensfürst« begrüßt und gefeiert wurde, schien auf ihn nicht den geringsten Eindruck zu machen, im Gegenteil seinen Zorn noch zu verstärken. Damals ging – hierüber kann es keinen Zweifel geben – eine große Welle der Erleichterung durch die Welt. Man war noch einmal davongekommen. Niemand außer Hitler wollte den Krieg. Auch in der Schweiz spürte man, wie froh die Menschen waren, wenn auch Weitsichtigere die Schande von München mit allen furchtbaren Folgen erkannten und dies öffentlich erklärten.

Hitler hatte es nun in der Hand, aus dem Scheinfrieden von München einen echten Frieden zu machen. Sein Prestige war weiter gestiegen, er galt nun nicht nur in »Großdeutschland« als einmaliges politisches Genie. Mit Sicherheit läßt sich sagen: Hätte er nach München einige Jahre Frieden gehalten, es wäre ihm mit Duldung, wenn nicht sogar unter dem Beifall der Westmächte ein leichtes gewesen, militärisch gegen Moskau und den Bolschewismus vorzugehen, wobei das Schicksal des »abtrünnigen« Polens keine Rolle gespielt hätte. Aber Hitlers Ungeduld und Zügellosigkeit, seine Verachtung für jene bürgerlichen Elemente im In- und Ausland – »Regenschirmtypen«, wie er sie nannte* –, intensivierten nur seinen Kriegswillen, seine unbefriedigte Eroberungssucht, seine Wut über angeblich nicht genutzte Chancen. So hielt er sich vorerst schadlos – an den Juden.

* Chamberlain, wie jeder echte Engländer, war mit einem Regenschirm in Berchtesgaden erschienen.

III

Aus dem Tessin zurück in Berlin. Sicherlich handelte es sich um eine »Galgenfrist«, die ich nutzte, um meine musikalischen Studien bei Professor Walther Gmeindl fortzusetzen, die nicht ganz einfachen, sich lange hinziehenden Aufgaben eines Testamentsvollstreckers meines Onkels Kleefeld zu Ende zu führen, mich noch intensiver auf die unvermeidliche Emigration vorzubereiten. Auch in der Reichshauptstadt deutliche Erleichterung, Hauptsache: kein Krieg. Aber bald mußte man sich fragen: Wird der Mann Ruhe halten? »Peace in our time« hatte *er* nicht verkündet. Im Gegenteil, man spürte, daß es ihm nach wie vor darauf ankam, die Massen in Aufregung zu halten, nur nicht das Gefühl aufkommen zu lassen: »Es ist alles erreicht, jetzt können wir uns zur Ruhe setzen.« Größere außenpolitische Eroberungsschritte verboten sich nach München. Aber da gab es als stetes, zu allen Zeiten brauchbares Angriffsziel noch immer die – Juden.

1936, das Jahr der Olympischen Spiele, mußte aus naheliegenden Gründen mehr oder weniger ausgespart werden. 1937 begann dann der große Raubzug, die systematische »Arisierung« aller jüdischen Betriebe. 1938, das Jahr gewaltiger außenpolitischer Erfolge (»Anschluß« und Inbesitznahme des Sudetenlandes), ließ sich für weitere Verfolgungen der Juden glänzend nutzen, und selbstverständlich machten die Nazis hiervon ausgiebigen Gebrauch. Schon am 5. Januar erließen sie ein Gesetz, das die Juden von der Jahresmitte an zur Annahme eines zweiten, »jüdischen« Vornamens zwang; Frauen mußten sich zusätzlich »Sarah« – in Amerika ein allgemein beliebter Vorname, die Mutter des Präsidenten hieß Sarah Roosevelt! –, die Männer »Israel« nennen. Ab 1939 erhielten sämtliche Juden Kennkarten sowie neue Pässe mit einem Aufdruck »J«. Jüdische Ärzte und Anwälte wurden mit einem Berufsverbot belegt. Aufgrund von Verordnungen vom 26. April und 14. Juni mußte das jüdische Vermögen in allen Einzelheiten angemeldet, registriert und kenntlich gemacht werden. Systematisch sollten die Juden zur Auswanderung gezwungen werden, unter Zurücklassung möglichst aller ihrer Vermögenswerte. Hitlers Haß ließ das Schlimmste befürchten, der geringste Vorwand, und die Nazis würden handgreiflich werden.

Am 7. November 1938 wurde der Legationssekretär an der deutschen

Botschaft in Paris, Ernst vom Rath, von dem 17jährigen Herschel Grynzspan angeschossen; zuerst hieß es in der *DAZ*, die die Nachricht mit einer riesigen Balkenüberschrift brachte (oder bringen mußte), daß vom Rath nur leicht verletzt sei und sich auf dem Wege der Besserung befände; dann klangen die Nachrichten wesentlich ungünstiger. Am 10. November wurde der Tod des 29jährigen Diplomaten gemeldet. Seine Eltern empfingen Kondolenztelegramme von allen führenden Nazis, Hitler an der Spitze, Trauerfeiern von einem Umfang, als ob eines der obersten Parteihäupter verschieden sei, fanden allenthalben statt. Vom Rath gehörte offenbar der Partei an; jedenfalls wurde dies bei einer Ansprache des Außenministers von Ribbentrop an die Mitglieder des Auswärtigen Amtes besonders betont. Wie der 17jährige Grynzspan in die Botschaft, wo der Schuß abgegeben wurde, eindringen konnte, wie und wo er vom Rath traf – derlei Einzelheiten des Mordes, wenn ein solches Verbrechen denn vorlag, wurden nicht mitgeteilt. Der junge Grynzspan soll erklärt haben, er wolle die Juden rächen, habe geschossen, ohne eine bestimmte Person treffen zu wollen, und bedauere, so der Bericht der *DAZ* vom 8. November, daß er vom Rath nur verletzt habe. Das Ganze klang derartig mysteriös, daß sich sofort Gerüchte verbreiteten, es habe sich um eine persönliche, wahrscheinlich homosexuelle Affäre gehandelt. Wie dem auch sei, ähnlich wie beim Reichstagsbrand, als es gegen die Kommunisten ging, bot sich nun eine ganz große Gelegenheit, die Judenverfolgung bis aufs Äußerste zu intensivieren. Die Nazis taten es auf heimtückisch zweifache Weise.

Am Vormittag des 10. Novembers nahm ich ahnungslos einen Bus zu den »Linden«, um dort bei »Van Santen«, einem kleinen Geschäft, in dem ich öfter Einkäufe machte, ein Geschenk zu besorgen. Als ich näher kam, erblickte ich ungewöhnlich viele herumstehende Menschen, dann sah ich Männer am Straßenrand, die, Steine werfend, das Schaufenster des Ladens zertrümmerten. Zuerst dachte ich, es handele sich um einen Raubüberfall auf offener Straße, wollte auf die Leute losgehen, als ich im letzten Augenblick bemerkte, daß ihre Augen durch besondere Schutzbrillen verdeckt waren, es sich um SA-Leute handelte, also eine gezielte Zerstörung des Geschäfts beabsichtigt war. Voller Entsetzen mußte ich mit ansehen, wie der schöne, in Berlin besonders beliebte Laden gänzlich zerstört wurde, und erfuhr bald die Hintergründe.

Unter dem Vorwand, die Ermordung des deutschen Botschaftsmitgliedes in Paris stelle einen neuen Beweis für die permanente Verschwörung des Weltjudentums dar, wurden »spontan«, in Wirklichkeit auf Befehl von Hitler und seinen Konsorten, in der Nacht vom 9. auf den 10. November sämtliche Synagogen in Brand gesetzt, jüdische Häuser und Geschäfte, rund 7500 an der Zahl, zerstört oder geplündert (die Zertrümmerung von »Van Santen« muß ein »Nachzügler« gewesen sein), mindestens hundert Juden ermordet und Zehntausende in Konzentrationslager verschleppt. Die noch einmal in Massen auftretenden SA-Männer erhielten in ihrer Eigenschaft als Repräsentanten des angeblichen Volkszornes freie Hand für eine Nacht der Pogrome, der »langen Messer«, Vorspiel für das, was später noch kommen sollte. Höhepunkt der erbärmlichen Verlogenheit dieser Tage ein Artikel von Goebbels im *Völkischen Beobachter* vom 11. November, wo es hieß: »Die deutsche Staatsführung hat nichts unversucht gelassen, die Reaktion im deutschen Volke auf das feige Attentat in kürzester Zeit abzustellen. Das deutsche Volk hat dem Gebot der Regierung willig und diszipliniert Folge geleistet. In Stundenfrist [!] sind Demonstrationen und Aktionen zum Schweigen gebracht worden.« Dann Goebbels' Schlußfolgerung: »Deutschland wird auf die Schüsse Grynzspans legal aber hart antworten.« Und nachdem die Regierung den von ihr inszenierten »Volkszorn« nächtlich hatte walten lassen, trat sie »amtlich« auf und dekretierte: Juden durften keine Waffen besitzen, kein Schulbesuch für jüdische Kinder, kein Zutritt zu deutschen Hochschulen.

Am 13. November Balkenüberschrift der *DAZ*: »Die Reichsregierung legt der jüdischen Bevölkerung als Sühneleistung eine Buße von einer Milliarde Reichsmark auf.« Ab 1. Januar 1939 durfte es keine jüdischen Geschäfte mehr geben, an einem von den Nazis ausgerufenen »Tag der Solidarität«, an dem jeder ein finanzielles »Opfer« zu bringen hatte, erhielten Juden von zwölf bis zwanzig Uhr Ausgehverbot, mußten während dieser Zeit »in ihren Wohnungen verbleiben«. Hier interessiert, daß sich diese Maßnahmen ausdrücklich auf die einen Tag nach dem Reichstagsbrand erlassene Verordnung des Reichspräsidenten vom 28. Februar 1933 bezogen, ein weiterer Beweis, in welchem Ausmaß Hitler schon damals die Macht in den Händen hatte. Aber es sollte noch schlimmer kommen: Am 11. Dezember 1938 veröffentlichte die *DAZ* eine Anordnung, wonach Juden sich nicht mehr im Berliner Regierungsviertel aufhalten durften; der »Judenbann« erstreckte sich auch auf alle Theater, Kinos, Museen und sämtliche kulturellen Veranstaltungen. Darüber hinaus wurde den Juden »empfohlen«, aus dem Westen der Stadt auszuziehen und neue Wohnungen in »typisch jüdischen Vierteln« zu suchen, eventuell durch Wohnungstausch mit »Ariern« (die sich wohl in die »jüdischen« Gegenden verirrt hatten). Begründung: das westliche Berlin würde bald für Juden gesperrt werden. Schließlich erschien eine Verordnung zur Arisierung (*DAZ* vom 6.12.), die einen Grundstückserwerb für Juden verbot, für deren Wertpapiere den Depotzwang einführte und die Errichtung einer »Amtlichen Einkaufsstelle für Schmucksachen und Kunstgegenstände in jüdischem Besitz« zum Inhalt hatte. – In einer Reichstagsrede vom 30. Januar 1939 prophezeite Hitler die Vernichtung der jüdischen Rasse im Falle eines Krieges. Daß er beides längst beschlossen hatte, sagte er nicht.

Niemals habe ich im Berlin jener Jahre ein solches Entsetzen gespürt, so viele Äußerungen tiefsten Abscheus, ja Wutausbrüche darüber vernommen, daß man die »spontanen« Morde, Brandlegungen und Verwüstungen als Racheakte der Berliner Bevölkerung vortäuschte. Es gab damals nur ein einziges Thema: die »Reichskristallnacht«, der ironisch-fürchterliche Name für die Ereignisse vom 9./10. November. Neben allem Schaudern mokierte man sich darüber, daß nunmehr Glas aus Belgien und Holland gegen teure – ach so knappe! – Devisen eingekauft werden mußte. Denn die SA hatte solche Zerstörungen angerichtet, daß die eigenen Glasvorräte nicht mehr reichten! – Ich selbst war am Nachmittag des 10. Novembers bei meinem Lehrer Professor Gmeindl. Wir wollten Bruckners »Achte«, insbesondere den fast halbstündigen langsamen Satz, eine der tiefsten Offenbarungen der Musik, durchnehmen. Gmeindl, aus dem Österreichischen kommend, ein enthusiastischer Verehrer Bruckners und seiner monumentalen Symphonie (wie ich auch), unterbrach nach kurzer Zeit und sagte: »Es hat keinen Sinn, weiterzumachen. Sie sind nicht bei der Sache, mir geht es genauso. Wie kann man an einem solchen Tage sich überhaupt mit Musik beschäftigen, vor allem mit Bruckner?« Und so unterhielten wir uns über ein Geschehen, für das es eigentlich keine Worte gab, über die Schande für alle, über das Verbrecherregime, das nun auch die Volksmenge selbst zu aktiven Straftätern stempeln wollte. Daß die übergroße Mehrheit der Berliner die Vorgänge um den 9. November perhorreszierte, ergibt sich auch aus einem Bericht des britischen Geschäftsträgers nach London.*

Wenige Wochen später besuchte mich ein früherer Mitarbeiter bei der »Tilka«, Hans Stefan Schloß, der bei unserer täglichen »Morgenandacht« stets über laufende Wirtschafts- und Finanzangelegenheiten berichtete. Als Jude war er während der Nacht zum 10. November festgenommen und in ein Konzentrationslager gebracht worden, wo man ihn schlug und mißhandelte. Als er versprach, binnen vier Wochen nach Italien auszuwandern, wo er Freunde besaß, ließ man ihn frei. Schloß, von Natur aus ruhig, eher bedächtig, berichtete sachlich, ohne jede Erregung von allem, was ihm zugestoßen war; er sorgte sich um die Tausenden, die nicht die Möglichkeit hatten, mit ganzen zehn Reichsmark auszuwandern. Wir überlegten, ob und wann wir uns wiedersehen würden, und ich war herzlich froh, als ich erfuhr, daß er die schlimmen Jahre einigermaßen überstanden hatte, während der fünfziger Jahre dem Auswärtigen Amt angehörte, zuerst als Handelsattaché in Wien, wo ich ihn mehrfach traf, und später als deutscher Generalkonsul in Palermo. Während der Nazi-Besetzung Italiens – nur dann – mußte er untertauchen und wurde eine Zeitlang von seinen Freunden versteckt gehalten. Er hatte Glück gehabt. Wie viele konnten damals dem Unheil nicht entrinnen.

Die »Reichskristallnacht« mit allen ihren Folgen für die kleine, schutzlose jüdische Minderheit führte zu einem deutlichen Absinken von Hitlers Popularität. Jetzt konnte niemand mehr sagen, man müsse dem »Führer« folgen, auch wenn er in der Judenfrage zu weit ginge. Nun hatte er der breiten Öffentlichkeit seine wahren Absichten enthüllt, die bereits in *Mein Kampf* zu lesen sowie im kleineren Kreis nach Aussagen von Teilnehmern immer wieder mit aller Klarheit zu hören waren. Einen gewissen Höhepunkt seiner Popularität bildeten zweifelsohne die Tage des »Anschlusses«. Aber schon der Einmarsch ins Sudetenland – Reichenberg, dessen neue Hauptstadt, Eger oder Aussig bedeuteten den meisten weniger als Wien, Innsbruck oder Salzburg – erregte keineswegs eine ähnliche Begeisterung, wenn auch der »Führer« für kurze Zeit als »Friedensstifter«, »Genie« und was nicht sonst alles gefeiert wurde. Nach dem 9. November dann, wie gesagt, Bestürzung und tiefgehende Verärgerung. Und mit den Juden in der ganzen Welt empörten sich maßgebliche Kreise in allen westlichen Regierungen, insbesondere in

* Siehe *Documents on British Foreign Policy*, Second Series, Bd. III, S. 277, zitiert bei Karl Dietrich Bracher, *Die deutsche Diktatur*, Berlin 1983, Anm. 45, S. 399.

den Vereinigten Staaten. Doch es fehlte an einer weltweiten Initiative. Damals dachte man nur selten über die eigenen Grenzen hinaus. Heute spielt in Wendell Wilkies »One World«* trotz des nach wie vor bestehenden Egoismus von Menschen und Nationen die Verletzung der Menschenrechte eine ganz andere Rolle. Zu Hitlers Zeiten große Erregung, aber dann »business as usual«. Keine ausländischen Proteste in Berlin, geschweige denn eine – heute naheliegende – Abberufung der Botschafter. Im Gegenteil: Am politischen Horizont machte sich eine deutsch-französische Annäherung bemerkbar!

Am 25. November – also rund zwei Wochen nach der »Reichskristallnacht« – meldete die *DAZ*, Ribbentrop werde sich in Kürze nach Paris begeben, um dort eine gemeinsame Erklärung beider Länder vorzubereiten. Einige Tage zuvor hatte der »Führer« den Nachfolger François-Poncets, Botschafter Robert Coulondre, zu einem Antrittsbesuch empfangen, bei dem Hitler in seiner Antwort auf Coulondres Begrüßungsrede klipp und klar erklärte, es gäbe keine Grenzstreitigkeiten zwischen Deutschland und Frankreich. Tatsächlich kam es sehr bald zu einer von den beiden Außenministern Bonnet und Ribbentrop in Paris unterzeichneten Deklaration, die drei Punkte enthielt: 1. daß friedliche und gutnachbarliche Beziehungen den Frieden fördern (keine neue Erkenntnis); 2. daß keine territorialen Fragen mehr schweben und die Unterzeichner feierlich(!) die Grenze zwischen ihren Ländern, wie sie gegenwärtig verläuft, als endgültig anerkennen; 3. daß beide Länder durch ihre Vertreter in steter Fühlungnahme bleiben. Also ein »Klein-Locarno«, nochmaliger »feierlicher« Verzicht auf Elsaß-Lothringen, gebilligt vom »Führer«, der 1925 bei der Unterzeichnung von Locarno – übrigens zusammen mit einem Großteil der Konservativen – von schmählichem Verrat gesprochen und die damalige Außenpolitik des offenkundig schwachen Deutschen Reiches in alle Ewigkeit verdammt hatte. Nun unterschrieb der Außenminister eines ungleich stärkeren »Großdeutschlands«, das sich unter tosendem Gebrüll ständig als »Weltmacht« bezeichnete, noch einmal den gleichen Verzicht! Jetzt jubelten die Franzosen über eine wertlose Unterschrift einer verbrecherischen, nicht ver-

* Wendell Wilkie, unvergessener republikanischer Gegenkandidat von Präsident Roosevelt 1940, erkannte als einer der ersten die inneren Zusammenhänge des Weltgeschehens und prägte den Begriff »One World«.

trauenswürdigen Regierung. Hätten sie seinerzeit etwas mehr Vertrauen zu ihrem eigenen Außenminister Briand und seinem deutschen Partner gezeigt, schneller die nach Locarno von der Weimarer Republik und ihren Vertretern erhoffte Liquidation der Kriegsfolgen betrieben, die Geschichte hätte einen anderen Verlauf genommen. Mit etwas mehr Weisheit und Einsicht auf seiten der Franzosen während der sogenannten »Stresemann-Jahre« wären ihnen die demütigenden Ereignisse des Zweiten Weltkrieges erspart geblieben.

Denn Hitler ruhte nicht. Prag war das nächste Ziel. Was scherten ihn die Münchener Garantien, was scherte ihn die eigene, kurz vor München gehaltene Sportpalastrede, in der er in seiner üblichen emphatisch-exaltierten Weise lautstark versicherte: »Wir wollen gar keine Tschechen«? Die arme, fast eingekesselte »Tschechei« war angesichts der neuen Grenzziehung gezwungen, sich Hitler und der »großdeutschen« Umklammerung gefügig zu zeigen, Konzessionen auf allen Gebieten zu machen. Ihrer nur noch aus verständigungsbereiten Politikern zusammengesetzten Regierung – der Hitler verhaßte Ministerpräsident Benesch war längst außer Landes – blieb in der Tat nichts anderes übrig als eine Strategie vorsichtigen Gehorsams. Schon am 22. November kam ein Vertrag zustande, in dem die Tschechoslowakei einem exterritorialen deutschen Autobahnbau von Schlesien zur »Ostmark«, dem ehemaligen Österreich, dem Überflug tschechoslowakischen Gebietes und dem Bau eines Oder-Donau-Kanals zustimmte. Der deutsche Einfluß stieg rapide, besonders in der Slowakei, die sich mit ihrem an Einwohnerzahl weit überlegenen tschechischen »Bruderland« sowieso nie allzu gut verstand. Aber auch in Prag blickte man gebannt auf Hitler, beschäftigte sich mit einer zu lösenden »Judenfrage« – so ein Bericht der *DAZ* –, verwies auf die Notwendigkeit, sich dem großmächtigen Nachbarn gegenüber willfährig zu verhalten in der Hoffnung, der »Führer« werde – im Hinblick auf die in München abgegebenen Garantieerklärungen – dem Lande wenigstens seine formale Unabhängigkeit lassen.

Aber auch die Hoffnung auf ein solches »Zitterdasein« trog. Hitler, von seinem Dämon getrieben, konnte sich selbst nicht bremsen, geschweige denn von anderen gebremst werden. Des Dramas letzter Akt hob an. 13. März: Hitler bewog den slowakischen Ministerpräsidenten Tiso zu einer in Berlin formulierten Unabhängigkeitserklärung der Slowakei, argumentierte nach deren Verkündung, die Tschechoslowakei existiere als Staat nicht mehr, somit seien alle Garantieerklärungen null und nichtig, und er, Hitler, habe freie Hand. 15./16. März: Staatspräsident Hacha und sein Außenminister Chvalkovsky, früherer, um gute Beziehungen zum Reich aufrichtig und erfolgreich bemühter Gesandter in Berlin, wurden in die Reichshauptstadt »zitiert«, offiziell freundlich empfangen, um sich sodann, nach stundenlangem Warten, zwischen ein und zwei Uhr nachts Hitlers »Verdikt« anzuhören. Dieses lautete: »Heute um sechs Uhr früh überschreiten die deutschen Truppen die Grenze, Widerstand bedeutet Krieg.« Zusätzlich drohte Göring zynisch mit der Bombardierung Prags. Der fast 67jährige Hacha erlitt einen Herzanfall, Hitlers Leibarzt war prompt zur Stelle und vermochte den zusamengebrochenen Staatspräsidenten vor dem Tode zu retten. Es wurde eine telefonische Leitung mit Prag hergestellt, der »Kapitulationsvertrag« unterzeichnet und allen tschechischen Truppen rechtzeitig befohlen, keinen Widerstand zu leisten. Am gleichen Tage begab sich Hitler nach Prag, übernachtete auf dem Hradschin, verkündete ein »deutsches Protektorat Böhmen und Mähren« und ernannte zum »Protektor« den amtshungrigen, da beschäftigungslosen Präsidenten des Staatsrats Konstantin Freiherr von Neurath. Mit der Slowakei schloß er einen deutsch-slowakischen Freundschaftsvertrag. Polen nahm die Gelegenheit wahr, den schon zuvor angemeldeten Anspruch auf ein Stück »Tschechei« zu realisieren, eine Art »Leichenschändung«, die sich bald rächen sollte. Der übliche, einige Tage später eingehende Protest der Westmächte wurde zurückgewiesen. Proteste war man in Berlin gewöhnt, sie würden – so meinte Hitler – in kurzer Zeit vergessen sein.

Doch diesmal irrte der seiner Sache so sichere Mann. Jetzt mußte auch der Blindeste in den Regierungskanzleien wie auf der Straße erkennen, daß sich Hitler-Deutschland auf Annexionskurs befand. So riefen die Ereignisse vom 15./16. März in Berlin keineswegs »patriotische« Gefühle hervor, weckten vielmehr neue, gesteigerte Ängste und Bedenken, besorgte Fragen, wie es weitergehen solle. Bisher hatte der »Führer« seine Expansionsforderungen stets mit der Parole »Heim ins Reich« begründen können, damit zu Hause Zustimmung, wenn nicht Begeisterung ausgelöst und den Westmächten einen gewissen Vorwand für ihre Nachgiebigkeit geliefert. Formal hatten sich beide Seiten auf dem gesicherten Boden des Selbstbestimmungsrechts der Völker bewegt. Die Einkassierung von Prag und der »Rest-Tschechei« bedeutete jedoch nicht nur eine schroffe Abwendung von diesem Grundsatz, sondern erneut einen brutalen Bruch der Münchener Beschlüsse und damit eine saftige, rings um die Welt hörbare Ohrfeige für Chamberlain, die eigentlich zu dessen Sturz hätte führen müssen. Der britische Premier, tief getroffen, berief seinen Botschafter Henderson zurück, ließ in einer Rede in Birmingham vom 17. März seiner Enttäuschung freien Lauf, fragte, wie so viele Berliner, wohin Hitlers Weg gehe, und beauftragte nunmehr seinen Außenminister Lord Halifax, das Ende der bisher verfolgten »Appeasement«-Politik anzukündigen.

Chamberlain wäre zu einer lächerlichen Figur geworden, hätte er sich weiter passiv verhalten. Jede Geduld, auch die wohlbekannte angelsächsische Lammsgeduld, findet ein Ende. Wer, wie Ribbentrop, mit der englischen Mentalität auch nur einigermaßen vertraut war, mußte Hitler warnen: »Bis hierher und nicht weiter«. Doch der dem »Führer« offensichtlich hörige Außenminister tat nichts dergleichen. Denn wie reagierte der Mann aus Braunau? Sogleich verlangte er ultimativ vom kleinen Litauen die Herausgabe des Memelgebietes, das Deutschland nach dem Ersten Weltkrieg trotz großer deutscher Mehrheit hatte abtreten müssen, und zog eine Woche nach Prag »siegreich« in Memel ein, ein herausforderndes »Quis ego«* an die Adresse der Alliierten, die erst gar nicht ernsthaft protestierten. – Nun juckte es auch noch Mussolini. Viel konnte er zwar nicht ausrichten. Immerhin reichten die italienischen Kräfte, um das kleine Albanien »einzustecken«, das nach bewährtem Vorbild zum »Italienischen Protektorat« erklärt wurde.

Jetzt trat erstmalig Präsident Roosevelt auf den Plan, appellierte brieflich an Hitler und Mussolini, warnte vor weiteren Annexionen und schlug – reichlich unrealistisch – 31 (!) Nichtangriffspakte vor, die die beiden Diktatoren beziehungsweise ihre Länder mit anderen Staaten abschließen sollten. Dieser Vorschlag mußte in der Tat Heiterkeit hervorrufen. Warum sollte Deutschland zum Beispiel ausgerechnet Francos Spanien oder der Türkei oder dem Irak eine Grenzgarantie zusagen, Länder, mit denen es weder eine gemeinsame Grenze noch irgendwelche Differenzen von Bedeutung gab? Durfte man andererseits die USA, deren Eintritt in den Ersten Weltkrieg die Entscheidung brachte, vor den

* Von Cicero gebrauchter Ausdruck, ähnlich dem bekannten Goethe-Zitat aus dem »Götz von Berlichingen«.

Kopf stoßen, genauso wenig ernst nehmen wie London und Paris? Hitler versprach sich von dem in der Form wenig geschickten Schritt Roosevelts eine brillante Gelegenheit, es dem amerikanischen Präsidenten heimzuzahlen, und erklärte, er werde später vor dem Reichstag antworten. – Hybris überkam auch Göring. Als sich ein nach Washington zurückberufenes Mitglied des amerikanischen Konsulats vom »Generalfeldmarschall« verabschiedete, sprach dieser geringschätzig davon, Amerika befände sich wegen seiner Rassengegensätze in einer Dauerrevolution, werde niemals das Negerproblem lösen können und daher in der Weltpolitik keine Rolle spielen. Abgesehen von der Taktlosigkeit, welche Unkenntnis und Überheblichkeit! Man fragte sich: Sandte die deutsche Botschaft aus Washington keine besseren, die wahre Stärke der USA wiedergebenden Berichte nach Berlin? – Die Stimmung in der Reichshauptstadt blieb trotz Memel gedrückt; Hitler, Garant des Friedens? Die Zweifel wollten bei vielen nicht mehr verstummen.

Unterdessen sannen Chamberlain wie der »Führer« über ihre weiteren Schritte nach. Der britische Premier, nun zur Aktivität geradezu »verurteilt«, mußte sich fragen, welches Land wohl Hitlers nächstes Opfer sein würde. Ungarn und Rumänien zählten kaum; aber wie stand es mit Polen, dem nach dem Ersten Weltkrieg große Gebiete mit bedeutenden deutschen Minderheiten zugesprochen worden waren? Zwar gab es den deutsch-polnischen Vertrag von 1934, doch vermutlich nur, solange er Hitler ins Konzept paßte. Und höchstwahrscheinlich hatte sich der rastlos-ungeduldige »Führer« dem so schwierigen polnischen Problem bereits zugewandt. Eins war sicher: Der von ihm geforderte »Lebensraum« für Deutschland wie auch die Bezwingung des Bolschewismus verlangten eine aktive Politik in östlicher Richtung mit dem Ziele einer gemeinsamen deutsch-russischen Grenze, die es seit über zwanzig Jahren nicht mehr gab. Hierfür bot sich die Alternative: zusammen mit Polen gegen Moskau vorzugehen, oder falls die polnische Regierung etwa abgeneigt wäre, sich mit Moskau gegen Polen zu wenden. Die bereits eingeleitete Fühlungnahme mit Warschau brauchte jedoch nicht fortgesetzt zu werden. Denn diesmal kam Chamberlain Hitler zuvor. Der so arg geprügelte Premier verkündete am 31. März, zwei Wochen nach Prag, Großbritannien und Frankreich würden im Falle eines Angriffes auf die polnische Unabhängigkeit dem Lande mit allen ihnen zur Verfügung stehenden Mitteln zu Hilfe kommen. Die Würfel waren gefallen!

Ob Polen richtig optiert hatte, blieb eine offene Frage. Die Tragik der so oft geteilten Nation, geographisch gleich von zwei »Erbfeinden« umgeben zu sein, trat aufs neue zutage. Man haßte die Russen wie die Deutschen (die letzteren etwas weniger) und wollte sich weder von Hitler noch von Stalin in eine gemeinsame, gegen den jeweils anderen Diktator gerichtete Front hineindrängen lassen. So nahm der konservative polnische Außenminister Beck die Schutz-Offerte der Westmächte dankbar an, kehrte dem »Führer« den Rücken und begab sich zurück ins westliche Lager. Es dauerte nicht lange, und das alte Spiel begann von neuem: Sehr bald las man von deutschen unterdrückten Minderheiten in Polen, die Hetze gegen Warschau nahm ihren Lauf, wie zuvor gegen Prag. Des »Führers« Intentionen wurden immer deutlicher erkennbar.

Der »Mehrer des Reichs«, wie sich Hitler nun nennen ließ, schlug um sich; Chamberlains Garantieversprechen denunzierte er als »Einkreisungspolitik«. »England hat im deutschen Lebensraum nichts zu suchen«, so eine Balkenüberschrift der *DAZ* von Anfang April mit dem Bericht über eine »Führerrede« in Wilhelmshaven. Massive Angriffe nun auch gegen die Vereinigten Staaten und ihren Präsidenten, der die amerikanische Demokratie als das beste politische System bezeichnet hatte. Goebbels fühlte sich offenbar getroffen. Obwohl Roosevelts Ausführungen keinem besonderen Anlaß galten, sah sich die *DAZ* – wahrscheinlich auf Anweisung – zu einem längeren Kommentar veranlaßt, in dem es hieß: »Der Amerikaner darf wählen, nur hat er keine andere Wahl als zu dulden, was die Plutokratie in der Wallstreet über ihn beschließt« – eine besonders törichte Anmerkung, weil damals die keineswegs so einflußreichen Bankkreise in heftiger Opposition zu der mehr linksgerichteten Wirtschaftspolitik des Präsidenten standen. Von der amerikanischen Pressefreiheit meinte der Kommentator, sie würde zwar von der Regierung nicht unterdrückt (wohl im Gegensatz zu der deutschen), »aber was geschrieben wird, bekommt niemand zu lesen, wenn es den Mächtigen nicht gefällt ... hierfür sorgen andere Instanzen«. Welche, wurde nicht verraten. Bald verglich man Roosevelt mit Präsident Wilson und seinen in Versailles über Bord geworfenen vierzehn Punkten, die Kampagne gegen die angelsächsichen Mächte kam allmählich auf Touren, geschickt angelegt, um in der Reichstagsrede des »Führers« vom 28. April, in der er auf Roosevelts Brief zu antworten gedachte, ihren Höhepunkt zu erreichen.

Doch zuvor »das Ganze halt«! Denn am 20. April 1939 feierte Hitler seinen fünfzigsten Geburtstag. »Das Fest beginnt« (*DAZ* vom 19.4.), ein Fahnenmeer im Regierungsviertel wie auf der »Ost-West-Achse«, die, baulich verändert, vom »Führer« aufs neue »eröffnet« wurde, indem er vom Brandenburger Tor zum »Adolf-Hitler-Platz« (dem früheren Reichskanzlerplatz und heutigen »Theodor-Heuss-Platz«) und wieder zurück fuhr und dabei eine gewaltige Militärparade abnahm, die Deutschlands Macht beweisen sollte. Die Partei übergab als Geschenk fünfzig Originalbriefe Friedrichs des Großen, dazu wurden sämtliche in deutscher Sprache möglichen Superlative gesprochen oder gedruckt. Sie galten einem Mann, der zwei Jahrzehnte zuvor sich als namenloser Soldat und mäßiger Postkartenmaler der Politik zugewandt hatte und nunmehr an der Spitze eines »großdeutschen«, großmächtigen Reiches stand, Herr über Krieg oder Frieden, eine geschichtlich unerhörte, erstaunliche Leistung, wer könnte es leugnen? Zugleich stellt sich die Frage, welche historische Würdigung Hitlers verbrecherisches, mörderisches Wirken zwischen 1933 und 1939 gefunden hätte, wäre er kurz nach seinem fünfzigsten Geburtstag gestorben. Gewiß hätte eine Mehrzahl von in- und ausländischen Historikern seinen phänomenalen Aufstieg, seine anfänglich triumphale Expansionspolitik ganz anders bewertet als es heute (mit Recht) der Fall ist.

Nun »zog er die Konsequenzen« (so die Überschrift der *DAZ* zu der seitenlangen Wiedergabe der Reichstagsrede des »Führers« vom 28.4.), ging auch amtlich zum Angriff über. Schwer getroffen von Chamberlains Garantie und ihrer Annahme durch Polen, kündigte Hitler in seiner wiederum mehrstündigen Rede den englisch-deutschen Flottenvertrag von 1935 sowie das Abkommen mit Polen aus dem Jahre 1934, begründete seinen Schritt – völkerrechtlich ein klarer Vertragsbruch – mit der sattsam beklagten Einkreisungspolitik und beschwerte sich bitter einmal über die von ihm doch so hochgeschätzten Engländer, mit denen er am liebsten die Welt aufgeteilt hätte, dann über die einst so freundlich gesonnenen Polen, denen er ein neues, großzügiges Angebot erfolglos gemacht habe. Sein Vorschlag: Polen sollte sich mit der Rückgliederung der Freien Stadt Danzig ins Reich einverstanden erklären und Deutschland eine exterritoriale Straße und Eisenbahn durch den Korridor zugestehen. Dafür würde es einen Freihafen in Danzig erhalten, seine dortigen Rechte blieben unberührt; darüber hinaus würde ein 25jähriger

Nichtangriffspakt abgeschlossen werden, verbunden mit einer feierlichen Deklaration, daß die nunmehrigen deutsch-polnischen Grenzen definitiv seien. Polen, so der »Führer« grimmig, habe schnöde abgelehnt, nur geringfügige Erleichterungen im Korridor und die eventuelle Ablösung des Völkerbundskommissars in Danzig vorgeschlagen.

Wieder vergoß der »Führer« Krokodilstränen und setzte alsdann zum Frontalangriff gegen Roosevelt an. Er verstehe durchaus, meinte er spöttisch, daß der Präsident eines der größten und reichsten Länder Zeit und Muße fände, sich für die Geschicke der Welt verantwortlich zu fühlen, einer Welt, die seinerzeit für das daniederliegende Deutschland keinerlei Interesse gezeigt habe. Er, Hitler, hingegen diene, »von der Vorsehung berufen«(!), nur dem eigenen Volke, das er aus schwerster Not, aus dem »Chaos« herausgeführt habe. Worauf er dem amerikanischen Präsidenten in allen Einzelheiten seine immensen Leistungen vorhielt, die er, »als ein noch vor 21 Jahren unbekannter Arbeiter und Soldat meines Volkes, aus meiner eigenen Kraft geschaffen« habe. »Sie, Herr Präsident«, so Hitler ironisch fortfahrend, »haben es demgegenüber unendlich leichter, ... Sie können daher Zeit und Muße finden, bestimmt durch die Größe ihrer ganzen Verhältnisse [hier spielte er auf den gewaltigen amerikanischen Lebensraum an], sich mit universalen Problemen zu beschäftigen.« Dann kam Hitler auf Roosevelts Vorschlag von Nichtangriffspakten zu sprechen, erklärte höhnisch, er habe jeden der genannten Staaten fragen lassen, ob er sich von Deutschland bedroht fühle, aber alle hätten dies verneint. Dennoch sei er bereit, mit jeder Nation, die dies wünsche, einen solchen Vertrag abzuschließen.

Hitlers große »Abrechnung« mit Roosevelt rief dank ihres billig-demagogischen Sarkasmus Riesenbeifall wie auch riesige Heiterkeit hervor. Der »Führer« hatte es dem Mann im Weißen Haus gegeben, ihn ins Lächerliche gezogen, den Präsidenten in großartiger Weise abgeschmettert, so empfanden es jedenfalls die in ihrer übergroßen Mehrheit primitiv denkenden Abgeordneten. Daß Hitler Roosevelts damalige Haltung völlig verzerrt darstellte, die Gegnerschaft des amerikanischen Präsidenten geradezu herausforderte oder, wenn sie bereits bestand, nur noch vergrößerte, störte niemanden. Triumph der Hybris. Schon begann sich am Welthorizont die historische Auseinandersetzung der beiden Antipoden abzuzeichnen, die gleichzeitig an die Macht gekommen waren und fast zur selben Zeit, nur wenige Wochen voneinander getrennt, aus dem

Leben scheiden sollten. Doch Hitler ignorierte die von ihm selbst mehrfach hervorgehobene Größe Amerikas sowie die außerordentliche Machtfülle des Präsidenten. Statt dessen genoß er die Wirkung seiner rednerisch effektvollen Attacken gegen die angelsächsischen Staaten – und natürlich auch gegen Polen –, wobei er offensichtlich vergaß, den Hauptfeind aller Feinde, den Bolschewismus und die angeblich von Juden beherrschte Moskauer Regierung mit der gewohnten Härte und Schärfe anzugreifen und zu beschimpfen. Ein Gedächtnisfehler oder etwa Absicht? Besaß nun die Feindschaft zu Polen Priorität?

Hitlers in Wirklichkeit viel weitergehenden Forderungen an Polen wurden zum überwiegenden Teil von allen Deutschen unterstützt. Das war schon während der Weimarer Republik so, als sämtliche Parteien mit Ausnahme der Kommunisten ein »Ost-Locarno« ablehnten. Wie im ersten Kapitel ausgeführt, stimmten die alliierten Außenminister, Sir Austen Chamberlain und Aristide Briand, damals mit meinem Vater überein, daß spätestens in den dreißiger Jahren eine Änderung der deutschen Ostgrenze auf der Tagesordnung stehen würde. Schon wenige Jahre nach Locarno prüften sie Möglichkeiten, wie Polen sein unstrittiges Recht auf Zugang zur Ostsee nach Abschaffung des für unmöglich erachteten Korridors gewährleistet werden könne. Es wäre also durchaus verständlich gewesen, wenn sich Hitlers Revisionspolitik zuerst auf die deutlichsten Schwachstellen des Versailler Vertrages, nämlich auf die deutschen Ostgrenzen, konzentriert hätte. Kein Wunder daher, daß eine angenehm überraschte Warschauer Regierung 1934 des »Führers« lockendes Angebot eines Nichtangriffspaktes annahm, obwohl sie sich damit in eine gewisse Isolation wie auch in eine mögliche Abhängigkeit von einem stärker werdenen Reich begab.

Fünf Jahre später lagen die Dinge anders. Wiederum ließ sich nur zu gut begreifen, daß Polen Hitlers neues Angebot diesmal nicht akzeptierte. Denn die Glaubwürdigkeit des »Führers« war nach dem Einmarsch in Prag auf den Nullpunkt gesunken. Was stellten nun mit Hitler-Deutschland abgeschlossene oder noch zu unterzeichnende Nichtangriffspakte dar? Doch nichts anderes als einen »Fetzen Papier«!* Schließlich konnte

* So hatte Reichskanzler von Bethmann-Hollweg in seiner berühmten Reichstagsrede bei Ausbruch des Ersten Weltkrieges die von verschiedenen Mächten garantierte Neutralität Belgiens bezeichnet.

niemand übersehen, daß Hitlers neues Angebot mit dem Bruch des alten, auf zehn Jahre befristeten deutsch-polnischen Abkommens verknüpft war. »Definitive Grenzen«? Im Sudetenland war vor weniger als einem Jahr kraß demonstriert worden, wie leicht sich Unruhen erzeugen ließen, in deren Verlauf angeblich Deutsche verfolgt, mißhandelt, hinterrücks erschossen wurden, woraufhin es die »Ehre des Vaterlandes gebot«, einzuschreiten ... Polen in einer prekären Lage. Bereits vor der Hitler-Rede vom 28. April hatte es einen »Warnschuß« gegeben, war in der *DAZ* (vom 13. April, Seite 2) eine kurze Meldung zu lesen gewesen: »Deutsche flüchten aus Polen ... auf Danziger Gebiet übergetreten ...«

Im Mai begann das Kesseltreiben. Schon am 2. Mai berichtete die *DAZ* von »polnischen Protektoratswünschen über Danzig«, am 5. Mai* erschienen Meldungen über »Terrorakte in Oberschlesien. Polnische Banden wüten gegen deutsches Eigentum. Volksdeutsche mißhandelt!« Goebbels fragt: »Wohin steuert Polen?« Tags darauf: »Verunglimpfungen« des »Führers« durch polnische Demonstranten in Posen, an der dortigen Universität wünschen die Studenten eine »Schlacht bei Berlin«. Dann eine kurze Pause. Tagelang inspizierte Hitler den im Bau befindlichen »Westwall« und füllte damit die Spalten der Zeitungen. Mitte Mai ging es weiter: »Deutschenverfolgungen in Tomaschow« und »Befürchtungen auch in Lodz, wohin sich deutsche Einwohner geflüchtet haben«. Zwei Tage darauf attestierte Goebbels den Polen, sie hätten den Boden der Realität verloren. Erneut Pause. Denn nun kamen die deutschen Legionäre aus Spanien zurück, wo Franco endgültig gesiegt hatte. Ursprünglich von der Regierung als »Freiwillige« bezeichnet, erhielten sie nunmehr einen offiziellen Empfang, als ob sie für den »Führer« in einen von ihm erklärten Krieg gezogen wären. Am 11. Juni die alte Leier: »Willkür im Olsa-Gebiet, Volksdeutsche an der Grenze erschossen, Polonisierung deutschen Besitzes«. So ging es weiter, gut dosiert, da Hitler, wie man heute weiß, den Beginn eventueller Kampfhandlungen mit Polen oder einer friedlichen Inbesitznahme polnischen Gebietes erst auf Ende August festgelegt hatte.

Würde es ein zweites »München« geben? Dies die bohrende Frage in Berlin, wo bereits Kriegsmöglichkeiten und -aussichten besprochen

* Die nachfolgenden Presseberichte stammen sämtlich aus der *DAZ*.

wurden. Würde sich Hitler vielleicht doch im letzten Moment mit einem Kompromiß zufriedengeben, der Danzig, den Korridor und Teile von Oberschlesien »Heim ins Reich« brächte? Würde das keineswegs kriegslüsterne Großbritannien um des lieben Friedens willen Deutschland nicht doch einige Kolonien zurückgeben, wie es die Nazis seit 1937 immer dringlicher forderten? Bald hörte man Stimmen aus Frankreich: »Pourquoi mourir pour Danzig?« Ganz entscheidend: Moskaus Reaktion auf einen möglichen Einmarsch der Deutschen in Polen; würde der Kreml genauso zusehen wie Mussolini, als Hitler in Österreich einzog und damit eine deutsch-italienische Grenze schuf? Immerhin besaß Polen weiträumige ehemals russische Gebiete*, auf die die Sowjetunion sicherlich eines Tages sehr energische Ansprüche erheben würde. Wie stark war sie inzwischen militärisch und wirtschaftlich geworden? Ich erinnerte mich damals an eine Prophezeiung meines Vaters, wonach ein neues Kapitel der Weltgeschichte beginnen würde, wenn sich die Russen nicht mehr mit ihrer damaligen Grenze zufriedengäben, und dieser Zeitpunkt schien gekommen.

Fast eine Sensation der am 3. Juni verkündete Rücktritt des zu den Westmächten tendierenden Außenministers Litwinow und seine Ersetzung durch Molotow. Daß inzwischen in London und Paris der Wunsch bestand, sich mit Moskau über ein gemeinsames Vorgehen gegen Hitler zu unterhalten, überraschte nicht. Doch im Kreml erinnerte man sich nur allzu gut an die tschechoslowakische Krise, als Litwinow deutliche Bereitschaft zu einer Einheitsfront gegen Berlin demonstrierte, und dann an München, wo die Westmächte die Sowjetunion glatt ausschalteten und vor Hitler kapitulierten. Nun erschienen deren Vertreter auch noch mit Vorbehalten, ohne hinreichende Vollmachten, beließen es, wie dies aus der internationalen Presse hervorging, bei halbherzigen Angeboten mit der verständlichen Folge, daß sich das Mißtrauen der Kreml-Herren noch verstärkte. Ein betrübliches Bild: Auf der einen Seite unsicher wirkende westliche Regierungen in dem Bemühen, ihre Garantiezusage für Polen durch Vereinbarungen mit einer Warschau keineswegs zugeneigten, argwöhnenden Sowjetführung zu festigen, auf der anderen Seite ein finster entschlossener, mit seinem Kumpanen in Rom verbündeter Diktator. Bedrückt las man zu Hause von den stockenden Verhandlungen in

* Teile von Weißrußland und der Ukraine gehörten seit 1921 zu Polen.

Moskau wie von der wachsenden Zahl natürlich provozierter Zwischenfälle an der deutsch-polnischen Grenze, von einer sich bis zum Siedepunkt steigernden Spannung. Die Polen, einst »Lieblinge« Hitlers und des in ihren Wäldern jagenden Göring, erschienen nun als wahre Teufel in Menschengestalt. Wer nur Einblick in deutsche Zeitungen besaß, konnte glauben, daß für jeden Deutschen in Polen akute Lebensgefahr bestand, das Faß jeden Moment überlaufen würde.

Unter solchen Umständen war an die üblichen Sommerferien nicht zu denken. Doch ich erinnerte mich einer Einladung von Bruno Walter, ihn um den 20. August in Luzern zu besuchen und an seiner Aufführung der zweiten Mahler-Symphonie (der »Auferstehungssymphonie«) teilzunehmen. Das letzte Mal hatte ich den großen deutschen Dirigenten 1938 in Lugano zur Zeit der Münchener Konferenz gesehen. Er lebte damals in der Schweiz, war glücklicherweise beim Einmarsch der Nazis nicht in Wien, wo er als künstlerischer Leiter der dortigen Staatsoper wirkte. Die neuen Herren beschlagnahmten nicht nur seine gesamte Wiener Wohnungseinrichtung, sondern weigerten sich auch, das von ihm bezeichnete, für seine Konzerte dringlichst benötigte Notenmaterial (die Orchesterstimmen aller bekannten Symphonien) herauszugeben, das er in mühevoller, zeitraubender Arbeit neu herstellen mußte. Dagegen waren sie »gütig« genug, seine gleichfalls in Wien lebende, unmittelbar nach dem »Anschluß« verhaftete ältere Tochter Lotte, Sängerin von Beruf, nach einiger Zeit aus dem Gefängnis zu entlassen, wo sie immerhin nicht geschlagen wurde. Auch sie berichtete von fürchterlichen antisemitischen Ausschreitungen, als die Nazis nach Wien kamen. Lange hatten wir damals über München und die Folgen diskutiert. Trotz einer gewissen Erleichterung darüber, daß ein Krieg vermieden worden war, blickten wir mit wenig Optimismus in die Zukunft.

Walter hatte mich wissen lassen, wann und wo die erste Probe stattfinden würde. Voller Erwartung begab ich mich zum Künstlereingang. Dort hing ein großer weißer Zettel mit der Nachricht, daß Konzert und Proben abgesagt seien. Den tieftraurigen Grund erfuhr ich sehr bald. Walters jüngere Tochter Grete war eines gewaltsamen Todes in Zürich gestorben. Als ich ihn im Frühjahr 1940 in New York wiedersah, konnte man das furchtbare Geschick an seinem Gesicht noch ablesen. Nur langsam richtete ihn die Musik, sein eigenes Musizieren, wieder auf. – An Walters Stelle dirigierte Arturo Toscanini mit Adolf Busch als Solist ein

Beethoven-Programm. Zwei Tage zuvor hatte ich den »Maestro« in einer großartigen Aufführung des »Requiem« von Verdi in der Luzerner Jesuiten-Kirche gehört. Es war dann auch Toscanini, der Walter zu vier Konzerten mit dem »NBC-Orchestra« nach New York einlud.

Luzern. Die wunderschöne, am Vierwaldstätter See prachtvoll gelegene Stadt zeigte sich damals von ihrer besten Seite. »Postkarten-Wetter«, wie man es sonst nicht immer antrifft, kaum Wolken, sternenklare Nächte. Auffällig der rötlich funkelnde, den nächtlichen Himmel beherrschende Mars, damals der Erde besonders nahe.* Schon bei Abenddämmerung sah man den nach dem römischen Kriegsgott benannten Planeten, konnte jedesmal von dem Gedanken nicht abkommen, das Erscheinen des fast roten, unheimlich glänzenden Sternes bedeute Krieg. Schweizer Bekannte teilten meine böse Ahnung nicht, glaubten, man werde sich schon irgendwie einigen, und wer mochte in dieser herrlichen Stadt trüben Mutmaßungen nachhängen?

Wenige Tage später die Riesenüberschrift in allen Zeitungen: »Ribbentrop auf dem Wege nach Moskau«, »Bevorstehender Abschluß eines deutsch-russischen Abkommens«. Die erste Reaktion: ungläubiges Kopfschütteln, der Berliner von heute würde sagen: »Das darf doch nicht wahr sein!« In der Tat, es war kaum zu fassen, daß Hitler mit dem »größten Weltübel aller Zeiten«, dem Bolschewismus, paktieren würde, dem er zu allen Zeiten Kampf auf Tod und Leben angesagt hatte. Dementsprechend der Widerhall in allen Ländern, eine Schockwirkung ersten Ranges. »Die verheerendste Bombe«, sagte ein britisches Kabinettsmitglied einer amerikanischen Zeitung, »Bankrott der Einkreiser«, so hingegen eine nazifreundliche Stimme aus Budapest. Chamberlain und Daladier schwiegen vorerst, mußten die schwere Niederlage ihrer Verhandlungsweise mit den Kreml-Herren erst einmal verdauen. Hitler und Stalin Hand in Hand, es war wirklich schwer, sich dies vorzustellen. Natürlich ein gefundenes Fressen für die Karikaturisten. Zwei besonders in der Erinnerung haftende Beispiele aus Amerika: Hitler und Stalin als Brautpaar vor dem sie trauenden Pfarrer; Hitler leise zu sich selbst sprechend: »Ich mag nicht wie der Pfarrer sagt, bis daß der Tod euch scheide«. Bei der anderen Karikatur begegnen sich die beiden einander

* »Zu den bedeutendsten astronomischen Ereignissen gehört die außergewöhnliche Erdnähe des Planeten Mars«, hieß es in der *DAZ* vom 8. August 1939.

äußerst höflich grüßenden Diktatoren wie einst Stanley und Dr. Livingstone im Innern Afrikas; Hitler zu Stalin: »The scum of the earth [Der Abschaum der Welt], I presume?« Stalins Antwort: »The bloody assassin of the workers [Der blutrünstige Mörder der Arbeiter], I believe?«

Doch bei näherer Betrachtung ließen sich die Überlegungen der beiden Diktatoren, Mörder großen Stils und daher voneinander gar nicht so weit entfernt, durchaus nachvollziehen. Statt sich um die Beute Polen zu reißen, zog man eine gütliche Einigung über die jeweiligen Anteile vor, die nächste Teilung der unglücklichen Nation war besiegelt. Denn Polen war unweigerlich verloren, wenn von beiden Seiten Truppen einrücken würden. Unter solchen Umständen konnten Engländer und Franzosen sowieso nicht helfen, dies sicherlich das Kalkül von Hitler und insbesondere von Ribbentrop, der weiterhin alles tat, um des »Führers« Hochachtung vor den Briten und ihrem Weltreich zu unterminieren, das Inselvolk als genauso »dekadent« wie die Franzosen hinzustellen. Nun müßte London den Rückzug antreten, würde sich seine Garantie auch nur als ein »Fetzen Papier« erweisen. Oder sollte etwa die englische Flotte zur Ostsee auslaufen, um dort die Polen wirksam zu unterstützen? Unmöglich. Würden die Franzosen etwa gewillt und in der Lage sein, über den Rhein hinweg ins Innere Deutschlands vorzustoßen, um dadurch den Polen entscheidend zu helfen? Schließlich, wie stand es um die Verteidigungskraft der Polen selbst, die über keinen eigenen »Westwall«, keine natürlichen Verteidigungslinien verfügten? Für eine verlorene Sache brauchte man wirklich nicht in einen Krieg einzutreten; in einem solchen Fall setzen sich vernünftige Menschen zusammen, schicken sich ins Unabänderliche und finden eine »face-saving«-Formel. Dies auch die Auffassung der wenigen pragmatisch denkenden Schweizer Bekannten, die ich noch vor meiner schleunigen Abreise sprach.

Mir war nach der deutsch-russischen »Bombe« klar, daß ein europäischer Krieg in wenigen Tagen ausbrechen würde, es sei denn, ein Wunder geschähe. So nahm ich den nächsten Zug nach Berlin, packte dort meine Sachen, so viele wie möglich, auch einen Plattenkoffer mit mehr als zwanzig Platten, ein ziemlich schweres Gepäckstück, besuchte noch meine Patentante, die Schwester meiner Mutter*, und fuhr am gleichen

* Sie und ihre Familie kamen nach dem 20. Juli 1944 ins Gefängnis und blieben, wie durch ein Wunder, am Leben.

Abend nach Zürich zurück mit dem Gefühl, Berlin nicht wiederzusehen. Ich erinnere mich genau, wie ich, vom Grunewald kommend, mit einem Taxi durch die Straßen des damals neuen Westens, dann des alten Berlins fuhr, alle im leuchtenden Glanz, am Anhalterbahnhof ankam, wo ich meinen Vetter traf, der mich über die Grenze begleiten wollte. Dort nach nächtlicher Bahnfahrt angelangt, fragte mich der deutsche Paßkontrolleur, warum ich bei dieser gespannten Lage in die Schweiz wolle. Ich antwortete wahrheitsgemäß, daß ich meine Mutter besuchen wolle, worauf er mir meinen Paß zurückgab, auch nicht an meinem vielen Gepäck Anstoß nahm.

In Zürich erlebte ich dann zusammen mit meiner Mutter den Ausbruch des Krieges. Ribbentrop hatte Hitler falsch beraten. Diesmal blieb Großbritannien hart, zögerte nicht, sein Garantieversprechen zu erfüllen, und dem widerstrebenden Frankreich blieb nichts anderes übrig, als sich London anzuschließen. Wir wissen aus dem Bericht des hervorragenden Dolmetschers Paul Schmidt*, der die britische Kriegserklärung überbrachte, daß Hitler »wie versteinert« dasaß, während Ribbentrop am Fenster erstarrt stehenblieb, der »Führer« die Frage »Was nun?« an seinen Außenminister richtete mit einem wütenden Blick in den Augen, als wolle er zum Ausdruck bringen, daß ihn Ribbentrop über die Reaktion der Engländer falsch informiert habe. In der Tat, was hatte dieser Amateur mit seiner Verärgerung über die Engländer und ihre »society« erreicht? Krieg gegen den Westen, von dem Hitler nichts wollte, statt dessen Vergrößerung des Territoriums der verhaßten Bolschewisten, jenes »Lebensraums«, den das Deutsche Reich laut Hitler angeblich so dringend benötigte. Des »Führers« Versteinerung nahm nicht wunder.

Ich blieb noch einige Wochen in der Schweiz, besuchte Verwandte in Fribourg, Ernest Ansermet in Genf und manche Bekannte aus Berlin, die sich vorerst auch nach Zürich begeben hatten. Merkwürdigerweise unterschätzten sie die Kriegsdauer, wie zuvor die Lebensdauer der Nazi-Herrschaft unterschätzt worden war. Ich erinnere mich an ein Zusammensein, bei dem jeder eine Voraussage machen sollte, wann Hitler-Deutschland den Krieg verloren haben würde. Die meisten tippten auf sechs bis zwölf Monate, einer auf ein bis zwei Jahre. Meine wesentlich skeptischere Prognose von vier Jahren – und ich hatte hinzugefügt, der

* Paul Schmidt, *Statist auf diplomatischer Bühne,* Bonn 1950, S. 463 f.

Sieg der Alliierten würde unendlich schwer werden – erregte allgemeines Gelächter.

Am 3. Oktober 1939 – genau zehn Jahre nach dem Tode meines Vaters – schifften sich meine Mutter und ich in Neapel auf der italienischen »Rex« nach New York ein. Auf dem Schiff sah ich zufällig den mir aus Berlin bekannten deutschen Generalkonsul von Neapel, der eine kleine Abschiedsparty gab, mich freudigst begrüßte und mir eine gute Fahrt wünschte. Die »Rex« war übrigens das letzte Passagierschiff, von dem Franzosen oder Engländer Deutsche im wehrpflichtigen Alter nicht automatisch verhafteten. In New York nahm uns mein Bruder in Empfang.

Wie es der Zufall wollte: Noch vor Eintritt der Vereinigten Staaten in den Krieg wurde ich von einem College in Pennsylvania, dessen Name mir entfallen ist, gebeten, einigen Geschichtsstudenten etwas über meinen Vater zu erzählen. In der Annahme, meine Englischkenntnisse reichten hierfür aus, sagte ich zu. Zu meiner Überraschung war bei meiner Ankunft das gesamte College versammelt. Ich wurde als Kenner der jüngsten deutschen Geschichte vorgestellt und erhielt das Wort. Reichlich konsterniert und völlig unvorbereitet – überdies hatte ich in meinem Leben noch nie eine Rede aus dem Stegreif gehalten, geschweige denn in Englisch – nahm ich nach einigen mir unendlich lang erscheinenden Schrecksekunden einen Anlauf und sprach über das, was mich – nicht nur damals – besonders bewegte: »How could it ever have happened?« – Wie konnte es geschehen?

Nachwort

»Deutschland geht an der Feigheit seiner Männer zugrunde«, so lautete eine mehrfach in jener Zeit gehörte Anklage weitblickender, keineswegs »emanzipierter« Frauen. Verallgemeinerungen sind zwar grundsätzlich vom Übel, aber meistens steckt in ihnen ein Körnchen Wahrheit, wenn nicht mehr. Wie leicht hatte man es Hitler gemacht, an die alleinige Macht zu kommen, wie viele prominente Männer aus bürgerlichen Kreisen leisteten ihm, untertänig kuschend, Gefolgschaft, jubelten seinen mit brutaler, diktatorischer Gewalt erzielten Erfolgen zu. Und wie schwer wurde es zusehends, unter solchen Umständen den Mann aus Braunau zu stürzen, zumal er auf die vollständige Beseitigung der deutschen Arbeitslosigkeit – der relativ höchsten in der Welt – verweisen konnte und dank der Uneinigkeit und Schwäche des Westens einschließlich des Vatikans zum erfolgreichsten deutschen Außenminister aller Zeiten avancierte.

Selbst heute noch vernimmt man entschuldigende Erklärungen. So begründete kürzlich der Papst das Verhalten der katholischen Kirche gegenüber dem Nazitum mit der seinerzeit von Opportunisten und »Beschwichtigern« nur zu oft gebrauchten Ausrede, man habe »Schlimmeres verhüten wollen«, eine Ausrede, die in der Tat nur Schlimmeres zur Folge hatte. Auch die sich häufig beklagenden Polen, deren schweres Los niemand leugnet, sollten nicht vergessen, daß sie es waren, die bereits ein Jahr nach der »Machtübergabe« mit Hitler paktierten, dadurch aus dem militärisch bedeutsamen französisch-polnischen Bündnis de facto ausscherten. – Kein Freispruch für das deutsche Volk, insbesondere seine Männer, für die Zeit zwischen 1933 und 1939. Aber bei einer Verurteilung darf der Hinweis auf die fast sträfliche Mithilfe auswärtiger Mächte nicht fehlen, zu denen am Ende auch die Sowjetunion gehörte, die Hitlers polnische Invasion und damit den Beginn des Zweiten Weltkrieges erst ermöglichte.

In Berlin ließ der von der Hybris ergriffene »Führer« schon lange vor der Katastrophe verkünden, Bismarcks Ausspruch von der Politik als der »Kunst des Möglichen« sei überholt, und manche durchaus klar blikkende Berliner mußten sich damals in der Tat darüber Gedanken machen, ob der von Triumph zu Triumph schreitende Mann wirklich Unmögliches zu leisten imstande sei, nachdem Jahre hindurch seine innen- und außenpolitischen Gegner vor ihm zu kapitulieren schienen. Trotzdem war die besorgte, pessimistische Grundstimmung in der Reichshauptstadt bis zuletzt deutlich zu spüren. Immer wieder gab es angsterfüllte Fragen nach der Zukunft, langwierige Diskussionen und – keine Antworten. Wenn es an solchen fehlt, hilft nicht selten die Weisheit großer Dichter. Findige Berliner stießen schon Jahre zuvor auf das völlig in Vergessenheit geratene Festspiel von Goethe mit dem Titel »Des Epimenides Erwachen«, ein von den Zeitgenossen des Weimarer Großen allgemein erwarteter Beitrag zu den Freiheitskriegen. Und sehr bald machten die folgenden Verse aus diesem Werk die Runde:

> Doch, was dem Abgrund kühn entstiegen,
> Kann durch ein ehernes Geschick
> Den halben Weltkreis übersiegen,
> Zum Abgrund muß es doch zurück.

Und so mußte es geschehen.

Personenregister

Bildnachweis

Bild 3: Kunstbibliothek Preußischer Kulturbesitz, Berlin;
Bild 8: Zeitgeschichtliches Bildarchiv Heinrich Hoffmann, München;
Bild 17 (Karikatur): The New York Times;
alle anderen Bilder: Ullstein Bilderdienst, Berlin.